스테이블코인 머니 게임

변동성 없는 암호화폐가 바꾸는 금융의 판

스테이블코인 머니 게임

1판 1쇄 펴낸 날 2026년 4월 20일

지은이 김세진·현상훈·김의석·임동민·박이락·이승민·이연배

펴낸이 유지은

펴낸 곳 옐로우바스켓

책임편집 유지은

디자인 BIG WAVE

팩스 02-6020-8533

전자우편 yellowbasket1010@naver.com

ISBN 979-11-996786-1-3 (13320)

변동성 없는 암호화폐가 바꾸는 금융의 판

스테이블코인 머니 게임

김세진·현상훈·김의석·임동민·박이락·이승민·이연배 지음

옐로우바스켓

하나의 주제,
서로 다른 시각에서 파헤치는
스테이블코인

21세기는 화폐의 의미를 다시 묻는 시기다. 금속과 지폐, 혹은 숫자로 표시된 예금이 돈의 전부였던 시대는 저물고 있다. 디지털 네트워크와 블록체인의 확산은 "돈이란 무엇인가?"라는 질문을 기술의 문제가 아니라 신뢰와 주권의 문제로 바꾸어 놓았다. 다시 말해, "누가 화폐를 발행하고, 누가 그것을 보증하며, 어떤 방식으로 신뢰를 유지할 것인가?"라는 물음이다. 이 질문에 대한 하나의 답으로 등장한 것이 바로 스테이블코인Stablecoin이다.

스테이블코인은 '가격이 안정된 토큰'이라는 한 문장으로는 다 설명할 수 없다. 겉으로는 달러나 원화 같은 법정화폐의 가치를 추종하도록 설계되어 있지만, 그 이면에는 훨씬 더 큰 변화가 숨어 있기 때문이다. 법정화폐가 디지털 네트워크 위에서 어떻게 표현되고, 어떤 경로로 이동하며, 어디에서 정산되는지, 즉 돈이 작동하는 규칙과 인프라 자체를 다시 설계하려는 시도다. 그래서 스테이블코인을 이해하려면 단순히 '무엇인가'를 묻는 데서 멈추지 않고, '어떤 변화를 만들어 내는가'까지 함께 살펴봐야 한다.

스테이블코인의 등장은 기술과 금융의 접점에서 이루어진 가장 현실적인 실험 중 하나로 자리 잡았다. 블록체인의 투명한 기록성과 자동 실행 능력에 법정화폐의 가격 안정성을 결합해, 가치의 안정과 이동의 효율을 동시에 추구한다. 비트코인이 탈 중앙화된 가치 저장의 가능성을 보여주었다면, 스테이블코인은 디지털 경제에서 실제로 돈이 이동하고 최종 청산되는 경로를 열었다. 이 과정에서 결제와 청산의 경계, 은행과 플랫폼의 역할, 국가 통화와 민간 발행 자산의 관계가 새롭게 정의되고 있다. 7명의 전문가가 모여 《스테이블코인 머니 게임》을 집필하기로 한 이유도 여기에 있다. 스테이블코인은 새로운 코인이 아니라, 돈이 움직이는 새로운 규칙이 될 가능성이 크기 때문이다.

물론 변화가 크다는 말이 곧 장밋빛 미래를 의미하지는 않는다. 스테이블코인의 안정성은 약속이 아니라 제도로 유지되어야 한다. 준비자산이 무엇으로 구성되고 어떻게 관리되는지, 운영 과정의 내부 통제와 정보 공시는 충분한지, 금융 안정과 통화 정책에 미칠 영향은 어떻게 관리할 것인지 등 해결해야 할 과제는 적지 않다. 2022년, 테라·루나 붕괴 사태는 안정성이 제도와 설계로 뒷받침되지 않을 경우 신뢰가 얼마나 빠르게 무너질 수 있는지를 보여준 사례였다.

스테이블코인은 혁신의 상징이자 동시에 규율과 통제, 책임의 중요성을 드러내는 존재이기도 하다. 그럼에도 불구하고 현재의 흐름을 되돌리기는 어렵다. 이제 논점은 '될 것인가, 말 것인가'가 아니라 '어떤 형태로 자리 잡을 것인가'로 옮겨가고 있다. 실험은 빠르게 제도화의 국면으로 접어들었다. 미국, 유럽, 일본, 싱가포르 등 주요국은 준비자산, 공시, 상환, 이용자 보호 등을 제도권 안으로 끌어들이고 있다. 한국 역시 원화 기반 스테이블코인에 대한 법제화를 논의하는 등 본격적인 검토 단계에 들어섰다. '시장이 커지기 전에 안전장치를 마련해야 한다'는 공감대가 국내외적으로 확산되고 있는 것이다.

'왜 지금 스테이블코인인가'라는 질문에 대한 답도 점차 분명해지고 있다. 오늘날의 결제 인프라는 겉보기에는 고도화되어 있지만, 구조적 비효율은 여전히 크다. 거래는 즉시 이루어져도 청산은 시간대, 국경,

중개기관 등의 제약으로 지연되는 경우가 많고, 국제 송금은 여러 단계를 거치며 비용이 높고 투명성도 떨어진다. 온라인 플랫폼과 디지털 서비스는 24시간 작동하는데, 결제 인프라는 여전히 과거의 시간표에 묶여 있는 셈이다.

스테이블코인이 제시하는 해법의 핵심은 단순한 속도 개선에 있지 않다. 발행, 결제, 청산이 하나의 네트워크 안에서 연결되며 거래의 확정성이 기술적으로 담보되는 구조로 인프라를 재설계한다는 점에 있다. 이는 결제 비용을 낮추고 청산 리스크를 줄이며, 국경을 넘어 작동하는 새로운 결제 프레임을 가능하게 한다.

여기에 스마트컨트랙트Smart Contract가 결합하면 스테이블코인은 조건을 이해하고 실행하는 돈, 즉 프로그래머블머니Programmable Money로 확장된다. 공급망 결제의 자동화, 분할·조건부 지급, 정산과 담브의 연동, 토큰화 자산의 결제 등은 돈이 규칙을 품는 순간부터 현실적인 설계 대상이 된다. 스테이블코인은 단순히 돈을 디지털로 옮기는 데 그치지 않고, 돈에 규칙을 부여함으로써 금융의 작동 방식을 바꾸고 있다.

이러한 변화는 화폐 패러다임의 재편과도 맞닿아 있다. 2026년 현재, 글로벌 스테이블코인 시장은 달러 기반 자산이 압도적인 비중을 차지한다. 이는 디지털 네트워크 위에서도 달러의 관성이 강하게 작동하고 있음을 의미하는 동시에, 각국에 통화 주권과 금융 안정이라는 새로운 과제를 던진다. 특정 민간 발행 스테이블코인이 광범위하게 유통될 경우,

국내 결제 및 자금 중개 구조에 어떤 영향이 미칠지, 위기 시 유동성은 어디로 쏠릴지 등은 결제 혁신을 넘어 거시경제 변수로 작용할 수 있다. 이 때문에 유럽과 아시아, 다수의 신흥국은 자국 통화 기반 스테이블코인과 중앙은행 디지털화폐CBDC를 병행하는 전략을 모색 중이다. 향후 국제 통화 질서는 민간 스테이블코인과 CBDC가 공존하는 이중 디지털 화폐 체제로 진입할 가능성이 크다.

이 지점에서 단편적인 설명이나 단일한 관점만으로는 스테이블코인을 제대로 이해하기 어렵다. 스테이블코인은 기술이자 시장이며, 정책이자 법제다. 기술의 언어로만 접근하면 통화·금융적 파급을 놓치기 쉽고, 정책의 언어로만 접근하면 구현과 확산의 메커니즘을 간과할 수 있다.

이 책의 목표는 스테이블코인을 단순히 소개하는 데 그치지 않고, 그것이 만들어 낼 금융 질서의 변화를 정확히 읽어내는 데 있다. 시중에는 개념 정리나 투자·트렌드의 일부로 다룬 안내서가 적지 않지만, 스테이블코인은 결제와 청산, 프로그래밍, CBDC, 금융시장, 규제·감독, 지역경제 등 서로 다른 층위가 동시에 움직이는 주제다. 이에 저자들은 단일한 시각으로 결론을 서두르기보다, 각자의 현장에서 축적한 경험과 문제의식을 바탕으로 같은 대상을 서로 다른 깊이와 언어로 분석하는 방식을 택했다. 기술 전문가, 정책 경험자, 학자, 금융 현장 전문가, 법률가, 지역경제 연구자 등이 각 장을 맡아 논의를 전개한다. 이 책의 차별성은 바로 여기에 있다. 또 하나의 의도적인 선택은 각 장의 독립성이다. 독자는 처음부터 끝까지 읽어도 되고, 관심 있는 주제부터 골라 읽어도 각 장만으로 완결된 이해에 도달할 수 있다. 익숙한 영역을 기준으로 다른 장을 교차해 읽으며 기술, 정책, 시장의 논리가 어디에서 만나고 어디에서 충돌하는지 입체적으로 점검할 수 있도록 구성했다. 한 권을 완독해야만 이해가 가능한 책이 아니라, 읽는 방식 자체가 독자의 목적에 맞게 설계되었다.

이 책은 7명의 전문가의 시각을 통해 스테이블코인을 조망한다.

제1장은 스테이블코인의 개념과 구조, 제도적 진화를 개괄하며 그 필요성을 제기한다. 스테이블코인을 개별 자산이 아니라 달러 시스템과 결제 인프라 재편의 흐름 속에서 설명하고, 준비금 구조와 설계 유형에서 시장의 선택이 어떻게 이루어져 왔는지를 살펴본다.

제2장은 스테이블코인의 핵심 속성인 프로그래머블머니의 가능성을 집중적으로 분석한다. 프로그래밍 가능한 화폐가 가져올 사회·경제적 파급 효과를 통해 미래 화폐의 모습을 조망한다.

제3장은 현대 결제시스템의 구조적 비효율을 진단하고, 스테이블코인이 가져올 결제 혁신의 방향을 제시한다. '디지털 현금'의 원리와 '돈의 이메일'로서의 가능성을 설명하며, 빅테크와 중앙은행 간의 주도권 경쟁을 전망한다.

제4장은 금본위제와 달러 본위제로 이어진 금융 질서가 디지털 자산

을 중심으로 전환되는 과정을 살펴본다. 디지털 자산이 미래 금융의 새로운 기준으로 부상하는 흐름을 분석한다.

제5장은 주요국의 CBDC 개발 현황을 살펴보고, 스테이블코인과 CBDC의 상호 관계 속에서 디지털화폐의 미래를 고찰한다. 스테이블코인의 혁신을 인정하되 통화주권·금융안정에 대한 잠재 리스크를 함께 짚어, CBDC가 왜 필요한지를 설명하고 있다.

제6장은 국내 스테이블코인 규제의 공백을 출발점으로 주요국의 규제 트렌드를 비교하며, 한국형 제도 설계의 방향을 제안한다.

제7장은 스테이블코인의 정책적 활용 가능성을 탐색하며, 지역경제 순환 구조를 강화하는 새로운 지역화폐 모델을 제시한다.

이렇게 구성된 이 책은 독자에게 두 가지 실질적인 가치를 제공한다.

첫째, 스테이블코인을 둘러싼 논쟁을 '혁신 대 위험' 같은 단순한 구도로 환원하지 않고, 쟁점을 층위별로 이해할 수 있도록 돕는다.

둘째, 각 장을 비교하며 기술·정책·시장·법의 논리가 어디에서 맞물리고 어디에서 어긋나는지를 스스로 점검할 수 있게 한다. 빠르게 변하는 주제일수록 중요한 것은 단편적인 최신 정보가 아니라 변화의 구조를 읽는 프레임이다. 이 책이 제공하려는 것도 바로 그 프레임이다.

스테이블코인은 아직 초기 단계에 있으며, 앞으로의 경로 역시 단일하지 않다. 그러나 디지털 경제가 요구하는 즉시성과 국경 없는 서비스,

제도권이 요구하는 안전과 책임, 주권이 만나는 지점에서 스테이블코인은 점차 제도화된 형태로 자리 잡을 가능성이 크다. CBDC가 공공 인프라라면, 민간 스테이블코인은 시장 혁신을 촉진하는 디지털 결제 레일로서 디지털화폐의 또 다른 축을 형성할 것이다.

결국 중요한 질문은 이것이다. '스테이블코인은 우리에게 어떤 변화를 가져올 것인가, 그리고 그 변화가 사회적 편익으로 이어지기 위해 어떤 조건과 규율이 필요한가.' 스테이블코인은 결제 속도만을 바꾸는 기술이 아니라, 신뢰와 책임, 주권이 얽힌 금융 질서의 재편을 촉발한다. 이 책은 그 재편을 찬반이나 유행으로 단순화하지 않고, 독자가 스스로 판단할 수 있는 사유의 틀을 제공하고자 한다. 이 책이 디지털화폐 격변기 속에서 각자의 위치를 가늠하는 현실적인 나침반이 되기를 바란다.

저자 일동

목차

PART 1

개념의 시각으로 들여다 본
스테이블코인

PART 2

시장의 시각으로 들여다 본 스테이블코인

개념의 시각으로 들여다 본
스테이블코인

1장

스테이블코인 개요:

네트워크에서
다시 태어난 달러

스테이블코인을 '가격이 안정된 암호화폐'로 이해한다면 가장 중요한 질문을 놓치게 된다. 문제는 가격이 아니라, '달러가 어디에서 어떻게 움직이기 시작했는가'이기 때문이다. 오늘날 스테이블코인은 달러를 블록체인 네트워크 위에서 민간이 발행하고, 시장이 정산하는 새로운 통화 레일로 만들고 있다. 이는 기술 트렌드가 아니라, 통화 권력과 금융 인프라가 이동하는 과정이다. 이 장에서는 스테이블코인을 통해 달러가 네트워크 시대에 어떻게 다시 설계되고 있는지, 중국은 이에 어떻게 대응하고 있는지, 어떤 기업과 사람이 이 설계도를 만들고 있는지에 관해 설명하겠다.

스테이블코인이란?
가장 쉽게 풀어보는 구조와 활용 지도

스테이블코인은 미국 달러USD, 유로EUR, 금과 같은 기존 자산의 가치를 따라가도록 설계된 암호화폐다. 암호화폐 시장은 본질적으로 가격 변동 폭이 크다. 비트코인, 이더리움 등 주요 자산은 하루 사이에도 가격이 큰 폭으로 오르내린다. 이러한 환경에서 일정한 가치를 유지하는 디지털자산에 대한 수요는 꾸준히 존재했고, 그에 따라 스테이블코인이 탄생했다. 암호화폐의 빠른 전송과 글로벌 사용의 장점을 유지하면서도 법정화폐 수준의 가격 안정성을 목표로 한다.

그렇다면 스테이블코인을 어떻게 기존 법정화폐, 자산과 가치가 동일하다고 말할까? 핵심은 '준비금'이다. 기존 화폐는 국가에 대한 신뢰를 통해 가치가 유지된다. "이 지폐는 정부가 보증한다"는 말은 중앙은행의 신용, 국가의 법제, 경제력과 통치의 안정성을 믿는다는 뜻이다. 스테이블코인은 스테이블코인 발행자가 시장에 유통되는 토큰 수량에 상응하는 실물 자산을 보유하고 이를 증명하는 방식으로 가치가 유지된다. 이 자산은 현금 또는 미국 단기 국채와 같은 초저위험 자산으로 구성되는 것이 일반적이다.

예를 들어, 시장에 50억 달러 규모의 스테이블코인이 유통되고 있다면, 그 뒤에는 최소 50억 달러 가치의 실물 자산을 발행사가 자사 계정에 보관하는 형태다. 스테이블코인은 준비금의 구성과 투명성에 신뢰를 둔다. 신뢰는 국가에서 시장으로, 회계적 검증 가능성으로 이동한다. 블록체인이라는 공통의 원장은 거래 내역을 해석하거나 조작할 여지를 줄이고, 준비금 공개는 발행사의 자기 신용을 시장의 감시 아래 둔다. 신뢰가 중앙집중에서 분산 검증으로 재편된 것이다.

스테이블코인이 가치를 유지하는 방식은 크게 세 가지로 구분된다.

첫 번째는 '법정화폐 담보형'이다. 발행된 스테이블코인의 양만큼의 법정화폐나 현금성 자산을 외부 기관에 실제로 보관하는 방식이다. 사용자가 스테이블코인을 반환하면 발행 주체가 동일한 가치를 현금으로 돌려주고, 그만큼의 스테이블코인을 소각한다. 테더USDT, 서클USDC 등이 대표적이다. 이 유형에서 핵심은 준비금의 진정성이다. 준비금이 실제 존재하는지, 어디에 보관되어 있는지, 외부 감사를 받고 있는지가 신뢰의 핵심 기준이 된다. USDC가 USDT의 대안으로 빠르게 성장할 수 있었던 이유도, 전통 금융기관들과의 협업을 내세워 투명성을 강조했기 때문이다.

두 번째는 '암호화폐 담보형'이다. 메이커다오의 DAI가 대표적 사례다. 이 방식은 법정화폐 대신 이더리움 등 암호화폐를 과잉 담보해 가격 안정성을 확보한다. 예를 들어 500달러 가치의 DAI를 발행하기 위해 1,000달러 상당의 이더리움을 맡기는 식이다. 담보 자산의 가치가 하락하면 자동으로 청산 메커니즘이 작동한다. 이러한 방식은 운영 주체가 특정 기업이 아니라 스마트계약과 참여자들로 구성된 커뮤니티라는 점에서 투명성 측면에서 강점을 가진다. 그러나 시장 급락 시 담보가 빠르게 증발할 수 있다는 점, 위기 대응 책임이 분산되어 있다는 점은 위험 요인으로 남는다.

세 번째는 '알고리즘 기반의 스테이블코인'이다. 이 방식은 담보 자산 없이 가격을 유지하려는 시도였다. 테라USD**UST**가 대표적이다. UST는 루나**LUNA**라는 토큰과의 교환 메커니즘을 통해 1달러 가치를 유지하려 했다. 그러나 2022년 시장 하락과 함께 매도세가 몰렸고, 가격을 방어할 충분한 실물 준비금이 없었던 UST는 연동에 실패했다. 루나는 단기간에 사실상 가치가 소멸했고, 알고리즘형 스테이블코인은 구조적 위험을 노출했다. 이 사건 이후 시장은 담보형 스테이블코인이 아니면 지속 가능하기 어렵다는 교훈을 얻었다.

스테이블코인과 유사한 디지털화폐로는 중앙은행이 발행하는 디지털화폐**CBDC, Central Bank Digital Currency**가 있다. CBDC는 법정화폐와 1:1로 교환되며, 국가가 직접 발행하고 운영한다는 점에서 일종의 '국가판 스테이블코인'으로 볼 수 있다. 향후 CBDC가 도입되면 개인 간 결제, 송금, 디지털 지갑 등에서 스테이블코인과 기능이 겹칠 수도 있다. 그러나 CBDC는 여전히 자본 통제, 금융 규제, 개인정보 보호 등 국가 시스템의 논리 위에서 움직인다. 반면 스테이블코인은 민간 네트워크 위에서 자생적으로 확장되는 구조에 가깝다.

스테이블코인의 주요 활용처 중 하나는 탈 중앙화 금융**DeFi, 디파이** 영역이다. 디파이**DeFi** 서비스는 웹3 생태계를 대표하는 금융 실험장이지만, 법정화폐가 직접 유통되기 어렵다는 한계가 있다. 예를 들어 미국 달러를 은행에서 인출해 다시 암호화폐 거래소로 보내고, 이를 비트코인으로 바꾼 후 디파이 지갑으로 옮기는 과정은 번거롭고 높은 수수료가 들며, 자산 가격이 변동할 리스크도 있다. 그런데 스테이블코인은 이 과정을 간소화한다. 디파이 서비스에서 예치나 대출할 때 이를 활용하면, 자산 가치가 불필요하게 흔들리지 않는다. 더불어 스테이블코인을 예치하면 이자를 제공하는 상품들이 등장하면서 이는 자체가 하나의 투자 수단으로 자리잡았다.

이에 스테이블코인은 암호화폐 시장에서 '잠시 쉬어가는 자산'으로도 기능한다. 상승장에서는 비트코인과 이더리움 등 변동성 높은 자산에 투자하던 사람들도, 하락장이 시작되면 손실을 피하기 위해 자산을 안

전하게 보관하고 싶어한다. 하지만 법정화폐로 되돌아가는 과정은 시간
이 걸리고 수수료가 발생한다. 이때 투자자들은 자산을 매도한 뒤 법정
화폐 대신 스테이블코인으로 옮겨두고, 다시 진입 시점을 기다린다. 말
그대로 자산을 '잠간 주차해두는 것'이다.

결제Payment 측면에서도 스테이블코인은 의미가 있다. 비트코인으로
결제를 시도한다고 가정해 보자. 결제를 실행하는 몇 분 사이에도 가격
이 크게 달라질 수 있다. 이런 특성은 결제 수단으로는 불리한 점이다.
반면 스테이블코인은 가치가 일정하므로, 국경을 넘는 송금이나 개인
간 결제에서도 실용성이 높다. 특히 은행 계좌가 상용화하지 않았거나
자본 통제가 강한 지역에서는, 스테이블코인이 사실상 대안적 화폐처럼
사용되기도 한다. 스테이블코인은 암호화폐 생태계에서 단순한 보조 자
산이 아니라, 자금 흐름을 연결하는 사다리이자 관문이다. 법정화폐와
웹3 세계를 잇는 다리이자, 변동성과 안정성 사이에서 균형을 잡는 역할
을 수행한다. 스테이블코인의 설계 방식과 운영 철학은 향후 디지털화
폐 체계가 어떤 방향으로 나아갈지를 가늠하게 하는 중요한 단서가 된
다. 미국은 스테이블코인, 중국은 CBDC로 자국 법정화폐의 디지털화를
추진하고 있는데, 이 부분에 대해서는 앞으로 상세히 설명하겠다.

커지는 스테이블코인 판:
시장 규모와 제도화 흐름 한눈에 보기

2026년 현재, 스테이블코인 시장은 두 가지 축에서 동시에 성숙해졌다. 하나는 규모이고, 다른 하나는 제도·준법 인프라의 측면이다. 우선 규모부터 보자. 2026년 3월 16일(한국시각), 코인게코 데이터 기준 스테이블코인 전체 시가총액은 약 3,100억 달러 수준으로, 불과 팬데믹 직후의 실험적 단계에서 '달러 유동성의 또 다른 그릇'으로 자리 잡았다.

성장 엔진의 핵심은 준비자산 운용 구조다. 스테이블코인 발행량이 늘수록 발행사가 준비금으로 보유해야 하는 초단기 미 재무부 증권(이하 티빌**T-Bill**과 환매조건부채권**Repo, 레포** 수요가 함께 커진다. 그 결과, 발행사들은 단기 국채 시장에서 점점 더 눈에 띄는 수요자가 되고, 달러 결제 네트워크의 보완하는 역할까지 수행하게 됐다.

이 흐름은 미국 재무부 산하 TBAC(차입자문위원회)가 2025년 2분기 기준, 디지털 머니**Digital Money** 자료에서 정식 의제로 다룬 주제이기도 하다. TBAC는 스테이블코인 성장에 따른 티빌 수요 변화, 은행 예금 및 MMF(머니마켓펀드)와의 상호작용을 함께 점검하고 있다. 학계 및 시장 보고서에서는 2030년경 스테이블코인 준비금의 국채 보유가 최대 수조 달러로 확대될 가능성을 제시한다.

규모만큼 스테이블코인 신뢰에 중요한 것은 '준비금의 질'과 '투명성' 이다. 2022년, 테라 사태 이후 시장은 사실상 담보형(준비금 보유) 모델로 수렴했다. 테더는 국제 회계법인 BDO이탈리아의 독립적 검증 보고서와 준비금 내역을 공개하며, 현금성 자산과 단기 미 국채 위주로 준비금을 운용한다고 주장하고 있다. 2025년 3분기 기준, 이 원칙은 유지되고 있는 것으로 보인다. 서클**USDC** 역시 상시 업데이트되는 투명성 페이지에서 유통량, 준비금 규모, 예치·보관 주체를 일자별로 공시한다. 다만 '준비금 100%'라 하더라도 시장이 크게 변동할 때 유동성 위험은 남는다.

2023년, 실리콘밸리은행**SVB** 사태 때 USDC가 일시적으로 1달러 아래로 하락했던 사례는, 준비금의 구성(예금/국채/레포)과 결제망의 실시간 상환체계를 함께 설계해야 한다는 교훈을 남겼다. BIS와 연방준비제도 **Fed** 등은 이 점을 들어 'MMF와 유사한 런**Runs** 위험'과 '시장 변동성 증폭'을 반복적으로 경고하고 있다.

사용 측면에서는 온체인 금융과 거래 인프라에서의 비중이 압도적이다. 거래소·디파이에서의 호가·결제 단위이자 담보·예치 자산으로 쓰이면서 네트워크 효과를 만들었다. 반면 소매 결제에서의 비중은 아직 제한적이다. 유럽의 경우 암호자산시장법MiCA 시행[1]과 함께 규제·감독이 본격화됐지만, 전자상거래 결제에서 스테이블코인의 점유는 여전히 미미하다는 점을 ESRB(유럽시스템위험위원회)는 지적한다. 다시 말해 현재의 '킬러 유스케이스'는 결제보다는 유동성 풀과 온체인 금융 인프라에 가깝다.

정책·규제 동향을 보면 2025년부터 스테이블코인의 '제도권 편입'이 본격화했다. 미국은 2025년 7월, 지니어스 법GENIUS Act 제정을 통해 지급형 스테이블코인의 법적 지위와 감독체계를 명확히 했다.

그 핵심은 첫째 1:1 상환 보장, 둘째 준비자산을 현금·연준 예치금·역레포[2]·잔존만기 93일 이하 미 국채(또는 동일 구성의 MMF)로 한정, 셋째 이자·배당 등 '투자성 부여' 금지, 넷째 발행자 유형에 따른 인가·감독 권한 명확화'다. 이는 발행 사에게는 규제 부담이지만, 준비금의 질과 투명성,파산 시 자산 분리와 상환 우선순위를 법으로 고정해 디페깅 ⇨ 동시 환매 ⇨ 시장 불안으로 이어지는 악순환의 고리를 사전에 차단하려는

---

1 암호자산 발행·유통에 대한 공시, 준비자산, 상환 의무를 규정한 EU 단일 규제체계
2 연준에 국채를 맡기고 초단기로 현금을 운용하는 거래

목적이 분명하다. 동시에 준비금이 단기 국채 중심으로 재편되면서 미 재무부 입장에서도 스테이블코인 준비자산이 단기 국채 중심으로 재편되면서 단기물 국채 수요 기반을 구조적으로 확장할 수 있게 됐다.

유럽연합은 2024년 6월부터 시행된 암호자산시장법 중 전자화폐토큰**E-Money Token** 규정에 따라 준비자산 보관·백서 통지·중요 토큰의 강화된 공시·감사 기준을 단계적으로 완성 중이다. EU는 유로화 스테이블코인을 경쟁적으로 육성하기보다는, ECB가 금융안정 또는 통화주권에 위협이 된다고 판단할 경우 발행·유통을 제한할 수 있는 권한을 제도적으로 확보하는 방식을 선택했다. '확장 보다 질서 있는 성장을 우선시하는 구조'다.

일본은 2023년 개정 자금결제법에서 법정화폐 연동형 토큰을 전자결제수단**EPI**으로 규정하고, 은행·신탁·자금이동업자 중심의 신탁형 발행 구조, 상환 청구권 보장, 준비자산의 외부 보관, AML/CFT 준수를 의무화했다. 이후 2025년에는 법적 틀이 마련된 상태에서 준비자산의 세부 요건과 유통 중개사업자 규율을 보완하는 하위 규정 정비가 진행되고 있다.

한국은 2024년 7월에 시행된 '가상자산 이용자 보호법'으로 거래·수탁·시장질서 규율이 정비되었으며, 트래블룰 및 AML/CFT 규정은 이미 글로벌 최고 수준으로 적용되고 있다. 동시에 한국은행은 CBDC(도매·소매)와 예금토큰(프로젝트 한강) 테스트를 병행하며, 민간 스테이블코인과의 상호운용성, 오프체인 금융 인프라와의 결제 연계, 결제시스템 리스크 완화를 중심으로 실증을 확대 중이다.

이러한 흐름을 종합하면, 규제 방향은 무제한 허용도 전면 금지도 아니다. 현실적인 해법은 '분업형 모델'에 가깝다. 은행·신탁 등 금융기관 ⇨ 발행·준비금·상환·도산격리(건전성·신뢰) 빅테크·거래소·카드 네트워크 ⇨ 유통·온보딩·사용자 경험(확장성) 발행은 금융 안정성을 가진 기관이, 유통은 네트워크를 가진 플랫폼이 맡는 역할 분리 모델이 정책과 시장 양측 모두에서 수렴하는 지점이다. 정리하면, 시장과 제도는 각각 두 개의 축 위에서 재편되는 중이다.

표 1-1 시장과 제도 측면에서의 비교표

구분	시장 축(Market)	제도 축(Regulation)
핵심 변화	준비금의 국채화유동성의 온체인 집중	상환권 법제화준비금 질·투명성 강화
구체적 내용	발행사 준비자산이 티빌, 레포 중심으로 재편온체인 금융·거래 인프라에서 사용 집중	1:1 상환 의무준비자산 범위 제한공시·감사· 파산격리 규칙 명확화
주요 영향	단기 국채의 구조적 수요 증가은행 예금·MMF와 경쟁	디페깅·런 위험 완화제도권 금융과의 연결 강화
사용 측면	거래소·디파이에서 결제·담보·예치 자산으로 활용	소매 결제는 제한적 금융안정 중심의 감독 강화
대표 사례	USDT·USDC의 온체인 유동성 확대	미국 GENIUS Act, EU MiCA 일본 EPI 제도
수렴 방향	온체인 금융 인프라의 표준 자산	발행·유통의 역할 분리(분업형 모델)

결제에서의 대중 확산은 아직 진행 중이다. 스테이블코인이 달러 네트워크의 단순한 변주로 남을지, 아니면 범용 디지털 현금의 표준이 될지는 법과 감독이 '준비금의 질Quality, 상환의 즉시성Redeemability, 공시의 신뢰Transparency'라는 이 세 가지를 얼마나 정교하게 설계하느냐에 달려 있다.

최종 결제 권력의 이동: 은행에서 네트워크로 넘어가는 힘의 변화

스테이블코인을 이해하려면, 먼저 돈이 지금까지 어떤 형태로 존재해왔는지를 살펴보는 것이 좋다. 처음에는 금 등 실물이 그 자체로서 돈의 가치를 지녔었다. 이후 종이 지폐가 등장했을 때 사람들은 지폐가 금을 대신한다고 여겼다. 하지만 시간이 지나면서 종이는 금과의 연결을 잃고, 국가의 신뢰를 바탕으로 가치를 유지하는 화폐가 되었다. 다시 말해, 돈은 본질적으로 물리적 실체가 아니라 신뢰 속에서 작동해왔다. 그리고 20세기 후반 이후 우리는 지폐조차 직접 손에 쥐지 않는다. 대부분의 돈은 은행 계좌의 숫자로 존재한다. 즉, 돈은 점점 물리적 실체에서 멀어지고, 기록과 시스템으로 이동해 왔다. 여기까지는 모두 알그 있는 흐름이다.

기존 금융 시스템에서 정산은 지급^{Payment}, 청산^{Clearing}, 결제^{Settlement}
로 나뉜다. 우리가 일상에서 '결제했다'고 느끼는 순간은 실제 최종 결제
가 아니라 지급 요청이 승인된 단계에 가깝다. 이후 은행과 카드망, 지
급결제 대행사, 국제 송금 네트워크가 장부를 대조하며 최종 결제를 확
정한다. 이 최종 결제 권한은 전통적으로 중앙은행과 은행 네트워크에
집중돼 있었다.

이 구조 때문에 국외 송금은 느리고 비용이 높다. 돈의 이동이 느린
이유는 기술이 아니라, 최종 결제 권한이 다층의 기관에 분산돼 있기 때
문이다. 은행 계좌 속 돈은 은행 시스템 내부에서만 이동하며, 국경을
넘을수록 정산 단계는 더 늘어난다.

스테이블코인은 이 구조를 근본적으로 바꾼다. 블록체인 위에서는
지급과 최종 결제가 분리되지 않는다. 스테이블코인이 한 지갑에서 다
른 지갑으로 이동하는 순간, 네트워크가 합의한 기록 자체가 최종 결제
가 된다. 승인 기관이나 중개 은행, 장부 대조 과정 없이 거래는 즉시 확
정된다. 결제는 절차가 아니라 네트워크 상태의 업데이트가 된다.

이 변화는 실제 경제 활동에서 명확한 차이를 만든다. 글로벌 프리랜
서가 국외 고객에게 대금을 받을 경우, 기존 은행 방식은 중개은행을 거
치며 높은 수수료와 지연이 발생하지만, 스테이블코인을 활용하면 지갑
간 직접 이동으로 24시간 정산이 가능하다. 돈이 국경을 잃으면 노동과
시장도 국경의 제약에서 벗어나기 시작한다.

이 변화의 본질은 속도 개선이 아니라 권력의 이동이다. 기존 금융 시스템에서는 중앙은행과 은행 네트워크가 최종 결제를 통제했지만, 스테이블코인 네트워크에서는 그 권한이 네트워크로 분산된다. 정산을 통제하는 주체가 바뀌면서 금융의 힘도 재배치되고 있다.

대형 글로벌 결제 기업들은 이 돈의 변화인 정산 권력의 변화를 가장 빠르게 감지했다. 비자**Visa**는 2021년 초부터 USDC를 자체 최종 결제망 파일럿에 적용하기 시작했으며, 2023년에는 솔라나**Solana**·다수 발행 사·가맹점 대상 확대를 공식화했다. 페이팔**PayPal**은 2023년 8월, PYUSD를 출시해 송금·앱 내 지갑 간 전송 및 상점 결제 선택지를 추가했다.

스트라이프**Stripe**도 2022년부터 USDC 기반 크리에이터·프리랜서 페이아웃 기능을 제공하며 글로벌 지급 인프라 변화에 나섰다. 이들은 스테이블코인이 결제 수단이 아니라, 기존 결제망의 가장 깊은 층인 정산 레이어를 바꾸는 자산이라는 점을 이해했다.

그 결과 금융의 레이어 구조도 달라지고 있다. 은행이 사라지는 것은 아니다. 다만 최종 결제의 중심에서 물러나, 유동성과 금융 데이터를 관리하는 역할로 이동한다. 스테이블코인은 새로운 돈이 아니라, 달러가 네트워크 시대에 진입한 방식이다. 최종 결제 권력이 어디에 위치하는가라는 질문이 다시 열리고 있으며, 그 질문의 한가운데에 스테이블코인이 있다.

'돈은 어디에 존재하는가, 그 원장을 누가 가지고 있는가, 최종 결제의 최종 승인을 누가 하는가, 누가 최종 결제 데이터를 보유하는가?' 이 질문이 경제의 방향을 결정한다. 오래 전에는 금 보유량이 이를 결정했고, 이후에는 국가의 지폐 발행, 은행 계좌 시스템이 그 역할을 수행했다. 스테이블코인 거래는 더 이상 은행의 승인으로 확정되지 않고, 네트워크의 합의로 확정된다. 돈의 위치는 더는 은행 서버에 저장되지 않고, 블록체인의 상태State에 기록된다. 최종 결제는 더 이상 지연되는 절차가 아니라, 거래 그 자체가 된다. 지금은 '블록체인 원장이 최종결제의 기준이 될 수 있는가?'라는 질문이 화두가 되었다.

디지털 달러 전략의 핵심: 통화패권 경쟁 속 스테이블코인의 역할

2025년 여름, 워싱턴은 디지털 달러의 방향을 명확히 했다. 미국은 중앙은행이 직접 발행하는 디지털화폐CBDC를 선택하지 않았다. 대신 민간이 발행하는 스테이블코인을 연방 단위에서 규율하고, 이를 공공 결제 인프라의 한 층으로 편입하는 선택을 했다.

이 전환을 제도적으로 고정한 것이 바로 지니어스법이다. 미국은 올해 지니어스법으로 최소한의 규칙을 제정, 경쟁의 장을 마련했다. 기본 구조는 단순하다. 스테이블코인 발행자는 일정 수준 이상의 준비금(현금, 은행 예치금, 미국 단기 국채)을 보유하고, 그 구성을 정기적으로 공시하며, 연방 단위 인가(100억 달러 미만은 주 정부 인가 가능)를 받아 감독을 받는다. 즉, '안전자산 기반 디지털 달러'를 공식 인프라로 인정하되, 발행·유통은 민간이 맡는 구조다.

법에서 눈에 띄는 것은 발행 사가 코인 보유자에게 어떤 형태의 이자나 수익도 지급하지 못한다는 '무이자 원칙'을 명문화했다는 점이다. 이는 발행 사에게 매우 친화적인 정책으로 볼 수 있다. 동시에 발행 사 간 '금리 경쟁'이 장기·고위험 자산 편중으로 번져 발생할 수 있는 유동성 위기 재발방지 장치이기도 하다. 지니어스법의 무이자 원칙은 발행사의 수익모델을 사실상 무이자 부채(토큰) 발행, 준비자산(현금·단기 국채·레포 등)에서 발생하는 이자수익으로 분배수수료-운영비(유통 파트너 보상·준법·기술·마케팅)를 부담하는 구조로 단순화했다.

법안은 스테이블코인의 화폐적 기능에도 주목했다. 은행에 대한 인가 및 규제와 감독시스템을 준용함에 따라 증권거래위원회^{SEC}가 법 적용 대상에서 배제된 대신 연방준비제도^{Fed·연준}가 규제와 감독의 중심에 서게 됐다. 이때 동시에 비은행 발행 사는 통화감독청^{OCC}이, 은행·신용조합 계열 발행 사는 본연의 1차 감독기구가 맡도록 양로(兩路) 트랙을 마련했다.

또 다른 중요한 변화는 파산 절차에서의 우선순위다. 지니어스법은 준비금이 일반 채권자 몫으로 섞이지 않도록 보유자 초우선권^{Superpriority}과 준비금의 파산재단 분리(비재단화)를 도입했다. 이용자 보호 측면에서 강력하지만, 발행 사가 파산관리 비용을 준비금에서 뺄 수 없어 회생절차 진입 자체가 어려워질 수 있다는 부작용도 거론된다.

스테이블코인의 준비금 일부가 은행 예금일 경우 은행과 코인의 위험 연계가 심화된다는 지적은 여전히 논쟁의 중심에 서 있다. 실제 2023년, 실리콘밸리은행**SVB** 사태에서 USDC 준비금 일부 33억달러가 SVB에 예치돼 있었고, 결국 USDC 보유자들은 SVB의 다른 예금자들과 함께 미국 정부의 구제 금융을 받았다. 반대로 스테이블코인 보유자가 상환 요청 시 뱅크런을 유발할 수도 있다. 현재 예금보험**FDIC**은 기관이 아니라 25만 달러까지 예금(계좌)에만 적용된다.

이 선택은 단순한 규제 정비가 아니다. 통화 패권을 유지하려는 전략이다. 배경에는 중국이 있다. 20세기 후반 이후 세계 경제는 달러를 중심으로 작동해 왔다. 1944년, 브레튼우즈 체제 이후 금태환은 1971년, 닉슨 쇼크로 종료되었지만, 달러는 여전히 기축통화 지위를 유지했다. 그 이유는 미국의 군사력 때문이 아니라, 미국 국채 시장의 깊이와 유동성, 즉 전 세계가 신뢰할 수 있는 안전자산**Safe Asset**을 제공할 수 있는 유일한 국가였기 때문이다.

오늘날 전 세계 외환보유고 중 약 58%는 달러이며, 국제 무역 결제의 달러는 지역에 따라 50% 이상, 일부 지역은 70~80% 대에 이르는 지배적 비중으로 이루어진다(출처: BIS, 2022년). 그러나 이 달러체제는 그 동안 은행 네트워크와 SWIFT 정산 시스템이라는 아날로그적 구조 위에서 유지되어 왔다. 세계 경제는 실시간으로 연결되었지만, 돈은 여전히 1950년대에 설계된 인프라를 주요 뼈대로 삼고 있었다.

이 약점을 처음으로 체계적으로 치고 들어온 것은 중국이었다. 중국은 2020년 이후 중앙은행 디지털화폐인 디지털 위안**e-CNY**을 빠르게 확대했다. 중국 인민은행이 직접 발행하고, 무역거래·국경 간 결제·일대일로 프로젝트에 연동했다. 중국 e-CNY는 국내 파일럿을 넘어 국경 간 사용 시범을 확대했고, 홍콩, 태국, UAE 등과 함께하는 다자간 CBDC 프로젝트 엠브릿지**mBridge**를 추진했다. 엠브릿지는 2024년에 MVP(운영 가능한 최소 기능 플랫폼)을 공개했고, 2024~2025년에는 실제 거래 조건에서의 제한적 국경 간 결제 파일럿을 통해 다자간 CBDC 결제의 기술적·제도적 가능성을 검증하는 단계에 진입했다.

중국의 목표는 단순한 위안화의 디지털화가 아니다. 중극의 목표는 국제 결제에서 달러 의존도를 낮추고 위안화 영향권을 확대하는 것이다. 그 방법으로 결제 데이터, 개인 식별, 외환 흐름까지 중앙은행이 직접 관리할 수 있는 단일 디지털 레일 형태를 택했다.

반면 미국은 정반대의 길을 선택했다. 스테이블코인이다. 스테이블코인은 국가는 규칙을 제공하고, 자산은 민간이 발행하며, 인프라는 네트워크 위에서 경쟁적으로 운영되는 구조다. 중국이 만드는 디지털화폐는 '하나의 국가 레일'이다. 미국이 지원하는 스테이블코인은 '시장에 의해, 다수의 네트워크 위에서 돌아가는 달러 체계'다.

미국은 힘의 원천을 시장 신뢰·자본 깊이·글로벌 기업 생태계에서 가져온 국가다. 스테이블코인 행보는 미국이 디지털 시대에도 이 문법을 적용했음을 보여준다. 달러의 디지털화를 정부는 프레임만 고정하고, 시장이 확장하는 것이다. 중요한 원칙은 달러는 국가가 발행하지만, 실제 달러든 디지털이든 유통은 미국 기업과 미국 네트워크 위에서 되어야 한다. 따라서 스테이블코인은 '코인 시장의 한 장르'가 아니라 미국의 달러 체제 확장 방식이기도 하다. 지니어스법은 그 신호탄이며 기업과 자본은 그 신호를 읽었다.

스테이블코인 시대를 설계하는 사람들: 정치, 투자자, 규제자

이에 현재 스테이블코인 및 크립토 산업을 얘기할 때 미국과 도널드 트럼프 미국 대통령을 빼놓을 수 없다. 사업가 출신으로 시장주의자인 트럼프 대통령은 역대 가장 크립토 친화적인 정책을 내놓으며 스테이블코인을 디지털 위안화CBDC의 대항마로 점찍었다. 그가 후보였을 당시 크립토 산업의 슈퍼팩PAC, 정치자금을 지원하는 후원단체의 한 형식이 가장 큰 규모였단 점도 무시할 수 없다.

트럼프 대통령을 비롯해 그의 일가도 세력을 확장 중이다. 2024년 말, 도널드 트럼프 대통령의 장남 도널드 트럼프 주니어는 WLFIWorld Liberty Financial, 월드리버티파이낸셜를 전면에 출범시켰다. 트럼프 일가가 전면에 선 WLFI는 '미국의 돈은 미국이 통제해야 한다America should control its money'

라는 단순한 정치적 구호를 넘어, 민간이 발행하고 시장이 사용하는 디지털 달러 네트워크를 구축한다는 명확한 전략을 갖고 있었다. WLFI는 2024년 출범 이후, 2025년 USD1(달러 연동 스테이블코인) 출시 계획을 밝혔고, 백서·판매 페이지·언론 인터뷰를 통해 국채/현금 등 담보 기반 1:1 페그 원칙을 제시했다. WLFI는 디지털 달러를 '국가형 CBDC가 아닌, 미국 내 커뮤니티가 직접 사용하는 통화 레일'로 정의했다. 이는 단순히 기술 선택이 아니라, 통화 주권의 위치를 중앙은행이 아니라 사회 기반에 돌려놓겠다는 정치적 조직화였다. 여기까지는 정치·운동의 언어다. 그러나 이런 정치 언어가 실제로 작동할 수 있게 만든 것은 자본이었다.

조시 쿠슈너Josh Kushner가 이끄는 쓰라이브 캐피털Thrive Capital은 지난 10년간 디지털 달러가 실제로 유통될 수 있는 경제적 '레일'과 '지갑'을 조용히 구축해온 벤처캐피털이다. 조시 쿠슈너의 형 재러드 쿠슈너Jared Kushner는 이방카 트럼프의 남편으로 도널드 트럼프 대통령이 장인이다. 그는 형에 비해 조용하고 내성적인 성격으로 유명하다. 이 쓰라이브 캐피털이 투자한 기업들을 구조적으로 보면 하나의 그림이 드러난다.

쓰라이브 캐피털은 지난 10년 동안 금융이 '어디에서 어디로 이동할 것인지'에 베팅해 왔다. 은행 계좌 ⇨ 모바일 지갑 ⇨ 네트워크 상태State 기반 자산으로 이동해왔다. 쓰라이브 캐피털은 스트라이프Stripe·플레이드Plaid·누뱅크Nubank·램프Ramp·오픈AIOpenAI 등에 투자하며 '결제 인터페이스-신원-정산' 축의 변화를 선제적으로 베팅해 왔다(2023~2025년 오픈

표 1-2 스테이블코인 시대의 핵심 레이어와 쓰라이브 캐피털 포트폴리오 분석표

인프라층	주요 포트폴리오	레이어의 의미	스테이블코인과의 연결
결제 인터페이스 / 지갑	스트라이프(Stripe), 누뱅크(Nubank)	사용자가 돈을 보관하고 보내는 '입구'	스테이블코인이 실제로 쓰이기 시작하는 접점
계좌·신원 연결	플래이드(Plaid)	계좌 소유·자금 출처를 증명하는 인증 레이어	온·오프체인 자금 이동의 신뢰 기반
기업 결제· 지출 관리	램프(Ramp)	기업 자금의 지출· 정산을 자동화	스테이블코인을 기업 결제 단위로 흡수
최종 정산 자산 / 원장	서클(Circle:USDC)	거래가 최종적으로 확정되는 결제 자산	네트워크 상 최종 결제 단위
네트워크 활용 공간	오픈AI(OpenAI) 쇼피파이(Shopify)	디지털 경제 활동이 실제로 발생하는 곳	스테이블코인이 순환하는 실사용 영역

AI 대형 라운드·스트라이프 대규모 투자 등). 쿠슈너는 '결제 인터페이스 ⇨ 신원 인증 ⇨ 정산 원장'이라는 금융의 핵심 3요소가 모두 블록체인/스테이블코인 네트워크로 내려올 것을 읽은 자본이었다. WLFI가 '누가 달러를 통제하는가(정치적 주권)'를 본다면, 쓰라이브는 '달러가 어디에서 움직이는가(기술적 주권)'를 공략한 것이다.

A16z, 세쿼이아캐피털 등 실리콘밸리 유명 벤처캐피털 등도 크립토에 자금을 붓고 있다. 스테이블코인 USDC 운영 사 서클은 2025년 IPO 대어가 됐고, USDT를 운영하는 테더는 미국 내 기관 및 기업을 대상으로 한 USAT 스테이블코인까지 내놓았다.

코인베이스, USDC 발행 사 서클, 불리시 등 크립토 기업은 미국 기업 공개IPO 시장의 중심으로 떠올랐다. 제미나이, 비트고, 그레이스케일 등도 IPO를 신청한 상황이다. 이때 불리시는 뉴욕증시 데뷔 직후 IPC 대금 11억5,000만 달러 전액을 스테이블코인으로 결제하는 전례 없는 실험을 단행했다. 스테이블코인이 거래 인프라를 넘어 자본시장의 결제 유닛으로 쓰이기 시작했음을 보여주는 장면이다.

결제에는 USDC, PYUSD, USDG, EURC 등 달러·유로 기반 토큰이 동원됐다. 결제 네트워크인 비자Visa는 기존 USDC 중심에서 PYUSD·USDG(둘 다 Paxos 발행), 유로화 EURC까지 최종 결제 지원을 확장했고, 체인도 이더리움·솔라나에 더해 스텔라·아발란체로 넓혔다. 핀테크 스트라이프Stripe도 USDC 결제를 제품군에 넣었다.

기술 기업이나 크립토 기업들은 주로 실리콘밸리나 미 텍사스 주, 뉴욕 시, 마이애미, 두바이 등에 소재하고 있지만, 이 두 운영사의 고위급 임원진 인사들은 요즘 워싱턴D.C에 더 자주 출몰한다는 우스갯소리가 나올 정도다.

JP모건, 뱅크오브아메리카BOA, 시티그룹, 웰스파고 등 대형 은행이 힘을 합쳐 달러 스테이블코인 공동 발행을 타진 중이라는 월스트리트저널WSJ 보도는 상징적이다. 이는 스테이블코인이 고수익 투자상품이 아니라 저마진 결제 사업에 가깝다는 점을 보여준다. 서클 역시 이자수익은 성장했지만, 유통 파트너(코인베이스 등)에 지급하는 분배 비용과 준법·

보안·마케팅 비용이 높아 마진은 낮다. 2025년, 뉴욕증시에 상장한 서클의 2024년 매출·준비금 수익은 약 17억 달러, 순이익은 약 1억5,000만 달러였고, 2025년 들어서도 높은 성장세를 보였다. 그래서 산업은 규모의 경제와 네트워크 접근성을 최우선 과제로 삼게 됐다.

이런 미국의 흐름에서 눈여겨볼 포인트는 규제의 대상을 포섭하는 방식이다. 결제 기능을 수행하면 결제형 스테이블코인으로 본다는 접근법이다. 이것이 스테이블코인이 단순한 코인이 아니라 미국식 디지털 달러 전략이라는 증거다. 그것은 CBDC가 아닌 민간 스테이블코인 체계로 귀결된다. 정치가 방향을 말한다. 자본이 길을 깐다. 결제 인프라 기업이 실제로 흐름을 만든다. 이 축이 움직이기 시작했다는 것이 중요한 사실이다.

결제 인프라의 숨은 주인공들: 스테이블코인을 키우는 글로벌 기업

권력은 백악관에서 시작해 ⇨ 자본 ⇨ 정산 인프라 기업 ⇨ 사용자 지갑으로 이동하고 있다. 스테이블코인은 기술이 아니라, 정산(최종 결제) 권력을 다시 배치하는 과정이다.

정치와 자본이 방향을 정렬하면, 다음 단계는 누가 이 구조를 실제로 깔아내는가의 문제다. 미국의 금융에서 이 역할은 상징적으로 은행이 맡고 있는 것처럼 보이지만, 현실에서는 최종 결제를 운영하는 주체가 금융의 실질적 중추다. 이를 쥐고 있는 집단은 은행이 아니라 카드 네트워크와 글로벌 결제망이었다. 비자, 마스터카드, 페이팔, 스트라이프는 지난 20년 동안 '결제의 표면'이 아니라 최종 결제의 깊은 층을 장악해왔다. 스테이블코인의 채택은 이 정산 레이어에서 일어난다.

비자의 크립토 전략 책임자 카이 셰필드**Cuy Sheffield**가 블룸버그에 '스테이블코인은 결제 자산이 아니라 정산 레이어'라고 말한 것은 단순한 수사가 아니다. 비자는 2021년부터 USDC를 최종 결제(정산)망에 직접 연결하는 실험을 시작했고, 이후 이더리움과 솔라나를 정식 정산 레일로 채택했다. 이 말은 카드 결제 승인 이후 은행 간 자금을 맞추던 기존 최종 결제 과정을, 블록체인 원장에서 직접 마감하는 구조로 일부 대체하기 시작했다는 뜻이다.

2025년 여름, 비자가 스텔라·아발란체까지 최종 결제 체인 범위를 확대한 것은 최종 결제 네트워크를 다중 레이어, 다중 체인 구조로 확장하겠다는 선언이다. 다시 말해 비자는 '카드 회사'가 아니라 정산망 운영자로 재정의되고 있다.

페이팔의 PYUSD는 더 직접적이다. PYUSD는 '암호화폐 서비스'가 아니라 페이팔 내부 정산망의 단계를 줄이기 위한 통화 포맷 전환 장치다. 페이팔 생태계는 국가마다 다른 은행 인프라 위에서 작동하는 구조였다. 같은 페이팔 사용자라도 국가가 다르면 은행-중개은행-SWIFT-수취은행이라는 다층 최종결제가 필요했다. PYUSD를 내부 정산 기준 자산으로 올리는 순간, 페이팔은 그 레이어를 앱 안에 통합할 수 있다. 송금은 더 이상 '국가 간'이 아니라 지갑 간 상태**State**의 변경이 된다. 이 변화는 사용자 인터페이스에서는 보이지 않는다. 그러나 페이팔의 비용 구조와 결제 속도, 최종 결제 위험, 자금 회전 속도는 근본적으로 달라진다. 이것은 수익 모델을 재구성할 수 있는 변화다.

스트라이프의 움직임은 글로벌 노동·서비스 시장에 직접 영향을 준다. 2025년 10월 15일, 비인크립토 보도에서는 스트라이프가 구독 결제 기본 옵션에 스테이블코인을 포함하는 것을 검토한다는 보도가 나왔다. 이 결정은 단순한 결제 수단 추가가 아니다. 구독 결제는 반복 청구와 상시 최종 결제를 전제로 한다. 최종 결제 비용·시간·국가별 최종 결제 리스크가 영업을 직접 결정하는 구조다. 여기서 스테이블코인을 사용한다는 것은, 국경-시간-중개은행이라는 제약을 제거하고, 크리에이터·프리랜서·SaaS 사업자가 국가 단위가 아니라 인터넷 단위로 활동할 수 있게 된다는 뜻이다.

이 세 기업은 모두 같은 방향을 말한다. 결제는 사용자 경험이고, 금융의 권력은 최종 결제에서 나온다. 이는 이제 중앙 레일이 아니라 네트워크 상태State에서 이루어질 수 있다. 스테이블코인은 결제 수단의 혁신이 아니라 최종 결제 권력의 이동이다. 결제망은 여전히 존재하지만, 중심이 내려간 것이다. 돈은 더 이상 은행 내부에서만 이동하지 않고 지갑과 네트워크에서 직접 이동할 수 있다.

'코인=투기'라는 오해를 넘어: 스테이블코인의 진짜 얼굴

스테이블코인을 둘러싼 가장 큰 오해는 이것이 단순히 비트코인, 이더리움과 같은 암호화폐의 한 종류라고 여기는 것이다. 다시 말해 '코인=투기'라는 인식 속에 스테이블코인은 같은 범주로 묶여 이해된다. 그러나 스테이블코인은 비트코인이나 이더리움과는 태생적 목적, 구조, 신뢰의 근거, 사용되는 용도가 다르다. 비트코인과 이더리움은 변동성이 큰 투자 자산이다. 이더리움은 다수의 탈 중앙 금융서비스디파이, DeFi가 구동되는 블록체인 네트워크를 제공하는 스마트컨트랙트 플랫폼이기도 하다.

반면 스테이블코인은 가치 변동을 최대한 없애는 것을 목적으로 설계된 지급·정산용 디지털 달러다. 즉, 스테이블코인은 '오르길 바라는 자산'이 아니라 오히려 '오르지 않아야 하는 자산'이다. 오르지도 내리지도 않아야 한다는 점에서, 스테이블코인은 투자 자산이 아니라 거래 자산, 법정화폐와 일반 암호화폐 간 교환의 매개다.

두 번째 오해는 'UST(테라 스테이블코인) 사태가 있었으니 스테이블코인은 위험하다'는 식의 단정이다. 2022년, 테라/루나 붕괴는 스테이블코인의 전체 실패가 아니라 특정 유형의 실패였다. 담보가 없는 설계 방식이다. 현재 시장에서 가장 빠르게 성장하고 있고, 제도권으로 편입되고 있는 스테이블코인은 준비금 담보형, 그중에서도 미국 국채를 기반으로 한 USD 연동형이다.

세 번째 오해는 '스테이블코인은 실생활에서 쓰이지 않는다'는 생각이다. 그러나 실제 현실은 반대다. 이미 스테이블코인은 글로벌 송금, 공급망 결제, 크리에이터 수익 정산, 웹3 서비스 내 결제, 게임 경제, 디지털 시장 등에서 광범위하게 사용되고 있다. 크리에이터가 미국·유럽에서 일감을 받아 아시아에서 정산받는 과정에서 스테이블코인은 중개기관을 생략하고 수수료를 극적으로 줄인다. 예전의 국제 송금은 2~5일이 걸리고 비용이 20~50달러까지 발생했지만, 스테이블코인은 몇 초에서 몇 분, 수수료는 거의 0에 가깝다. 스트라이프, 비자, 페이팔 같은 글로벌 결제 기업이 이미 스테이블코인을 결제 정산 단계에 직접 연결하기 시작했다는 사실은, 이것이 실험이나 마이너 시장이 아니라 실제 금융 인프라가 이동 중인 과정이라는 점을 보여준다. 페이팔은 자사 생태계 전체에 스테이블코인 전송 기능을 넣었고, 비자는 스테이블코인을 발행 사가 아닌 네트워크에 직접 연결하는 정산 파일럿을 운영 중이다. 스트라이프는 2022년, 크리에이터·프리랜서 대상 USDC 지급을 도입했고, 2025년에는 구독 등 상거래 결제 옵션에도 스테이블코인을 추가했다.

마지막으로, 스테이블코인이 제도권과 멀리 떨어져 있다는 생각 역시 사실과 다르다. 미국과 유럽, 싱가포르, 홍콩, 아랍에미리트는 이미 스테이블코인을 공식 금융 규제 체계 안에서 다룰 수 있는 법적 틀을 만드는 작업을 진행 중이다. 미국에서는 지니어스법과 클러러티 법안Clarity Act 등을 중심으로 지급형 스테이블코인을 금융 인프라로 편입하기 위한 연방 차원의 논의를 이어가고 있다. EU는 MiCA로 자산준거토큰ART, Asset-Referenced Token, 전자화폐토큰EMT, Electronic Money Token 개념을 도입하 단계적으로 시행 중이며, 싱가포르MAS와 홍콩HKMA도 발행자 요건과 준비자산, 상황 의무를 명시하 규제 프레임을 구축하고 있다. 규제가 움직이고 있다는 것은, 이미 시장 규모가 충분히 크고, 글로벌 금융 질서 안에서 스테이블코인이 가지는 역할이 무거워지고 있다는 뜻이다.

새로운 화폐 질서를 읽어야
스테이블코인 시대의 미래를 준비할 수 있다

스테이블코인은 단순히 새로운 투자 또는 투기 상품이 아니다. 디지털 경제에서 달러가 작동하는 새로운 형식이며, 기존 금융 시스템의 최종 결제 권력 이동이 만들어낸 산물이다. 돈은 언제나 사회의 구조를 반영했고, 권력의 중심을 결정해 왔다. 금에서 지폐로, 지폐에서 은행 계좌로, 은행 계좌에서 모바일로의 이동은 겉으로는 형태의 변화였지만, 실제로는 정치적으로는 누가 통화 패권을, 경제적으로는 누가 최종 결제 권력을 통제할 수 있는가를 둘러싼 힘의 이동이었다.

지금 스테이블코인은 그 다음 장면을 열고 있다. 달러가 더 이상 국가별 금융 시스템에 갇혀 있지 않고, 네트워크 위에서 직접 존재하고 이동할 수 있게 되며, 그 과정에서 최종 결제의 속도와 경계, 권한이 다시 재배치되고 있다. 이 변화는 크립토 업계의 유행이 아니라, 세계 경제를 떠받치고 있는 달러 패권의 중심과 금융 정산 레이어 자체가 이동하는 사건이다.

21세기 기축통화 경쟁은 더 이상 금리, 외환보유고, 군사력만으로 결정되지 않는다. '디지털 환경에서 세계의 돈을 누가 어떤 방식으로 유통시키는가'가 핵심 전장이 되었다. 이 지점에서 미국과 중국은 서로 다른 선택을 했다. 중국은 중앙집중형**CBDC** 모델, 미국은 민간 네트워크 달러 모델을 택했다. 중국의 e-CNY(디지털 위안)은 화폐 발행, 유통, 거래 데이터가 모두 국가 단일 시스템 내에서 통제된다. 반면 미국은 달러의 디지털 유통을 국가가 아니라 시장·기업·네트워크에 위임했다.

여기에 더해 스테이블코인은 최종 결제의 위치를 은행 내부 장부에서 네트워크 상태**State**로 옮긴다. 이 변화는 속도가 빨라지는 문제가 아니다. '최종 결제의 기준을 누가 갖는가'라는 권력 구조의 재편이다. 중국은 최종 결제 권력을 국가가 유지하는 모델, 미국은 최종 결제 권력을 네트워크에 분산하며, 그 네트워크의 표준을 달러로 고정하는 모델을 택했다. 기축통화 경쟁의 축은 '어떤 화폐가 강한가'가 아니라 '누가 디지털 최종 결제 인프라를 운영하는가'로 이동하고 있는 것이다.

스테이블코인을 이해한다는 것은 단순히 코인 시장을 이해하는 것이 아니라, 달러가 인터넷 시대에 어떻게 다시 표준이 되고 있는지, 세계 금융 질서가 어떻게 다시 쓰이고 있는지를 읽는 일이다. 더불어 미국과 중국이 서로 다른 방식으로 '세계의 돈'의 설계권을 재배치하고 있는 과정을 이해하는 일이다. 이 경쟁은 이미 조용히, 그러나 결정적으로 진행되고 있다. 우리는 단지 그 변화를 지금 눈으로 확인하고 있을 뿐이다.

스테이블코인의 속성:
프로그래밍 되는 돈

2장에서는 스테이블코인의 속성 중 가장 중요한 속성이라고 할 수 있는 프로그래밍 속성에 대해 살펴보겠다. 대부분의 사람들은 스테이블코인이라고 하면 가치가 변하지 않는 암호화폐 정도로 이해하고 있을 것이다. 틀린 말은 아니다. 그렇지만 스테이블코인에는 가치가 고정된 암호화폐 이상의 특별함, 즉 바로 돈을 프로그래밍하는 속성이 있다. 물론 스테이블코인이 교환 또는 지급수단으로서 미래의 화폐 시스템을 새롭게 변화시켜 사람들에게 더 빠르고 편리한 결제 및 송금 환경을 제공해 줄 것이라는 믿음은 분명히 있다. 그러나 스테이블코인은 앞에서 언급한 교환 및 지급수단으로서의 역할에 자신을 가두는 것을 거부한다. 대신에 자신이 지니고 있는 프로그래밍 속성을 활용하여 돈에 대한 사람들의 인식을 바꾸고 싶어한다. 더불어 자신에게 내재된 이 특별한 가치를 통해 돈을 사용하는데 있어 이전에 없었던 새로운 경험을 만들어 우리의 삶을 더욱 윤택하게 만드는 혁신으로 이끌고자 한다.

그렇다면 스테이블코인의 프로그래밍 속성은 도대체 무엇을 의미하는 것인가? 이번 장에서 그에 대한 해답을 찾아보겠다. 먼저 '돈을 프로그래밍 한다'는 것이 무엇을 뜻하는지, 돈이 어떻게 프로그래밍 되는지에 대해 살펴보겠다. 다음으로 스테이블코인의 프로그래밍 속성을 활용해서 무엇을 할 수 있는지, 이로 인해 얻을 수 있는 경제적 효과들은 어떤 것들이 있는지 알아보겠다.

마지막으로, 스테이블코인의 프로그래밍 역량이 성공적으로 우리 사회에서 발휘되기 위해 해결해야 할 과제들은 무엇인지와 이 역량이 미래에 우리의 삶에 어떤 영향을 미칠지에 대해서도 설명하겠다. 이 장에서는 프로그래머블머니Programmable Money라는 용어가 자주 등장할 것이다. 이는 스테이블코인의 프로그래밍 속성을 표현하는 용어이지 스테이블코인 자체를 지칭하는 것은 아니다. 그러므로 이 장에서 말하는 프로그래머블머니를 스테이블코인과 동일시하지 않길 바란다.

'돈을 프로그래밍 한다'는 말의
진짜 의미

'돈을 프로그래밍 한다'는 것이 무슨 의미인지 알고 있는 사람은 많지 않을 것이다. '프로그래머블머니'라는 용어에 대해서도 생소하게 느낄 것이다. 돈이라는 단어와 프로그래밍이라는 단어를 따로 떼서 각 단어의 의미를 물어보면 모르는 사람은 없을 것이다. 그런데 이 둘을 합쳐서 말하면 의미가 확 와 닿지 않는다. 왜냐하면 돈을 프로그래밍 해본 경험이 없기 때문이다. 이 장을 통해 돈을 직접 프로그래밍 하지는 못하지만 돈을 프로그래밍 한다는 것이 무엇을 의미하는지를 알 수 있길 바란다.

제이피 모건**JP Morgan**은 '프로그래머블머니는 가치저장 수단인 돈 내부에 규칙을 삽입하여 규칙이 돈의 사용을 지시하거나 제한하는 상황을 만들어 내는 것이다.'라고 정의한다. 다른 연구자료에서도 표현방식만

다를 뿐이지 정의하는 내용은 거의 동일하다. 그런데 언뜻 보기에 잘 이해되지 않을 것이다. '도대체 무슨 말이지? 돈에 규칙을 삽입한다고? 규칙이 돈에게 지시를 내린다고?' 이 말이 무척 황당하게 들릴 수 있지만 아이러니 하게도 스테이블코인을 통해서 현재 일어나고 있는 현상이다. 그럼, 지금부터 이 황당해 보이는 말이 의미하는 바에 대해 좀 더 구체적으로 설명하겠다.

규칙이 움직이는 돈

종이와 동전의 형태를 취하고 있는 화폐를 떠올려 보기 바란다. 화폐 안에 규칙을 넣는다는 것이 가능한 일인가? 상상하기도 힘들 정도로 불가능한 일이다. 그렇다면 돈은 어떻게 움직이는가? 당연히 돈의 주인인 사람에 의해서 움직일 뿐이다. 돈의 주인이 어떤 목적을 위해 자신이 소유한 돈을 남에게 주는 것이다. 여기에는 어떠한 규칙도 없다. 돈을 건네는 사람의 행동만 있을 뿐이다. 그래서 '돈에 규칙이 있다'는 말은 상식 밖의 말로 인식될 수밖에 없다. 그러나 규칙과 돈의 관계를 깊이 있게 살펴보면 이러한 상식이 반드시 맞는 것만은 아니다. 규칙과 돈의 관계를 설명하기 위해 흥미로운 예를 하나 들어 보겠다.

식당을 운영하는 A는 앱 개발회사 B와 식당예약 앱 개발을 의한 계약을 체결하였다. 계약에 의하면 A는 앱 개발이 완료되는 시점에 1천만 원을 지급하기로 하였다. A는 은행을 찾아가 은행 직원에게 1천만 원을 맡기고 다음과 같이 지시하였다.

"앱 개발회사 B가 앱 개발을 완료했을 경우에만 1천만 원을 앱 개발회사 B의 계좌로 입금해 주세요."

이 예제에서 돈을 움직이는 주체는 누구인가? A인가? 아니다. 은행 직원인가? 은행 직원도 아니다. 은행 직원은 A가 알려준 지시에 따라 돈을 움직일 뿐이다. A의 지시에는 조건이 들어가 있다. 이 조건이 만족해야만 돈이 움직이게 된다. 돈에 규칙이 생긴 것이다. 돈의 주인이 규칙은 정하지만 돈을 실제로 움직이게 만드는 이는 주인이 아닌 규칙이다. 제3자인 은행 직원은 규칙만 따를 뿐이다. 스테이블코인의 프로그래밍 속성은 바로 이 제3자를 프로그램으로 대체하는 것에서부터 시작한다.

스스로 움직이는 돈

스스로 움직이는 돈을 상상해 보았는가? '돈에 발이 달린 것도 아닌데 어떻게 스스로 움직이지?' 이런 의문을 품는 건 너무 당연한 일이다. 돈이 어떻게 혼자 스스로 움직일 수 있단 말인가? 정말 말도 안 되는 일일까? 자동이체를 예로 들어 보겠다. 자동이체란 특정한 날에 특정금액을 특정계좌로 정기적으로 돈을 송금하는 것을 말한다. 사람이 은행 앱에서 송금날짜와 금액, 송금계좌를 입력하기만 하면 된다. 물론, 은행에 직접 전화할 수도 있지만 은행 직원도 전산 시스템에 입력하는 일을 대신해 줄 뿐이다. 은행 전산 시스템 내의 송금 프로그램에게 다음과 같은 규칙이 생기는 것이다. "고객이 정해준 날에 고객이 원하는 계좌로 고객이 정한 금액을 입금하여야 한다."

송금 프로그램은 고객이 정한 날 만을 기다린다. 고객이 정한 날 외에는 고객의 돈을 움직이지 않는다. 드디어 고객이 정한 날이 오고 송금도 이루어졌다. 그렇다면 여기서 돈이 어떻게 움직였는가? 고객이 움직였는가? 아님 은행 직원이 움직였는가? 둘 다 아니다. 송금 프로그램이 정해진 조건이 충족돼서 돈을 움직인 것이다. 그럼 이를 두고 돈이 스스로 움직였다고 할 수 있는가? 물론 프로그램이 돈을 움직였다. 그런데 프로그램은 고객이 정해준 규칙을 따르기만 했을 뿐이다.

규칙은 사람이나 기계가 아니다. 눈에 보이지 않는 약속이다. 그렇기에 돈이 약속을 지키려고 스스로 움직였다고 말할 수 있다. 프로그램은 단지 물리적 수단에 불과할 뿐이다. 그렇다면 자동이체를 두고 프로그래머블머니라 말할 수 있는가? 엄밀히 말해서 '아니오' 라고 대답하겠다. 왜냐하면 자동이체에는 제이피 모건이 말한 프로그램머블머니가 갖춰야 할 가장 중요한 요건이 없기 때문이다. 이 요건은 바로 '규칙과 돈이 하나가 됨'이다.

스마트컨트랙트가 움직이는 돈

　그렇다면 '하나가 된다는 것'은 무슨 뜻인가? 이는 둘 사이에 어떤 것도 존재하지 않는다는 의미다. 둘 사이를 엮어주는 어떤 매개체가 중간에 있다면 그것은 하나로 합쳐진 것이라고 말할 수 없다. 특정 매개체로 연결된 별개의 존재일 뿐이다. 우리는 은행에 계좌를 만들고 돈을 보관한다. 하지만 우리는 계좌에 있는 돈에 직접 손댈 수 없다. 반드시 은행을 거쳐야 한다. 규칙을 만드는 사람과 돈 사이에 '은행'이라는 매개체가 있는 것이다.

　은행전산시스템도 마찬가지다. 은행전산시스템은 데이터베이스에 고객들의 계좌잔고와 모든 거래내역을 기록해 둔다. 은행전산시스템의 고객 데이터베이스는 하나의 거대한 디지털원장이다. 이 원장에 고객들은 직접 접근할 수가 없다. 대신에 은행은 고객들에게 장부에 접근할 수 있는 API^{Application Program Interface}를 제공한다. API는 고객과 고객 데이터베이스 사이를 연결해주는 도구의 역할을 한다. 이러한 API는 계좌를 조회하거나 계좌에 있는 돈을 이체하는 정도의 권한만을 제공한다. 누군가가 어떤 규칙을 만들어 자신의 돈을 움직이고 싶다면 은행전산시스템 외부에 규칙을 담은 프로그램을 별도로 만들고, 은행이 제공하는 API를 이용해서 입출금 지시를 시스템에 보내면 된다. 결국 이 또한 규칙을 담은 프로그램과 고객 데이터베이스 사이에 은행전산시스템이라는 매개체가 존재하는 것이다. 앞에서 언급한 자동이체도 이와 같이 은행전산시스템을 중간에 두고 벌어지는 일이다. 은행 앱은 규칙을 받는 역할을 대신할 뿐이지, API를 이용해서 시스템에 지시한 내용을 전달하는 것은 동일하다.

기존의 금융시스템에서는 프로그래머블머니가 불가능한 것처럼 보인다. 그런데 프로그래머블머니가 허상이 아닌 현실이 될 수 있게 해준 무언가가 나타났다. 우리는 이를 '스마트컨트랙트'라고 부른다. 블록체인에 관심이 있는 사람이라면 스마트컨트랙트는 익숙한 용어일 것이다. 스마트컨트랙트는 어떤 거래에 대한 실행조건이 코드로 구현된 컴퓨터 프로그램으로 블록체인에서 돌아간다. 블록체인도 은행의 고객 데이터베이스처럼 암호화폐 사용자들의 계좌잔고와 모든 거래내역을 기록해 놓는 거대한 디지털원장이다. 다만 기존의 은행전산시스템처럼 중앙집중화 되어 있지 않고 분산된 네트워크의 모습을 취하고 있다. 스마트컨트랙트는 코드로 구현된 조건이 충족되면 거래를 실행한다.

앞에서 말한 거래에 대한 실행조건이 무엇을 뜻하는가? 바로 규칙을 의미한다. 스마트컨트랙트에는 규칙이 존재한다. 그리고 이는 블록체인에서 돌아간다고 하였다. 또한, 블록체인은 디지털원장이라고 하였다. 그렇다면 이것이 뜻하는 바는 무엇일까? 드디어 규칙과 돈이 하나가 되었다는 뜻이다. 스마트컨트랙트가 블록체인에서 돌아간다는 말은 '컴퓨터 프로그램 안의 규칙이 디지털원장 내에서 돌아간다는 뜻'이기도

하다. 앞서 제이피모건이 언급한 대로 규칙이 돈에 삽입되었다는 것을
의미한다.

스마트컨트랙트와 블록체인 사이에는 그 무엇도 존재하지 않는다.
API도 없다. 스마트컨트랙트는 블록체인에 있는 모든 계좌에 직접 접근
하며 규칙에 따라 암호화폐를 움직인다. 규칙이 돈을 직접 움직이는 일
이 현실이 된 것이다. 그렇다면 스테이블코인이 스마트컨트랙트를 통해
서 어떻게 돈을 프로그래밍 하는지 살펴보겠다.

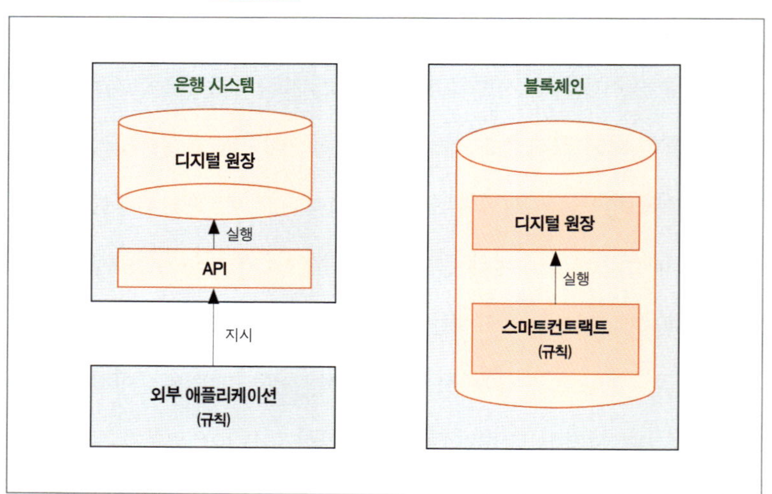

이미지 2-1 은행전산시스템과 블록체인 비교

      스테이블코인 머니 게임

코드 위에 움직이는 돈:
스마트컨트랙트가 돈을 만드는 방식

스테이블코인이 돈을 프로그래밍 하려면 스마트컨트랙트가 필요하다. 이 말은 '스테이블코인 자체도 스마트컨트랙트를 통해 구현된다'는 의미이기도 하다. 스테이블코인의 어떤 속성이 스마트컨트랙트를 통해 발휘되려면 속성의 주체인 스테이블코인이 스마트컨트랙트로 구현되어 있어야 하는 것은 너무나 당연한 전제다. 사실, 스테이블코인은 암호화폐의 한 범주다. 암호화폐는 스마트컨트랙트에 의해서 구현된다. 그렇기에 현재 시중에서 유통되고 있는 스테이블코인들은 모두 스마트컨트랙트를 기반으로 만들어졌다. 그럼 스마트컨트랙트에 대해 간략하게 알아보고 스테이블코인이 스마트컨트랙트를 통해 어떻게 만들어지고 어떻게 프로그래밍 되는지 살펴보겠다.

코드가 신뢰를 만드는 스마트컨트랙트

스마트컨트랙트는 1994년, 미국의 암호학자 닉 자보Nick Szabo에 의해 처음 소개되었다. 그는 자신의 논문에서 스마트컨트랙트를 '계약을 자동으로 이행하는 전산화된 거래 프로토콜'이라고 정의하였다. 얼핏 보면 무슨 뜻인지 이해하기 어려우나 풀어서 얘기하면 다음과 같이 말할 수 있다. '스마트컨트랙트는 컴퓨터가 자동으로 계약을 이행하도록 설계된 디지털 계약서' 혹은 '컴퓨터가 자동으로 계약 당사자들 간에 체결된 계약조건에 따라 거래를 실행하는 기술 또는 프로그램'이다. 또한, 닉 자보는 '스마트컨트랙트의 목적은 신뢰기관의 도움 없이 악의적 오류나 실수를 최소화하여 계약의 조건들을 충족시켜 나가는 것'이라고 하였다.

금전과 관계된 대부분의 거래에는 믿을 수 있는 중개기관들이 존재한다. 그 이유는 이 중개기관들이 안전한 거래를 보증하기 때문이다. 은행, 증권회사, 부동산 중개회사 등이 바로 이러한 중개기관이다. 만약에 중개기관이 없다면 어떻게 될까? 사기와 소송이 난무한 세상이 될 것이다.

그런데 왜 스마트컨트랙트는 중개기관을 필요로 하지 않는 것일까? 중개기관은 계약당사자들 간에 체결된 계약을 보증하고 계약조건들이 충족되는지 확인하고, 그 여부에 따라 거래를 종결하는 등 계약이행의 전 과정을 담당한다.

예를 들어 부동산 중개업자는 매수자와 매도자 간에 계약을 알선하고 체결된 계약조건에 맞는 매매대금이 들어오면 부동산 소유권을 매수자에게 이전해준다. 그리고 받은 매매대금은 수수료를 떼고 매도자에게 전달해주고 계약을 종결한다. 계약조건과 맞지 않는 금액이 들어오면 소유권을 이전하지 않는다. 만약, 매수자와 매도자가 계약을 체결하고 체결된 계약을 코드로 만들어서 스마트컨트랙트에 담아 컴퓨터가 부동산 중개업자를 대신하여 계약을 이행하게 하면 어떨까? 물론 컴퓨터가 매도자의 은행계좌, 법원의 등기소와 연결되어 있다고 가정하고 말이다. 컴퓨터는 스마트컨트랙트에 있는 조건들을 보고 부동산 중개업자가 한 것처럼 매도자의 계좌에 조건에 맞는 금액이 들어오면 이와 동시에 소유권 이전등기를 끝낼 것이다. 당연히 계약조건을 충족하는 금액이 들어오지 않는 한 소유권 이전등기는 시작도 하지 않는다. 여기에 오류나 실수는 없다. 빠르고 정확한 이행만이 있을 뿐이다. 바로 신뢰의 축이 중개기관에서 코드로 바뀌는 순간이다.

스테이블코인의 설계도를 품는 스마트컨트랙트

스테이블코인은 스마트컨트랙트를 통해 만들어진다고 하였다. 그럼 어떻게 만들어지는 것일까? 원리는 의외로 단순하다. 돈의 생성에서 이동, 폐기 등 돈의 생애주기를 관리하는데 필요한 규칙들을 스마트컨트랙트에 코드로 구현하는 것이다. 코드로 구현되는 규칙들은 스테이블코인의 명칭, 심볼, 총 공급량, 총 발행량을 정하는 것에서부터 스테이블코인의 발행수량 조회, 스테이블코인의 계좌별 잔고 조회, 스테이블코인의 계좌간 이체, 스테이블코인의 추가 발행(총 공급량 증가 초래), 스테이블코인의 소각(총 공급량 감소 초래) 등에 대한 규칙들을 포함한다. 이 외에도 더 있지만 중요하다고 여겨지는 규칙을 추려서 소개하였다.

많은 블록체인 플랫폼들이 암호화폐 생태계 확장을 위해 자신들의 플랫폼에서 유통되는 암호화폐들이 서로 간에 호환되고 외부 서비스들과 쉽게 상호운용될 수 있도록 암호화폐 컨트랙트를 구현하고 배포하는 표준을 만들어 제공하고 있다.[3] USDT, USDC를 포함한 대부분의 스테이블코인은 암호화폐 컨트랙트의 표준에 따라 만들어져 유통되고 있다.

스테이블코인 컨트랙트(스테이블코인을 만드는 스마트컨트랙트를 스테이블코인 컨트랙트라고 줄여서 칭함)도 다른 스마트컨트랙트와 마찬가지로 컴퓨터 프로그램이다. 따라서 앞에서 언급한 여러 규칙 이외에 다른 규칙들을 추가로 구현할 수 있다. 그런데 문제는 돈을 만드는 스마트컨트랙트는 독립적으로 구현되어야 한다는 것이다. 스테이블코인 컨트랙트는 스테이블코인의 생애주기와 직접적으로 관련된 기본적인 규칙들로만 구성되어야 한다는 뜻이다. 만약 어떤 특정 거래에 치중된 규칙이

---

[3] ERC20, TRC20 등이 대표적인 암호화폐 컨트랙트 표준들이다.

기본 규칙들과 섞여서 스테이블코인 컨트랙트에 함께 구현된다면 어떻게 될까? 아마도 이 스테이블코인은 이미 정해진 특정 거래 외에는 사용될 수 없을 것이다. 새로운 거래를 만들고 싶다면 스테이블코인도 새로 만들어서 사용해야 한다. 이 말은 새로운 규칙이 생겨날 때마다 새로운 돈이 생겨나야 한다는 뜻이기도 하다.

블록체인에 올라간 스마트컨트랙트는 변경이 불가하다. 그래서 규칙을 바꾸려면 스테이블코인 컨트랙트를 다시 올려야 한다. 컨트랙트만 새로 올리면 끝나는 것이 아니다. 스테이블코인도 새로 생겨났기 때문에 이전 컨트랙트에 의해 만들어진 스테이블코인을 새 컨트랙트가 만든 스테이블코인과 교환해야 한다. 그런데 이 과정이 매우 복잡하고 비용도 많이 소모된다. 그래서 스테이블코인 컨트랙트를 만들 때에는 어떠한 형태의 거래들과도 일관되게 상호운용될 수 있도록 독립성을 충분히 고려하여 구현해야 한다. 어떤 특정 거래에 의존적이거나 통상적인 거래업무조차 수행하지 못하는 일이 없도록 모든 가능성에 동일하게 적용될 수 있는 공통의 규칙으로 말이다.

프로그래밍을 풍성하게 만드는 스테이블코인

스테이블코인 컨트랙트는 독립적이어야 한다고 하였다. 그렇다면 세상에는 수많은 다양한 형태의 계약과 거래가 존재하는데, 스테이블코인 컨트랙트는 이 많은 계약과 거래가 내포하는 서로 다른 규칙들을 어떻게 소화할 수 있는 것인가?

이 질문에 대한 답은 '스마트컨트랙트의 상호운용성'에서 찾을 수 있다. 스마트컨트랙트는 내부에서 다른 스마트컨트랙트를 호출하여 실행시킬 수 있다. 이 말은 어떤 거래에 대한 규칙을 담은 스마트컨트랙트가 필요할 때마다 스테이블코인 컨트랙트를 호출하여 규칙에 따른 돈의 움직임을 실행할 수 있다는 것이다.

예를 들어 스테이블코인 A, 거래 1, 거래 2, 거래 3이 있다고 가정해 보겠다. 만약 스마트컨트랙트들 간에 상호운용이 불가능하다면 스테이블코인 A의 컨트랙트에는 거래 1, 2, 3의 규칙들이 모두 구현되어야 했을 것이다. 그런데 스마트컨트랙트들은 서로 간에 상호운용이 가능하기 때문에 거래 1, 2, 3은 각자의 고유한 규칙을 담은 자신만의 스마트컨트랙트를 따로 만들어 내부에서 스테이블코인 A의 컨트랙트를 호출하기만 하면 된다.

스마트컨트랙트의 규칙은 하나의 스테이블코인만을 다룰 필요가 없다. 스테이블코인마다 자신만의 고유한 스테이블코인 컨트랙트를 가지고 있기 때문에 종류가 다른 다수의 스테이블코인들과 연계하는 규칙을 구현하는데 전혀 문제가 없다. 실행이 필요한 스테이블코인의 컨트랙트를 호출하기만 하면 된다. 서로 다른 두 종류의 스테이블코인을 맞교환

  스테이블코인 머니 게임

하는 거래를 예로 들어보겠다. 이 거래의 규칙은 다음과 같다.

"사용자 A의 계좌에 있는 스테이블코인 A를 교환하고자 하는 수량만큼 빼서 사용자 B의 계좌에 더한다. 그리고 난 후 사용자 B의 계좌에 있는 스테이블코인 B를 동일한 수량만큼 빼서 사용자 A의 계좌에 더한다."

이 규칙이 코드로 구현된 스마트컨트랙트는 먼저 스테이블코인 A의 컨트랙트를 호출하여 스테이블코인 A를 옮기는 일을 실행시킨다. 다음으로 스테이블코인 B의 컨트랙트를 호출하여 스테이블코인 B를 옮기는 일을 실행시킨다. 하나의 스마트컨트랙트만으로 서로 다른 스테이블코인과 연계한 거래를 충분히 끝낼 수 있다. 스테이블코인은 스마트컨트랙트의 상호운용성과 스테이블코인 컨트랙트의 독립성을 통해 프로그래밍 영역의 한계를 제거함으로서 프로그래밍 역량을 넓게 확장할 수 있게 된다.

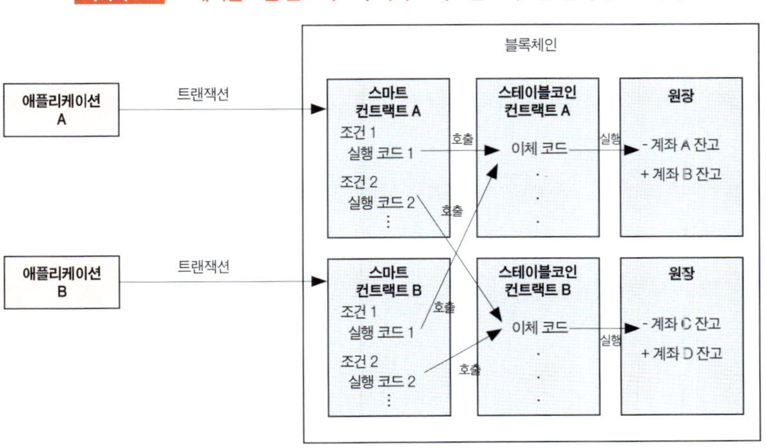

이미지 2-2 스테이블코인 컨트랙트와 기타 스마트컨트랙트들 간의 상호운용성

거래의 판을 새롭게 짜는 스테이블코인

이쯤에서 실물자산 거래와 디지털자산 거래를 한번 비교해 보겠다. 자산거래는 거래 당사자들 간에 어떤 자산과 이에 대한 대가인 현금을 주고받는 행위다. 그럼 자산거래가 형성되려면 무엇이 필요할까? 계약서와 거래대상인 자산이 필요하다. 자산이 주식이면 은행원장에 현금 거래내역이 기록되고 예탁결제원 주식계좌 원장에 주식 거래내역이 기록된다. 자산이 부동산이면 은행원장에 현금 거래내역이, 법원등기소 등기부에 부동산 거래내역이 기록된다. 현금이나 주식이나 부동산은 모두 실물자산이다.[4] 그러다 보니 각 자산들을 보관하고 관리하는 주체들도 모두 제 각각이다. 그래서 일상적으로 실물자산의 거래는 완료까지 수일이 걸린다. 만약 거래대상이 디지털자산이면 어떨까? 얼핏 봐도 매우 간단해질 것 같지 않은가? 디지털자산은 실물이 아닌 전자식 기록으로 자산을 표현하기 때문에 보관과 거래가 모두 하나의 플랫폼에서 가능하다.

그렇다면 스마트컨트랙트는 앞에서 언급한 실물자산 거래에서 무엇에 해당할까? 바로 계약서에 해당한다. 그럼 블록체인은 무엇에 해당할까? 은행원장, 예탁결제원 주식계좌 원장, 법원등기소 등기부에 해당한

4　주식은 전자증권제도가 시행됨에 따라 더 이상 실물자산이라고 보기는 어렵다.

다. 이 둘만 있으면 디지털자산은 종류에 상관없이 언제 어디서나 거래가 가능하다.

블록체인에는 수많은 다양한 종류의 디지털자산이 존재한다.[5] 이 말은 블록체인은 앞에서 언급한 은행원장, 주식계좌 원장, 부동산 등기부와 달리 여러 다양한 종류의 디지털자산들이 하나의 원장에서 거래가 가능하게 한다는 뜻이고, 계약서에 해당하는 스마트컨트랙트는 블록체인에서 돌아간다. 그렇기에 블록체인에서 일어나는 디지털자산 거래는 순식간에 끝이 난다. 이를 반영하듯 2026년 현재, 통계를 보면 디파이 Defi, Distributed Finance, 탈 중앙화 금융, NFT Non-Fungible Token와 같이 디지털자산 거래를 기반으로 하는 서비스가 전체 블록체인 관련 서비스의 절반 이상을 차지하고 있다.

실물자산 거래에서는 스테이블코인이 자산을 획득하는 대가로 지불하는 현금을 대체할 수는 있으나 프로그래밍 속성을 발휘하는 것은 사실상 불가능하다. 실물자산은 형태마다 원장이 따로 존재하며 계약서와 실물자산의 원장들 사이에는 연결성이 존재하지 않는다. 그렇기에 프로그래머블머니를 실물자산 거래에 적용하는 것은 쉽지 않은 일이다. 그렇지만 디지털자산 거래에 있어서는 스테이블코인의 프로그래밍 속성이 빛을 발한다.

---

5 암호화폐, 스테이블코인, NFT 모두 디지털 자산의 종류다.

프로그래머블머니는 계약서와 원장을 하나로 묶어 사람이든 시스템이든 그 어떤 무언가의 개입이 전혀 없이 디지털자산 거래가 계약 조건에 맞추어 정확하고 신속하게 완료될 수 있도록 한다. 이는 결국 디지털자산 거래를 더욱 확산시키는 촉매제가 되어 디지털자산 시장을 더 빠르게 성장시키는 중요한 디딤돌의 역할을 할 것이다. 실물자산도 현재 논의되고 있는 토큰화Tokenization 과정을[6] 통해 궁극적으로 디지털자산 시장 안으로 편입될 것으로 예상된다.

이미지 3-3 블록체인 관련 산업별 분포도

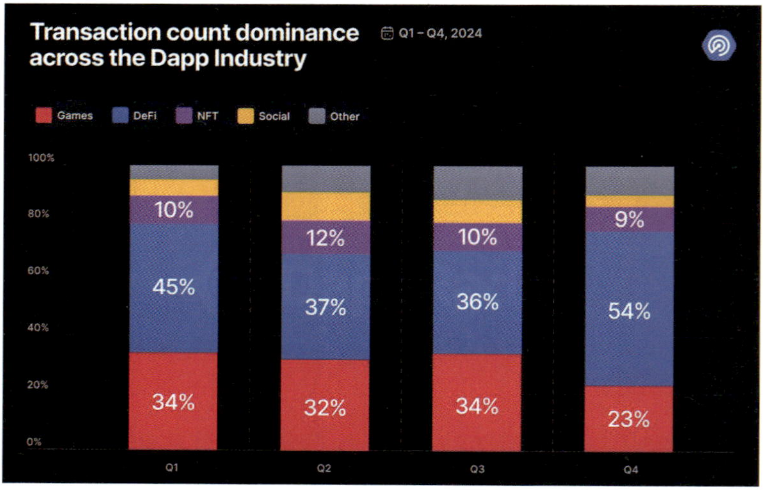

자료: DappRadar

6 실물자산의 소유권을 디지털로 전환하는 것을 말한다.

돈이 움직이게 만드는 보이지 않는 엔진들: 블록체인 인프라

프로그래머블머니는 독자적으로 존재하지 못한다. 스테이블코인이 프로그래밍 속성을 지니게 된 배경에는 이 속성이 가능하도록 뒷받침해 주는 인프라가 있기 때문이다. 이 인프라는 보안을 담당하는 블록체인 플랫폼, 사용자 인터페이스를 담당하는 디앱Dapp, Decentralized Application, 탈중앙화 앱, 데이터 공급을 담당하는 오라클Oracle, 자산의 이동을 담당하는 블록체인 브릿지Blockchain Bridge 등으로 구성되어 있다. 그럼 스테이블코인에게 돈을 프로그래밍 할 수 있는 능력을 부여해 준 이 인프라의 구성 요소들에 대해 좀 더 살펴보겠다.

블록체인 플랫폼

블록체인이 2008년에 처음 등장한 이후 15년 이상이 지난 지금, 블록체인을 모르는 사람은 많지 않을 것이다. 처음에는 생소했지만 오랜 기간 동안 수많은 부침 속에서도 정체성을[7] 잃지 않고 미래를 선도할 기술로 자리 매김한 덕분이다. 블록체인이 비트코인으로 대변되는 전자화폐 시스템에서 플랫폼으로 발전하게 된 배경에는 비탈릭 부테린Vitalik Buterin이라는 젊은 과학자가 개발한 이더리움이 있다. 비탈릭 부테린은 이더리움을 세상에 내놓으면서 '차세대 스마트 계약 및 탈 중앙화 애플리케이션 플랫폼A Next-Generation Smart Contract And Decentralized Application Platform'이라고 소개하였다. 프로그래밍이 가능한 블록체인이 탄생한 것이다. 이더리움은 누구든지 원하는 거래를 스마트컨트랙트를 통해 코드로 만들어 블록체인에서 실행시킬 수 있게 하였다. 또한, 스마트컨트랙트의 배포에서부터 실행, 실행결과 기록까지 스마트컨트랙트가 관여하는 모든 과정들이 블록체인에서 가능하게 만듦으로서 스마트컨트랙트로 구현된 거래가 신뢰할 수 있음을 증명하였다. 이는 스테이블코인이 돈을 프로그래밍 한다는 속성을 얻는데 있어 중요한 밑거름이 되었다. 이후에 스마트컨트랙트를 기반으로 하는 다양한 형태의 블록체인 플랫폼들

---

7 불변성, 투명성, 탈중앙성

 스테이블코인 머니 게임

이 개발되어 현재까지 서로 경쟁을 이어오면서 발전을 거듭하고 있다.

블록체인 플랫폼에서 스마트컨트랙트를 실행하려면 수수료를 지불해야 한다. 수수료는 스마트컨트랙트가 실행되면서 소비하는 컴퓨팅 자원과 저장공간에 대한 대가다. 수수료를 지불하지 않으면 블록체인 플랫폼은 스마트컨트랙트를 실행하지 않는다. 더불어 수수료가 실행 도중에 다 소모되면 실행을 멈춘다. 이 수수료는 단순히 플랫폼 이용 대가를 지불하는 용도 이상의 중요한 의미를 갖는다. 이는 잘못된 스마트컨트랙트에 의해 블록체인 플랫폼이 피해를 입는 것을 방지하는 역할을 한다. 특히, 무한정으로 반복 실행되는 스마트컨트랙트로 인해 플랫폼이 정상적으로 기능을 수행하지 못하는 상태가 되는 것을 막는다. 수수료를 다 소모하게 되면 실행은 반드시 멈추게 되어 있고 스마트컨트랙트를 무한정으로 돌아가게 하기에는 비용이 너무 많이 들기 때문에 수수료는 매우 유용한 보호막이 되는 셈이다.

디앱 Dapp

디앱은 디센트럴라이즈드 애플리케이션Decentralized Application의 줄임말로 탈 중앙화된 앱, 다시 말해 블록체인 플랫폼을 기반으로 동작하는 애플리케이션을 뜻한다. 애플리케이션은 대부분 클라이언트와 서버구조를 바탕으로 운영되는데, 우리가 흔히 알고 있는 기존의 애플리케이션들은 중앙화된 시스템이 서버의 역할을 하고 있다. 이와 반대로 디앱은 탈 중앙화된 블록체인 플랫폼이 서버의 역할을 한다. 디앱은 블록체인의 높은 보안성과 개발이 용이한 스마트컨트랙트의 장점으로 인해 그 수가 해마다 꾸준히 늘어나고 있는 추세다. 암호화폐 월렛, 디파이, NFT 마켓 플레이스, DEX^{Decentralized Exchange 8} 등이 모두 이에 해당한다.

오라클^{Oracle}

이 세상에서 일어나는 거래들 중에는 세상에 존재하는 정보들과 연계하여야만 성사되는 경우가 매우 많다. 환전을 예로 들어 보겠다. 원화를 달러와 교환하려면 원화대비 달러의 시세를 알아야 한다. 그리고 시세는 외환시장을 통해 알아오는 정보다. 만약에 스마트컨트랙트가 세상에 존재하는 데이터들과 연계할 수 없다면 어떻게 될까? 아주 단순한 거래들 외에는 구현하기 어려울 것이다. 이는 프로그래머블머니의 이용가치를 희석시키는 결과를 가져온다. 환전과 마찬가지로 블록체인 플랫폼에서 디지털자산 A를 디지털자산 B와 교환하고자 할 때 스마트컨트랙트

---

8 탈 중앙화 암호화폐 거래소를 말한다.

   스테이블코인 머니 게임

는 디지털자산 A와 디지털자산 B의 시세를 모두 알고 있어야 한다. 블록체인 플랫폼은 디지털자산의 시세를 다루지 않는다. 암호화폐 거래소와 같은 디지털자산 시장으로부터 시세를 얻어와야 한다.

스마트컨트랙트는 자신이 구현할 수 있는 거래의 다양성을 제한하지 않고 프로그래머블머니의 이용가치도 떨어뜨리는 일이 없도록 블록체인 외부에 존재하는 데이터들과 연계할 수 있어야 한다. 문제는 스마트컨트랙트가 외부의 데이터를 직접 가져올 수 없다는 것이다. 누군가가 데이터를 수집해서 스마트컨트랙트에게 공급해 주어야 한다. 이 누군가를 오라클이라고 부른다. 오라클은 블록체인과 현실 속의 데이터들 사이에 존재하면서 스마트컨트랙트가 필요로 하는 데이터를 실시간으로 공급하는 미들웨어이다. 대부분의 디파이 서비스들은 외부의 데이터와 연동해야 하는 상황이 많으며 오라클을 통해서 이 문제를 해결하고 있다.

이미지 2-4 중앙화 오라클 서비스

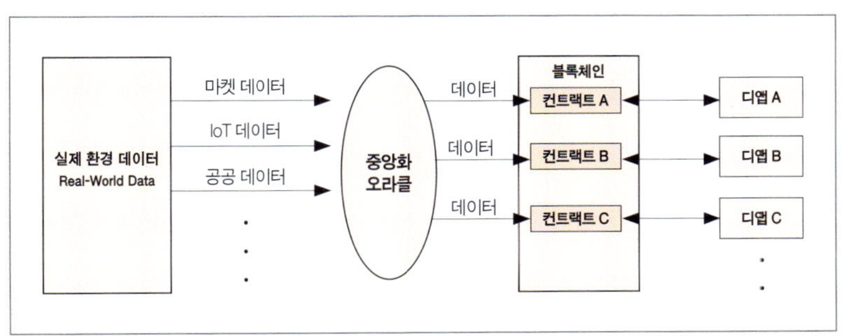

여기서 아이러니한 상황이 발생한다. 스마트컨트랙트는 탈 중앙화된 플랫폼에서 돌아간다. 그런데 오라클은 중앙화된 서비스다. 이는 어색한 조합이라는 사실을 넘어 심각한 문제를 야기한다. 바로 오라클에 대한 신뢰 문제다. 스마트컨트랙트는 오라클이 공급하는 데이터에 절대적으로 의존한다. 만약 오라클이 변질되거나 해킹된다면 이는 오라클뿐만이 아니라 스마트컨트랙트에 대한 신뢰에까지 영향을 미친다. 이미 해커가 오라클이 공급하는 데이터를 조작하여 상당량의 암호화폐를 탈취하는 사례가 여러 번 발생하였다.[9]

이러한 치명적 결함을 해결하기 위해 탈 중앙화 오라클이 등장하였다. 탈 중앙화 오라클 서비스는 블록체인 플랫폼처럼 다수의 참여자들에 의해 구성된 네트워크를 기반으로 한다. 오라클 네트워크를 구성하는 노드들은 각각 독립적으로 데이터를 수집한다. 그리고 합의를 통해 각 노드들이 수집한 데이터들 중에 가장 신뢰성이 높은 데이터를 선정하여 스마트컨트랙트로 보낸다. 블록체인 플랫폼과 같이 탈 중앙화되어 있기 때문에 악의적인 세력에 의해 데이터가 조작되는 일을 피할 수 있다. 가장 대표적인 탈 중앙화 오라클 서비스로 체인링크Chainlink가 있다.[10]

---

9 대표적으로 사례로 망고마켓과 본크다오BonqDAO 암호화폐 탈취사건이 있다.

10 https://chain.link/

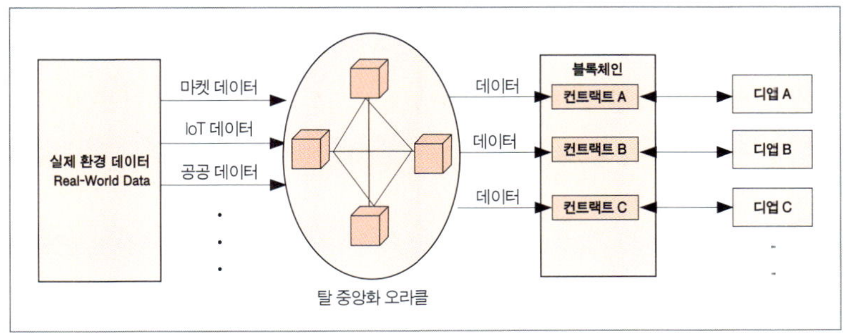

블록체인 브릿지 Bridge

블록체인 플랫폼들은 저마다의 고유한 디지털원장을 가지고 있으며 이들은 서로 간에 직접적인 연결이 없는 독립적인 형태로 존재한다. 그렇기에 서로 다른 플랫폼 간에 직접적인 자산이동은 불가능하다. 그러나 디지털자산 생태계의 확장을 위해서는 서로 다른 플랫폼들 간에 자유로운 자산이동을 가능토록 하는 일이 필요하다. 이를 위해 등장한 것이 '블록체인 브릿지 기술'이다.

블록체인 브릿지 기술은 블록체인 플랫폼들을 직접 연결하지 않는다. 대신 비슷한 자산 간의 대체작업을 통해 상호연결 효과를 일으킨다. 무슨 의미인가 하면, 플랫폼 A에서 발행된 자산을 가지고는 플랫폼 B에서 운영되는 디파이 서비스를 이용할 수 없다. 플랫폼 B에서 발행된 자산이 있어야 이용이 가능하다. 블록체인 브릿지 기술은 플랫폼 A에서 발행된 자산을 담보로 플랫폼 B에서 동일한 가치를 지닌 임시자산[11]을 발행하여 디파이 서비스를 이용할 수 있게 해주는 기술이다. 물론 사용자가 더 이상 플랫폼 B에서 발행된 임시자산이 필요 없어지면 자산을 소각하고 담보로 묶여 있던 자산은 돌려준다. 블록체인 브릿지 기술은 운영하는 주체에 따라 중앙화 브릿지 기술[12]과 탈 중앙화 브릿지 기술[13]로 나뉜다.

중앙화 브릿지 기술에는 제3의 기관이 존재한다. 이 제3의 기관이 사용자로부터 담보에 해당하는 자산을 받아 보관하고 이에 상응하는 가치를 지닌 임시자산을 발행하여 사용자에게 준다. 중앙화 브릿지 기술은 하나의 기관에 모든 과정을 의존해야 하기 때문에 제3의 기관에 대한 신뢰가 절대적이다. 탈 중앙화 브릿지 기술은 스마트컨트랙트를 기반으로 하는 브릿지 기술로서 제3의 기관에 의지하지 않는다. 먼저 담보를 제공하는 측의 플랫폼에 속한 스마트컨트랙트가 담보에 쓰일 자산을 사용자의 계좌에서 담보 계좌로 옮긴다. 다음으로 자산을 발행하는 측의 플랫폼에 속한 스마트컨트랙트가 담보로 잡은 자산과 동일한 가치를 지닌

---

11 이러한 자산을 래핑 자산Wrapping Asset이라고 칭한다.

12 중앙화 브릿지 기술을 제공하는 플랫폼으로 바이낸스 브릿지, 폴리곤 POS 브릿지, 아발란체 브릿지 등이 있다.

13 탈 중앙화 브릿지 기술을 제공하는 플랫폼으로 니어 레인보우 브릿지, 솔라나 웜홀, 폴카닷 스노우 브릿지 등이 있다.

임시 자산을 발행하여 사용자의 계좌로 입금한다. 중간에서 누군가가 담보에 대한 정보만 전달해 주면 되는 것이다.[14] 블록체인 브릿지 기술은 프로그래머블머니의 역량이 하나의 플랫폼에 국한되지 않고 여러 플랫폼들 간의 거래까지 영역을 넓힐 수 있도록 해주는 중요한 기술이다.

이미지 2-6 탈 중앙화 브릿지 기술

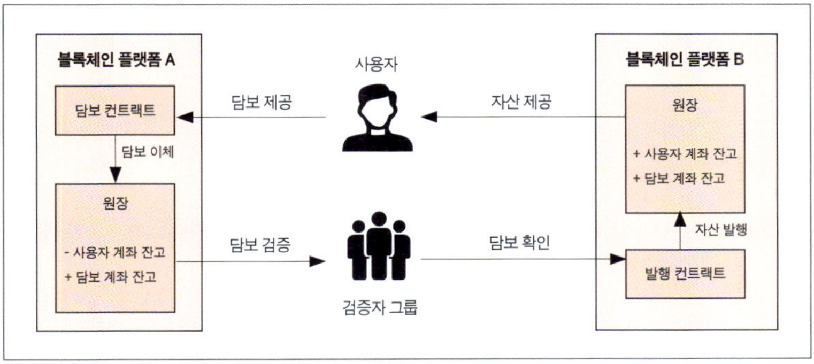

퍼블릭 블록체인Public Blockchain vs. 프라이빗 블록체인Private Blockchain

이더리움 같은 블록체인 플랫폼들은 공개형 블록체인Public Blockchan이다. 공개형 블록체인은 말 그대로 대중에게 공개된 플랫폼이다. 누구나

---

14 담보 정보를 전달하는 방법은 검증자 집단Validator Group을 이용하는 방법, 라이트 클라이언트Light Client를 이용하는 방법, 오라클Oracle을 이용하는 방법 등이 있다

네트워크에 참여할 수 있고 스마트컨트랙트를 올릴 수 있으며 실행시킬 수 있다. 이와 상반된 비공개형 블록체인Private Blockchain도 있다. 허가된 자만이 네트워크에 참여할 수 있고 스마트컨트랙트를 올릴 수 있고 실행시킬 수 있다. 공개형 블록체인은 어떤 특정한 운영 주체에 의한 통제가 불가능한 반면, 비공개형 블록체인은 정부나 기업 또는 컨소시엄 같은 특정 운영주체가 통제권을 가지고 블록체인 플랫폼 운영 상의 규칙을 변경하거나 규제를 적용할 수 있다.

엄밀히 말해서 비공개형 블록체인은 블록체인의 본질인 탈 중앙화에 역행한다. 블록체인은 '익명성을 보장하면서 자율적으로 운영되어야 한다'는 철학을 바탕으로 세상에 나타났다. 블록체인의 본질과 철학에 반대되는 방향으로 운영되는 비공개형 블록체인은 기업이나 정부기관들에게는 각광받을 수 있으나 대중적인 플랫폼으로 발전되기에는 부족한 면이 있다.

첫째, 폐쇄적인 운영으로 인해 네트워크 참여자가 소수일 수밖에 없다. 여기에 더해서 비공개형 블록체인에는 인센티브 개념이 없다. 그렇다 보니 네트워크 확장성에 한계가 있다.

둘째, 비공개형 블록체인의 폐쇄성은 디앱 서비스들에 대한 진입장벽을 높여 사람들이 스마트컨트랙트 기반의 다양한 서비스들을 경험하고 이용할 수 있는 기회를 막는 결과를 가져온다. 이는 비공개형 블록체인이 기존의 중앙집중형 시스템과 확연한 차이를 만들지 못하면서 대중으

  스테이블코인 머니 게임

로부터 외면 받을 가능성이 있음을 시사하는 바이기도 하다.

스테이블코인의 프로그래밍 속성이 지닌 무한한 가능성은 많은 사람들이 공유할 수 있어야 한다. 그래야 프로그래머블머니의 가치가 더욱 빛을 발하고 이 가치가 주는 다양한 혜택을 사람들이 누릴 수 있기 때문이다. 참고로 현재 시중에서 유통되고 있는 스테이블코인들은 대부분 공개형 블록체인을 통해 발행되고 있다.

이미지 2-7 스테이블코인 발행 현황(2026년 3월 17일 기준)

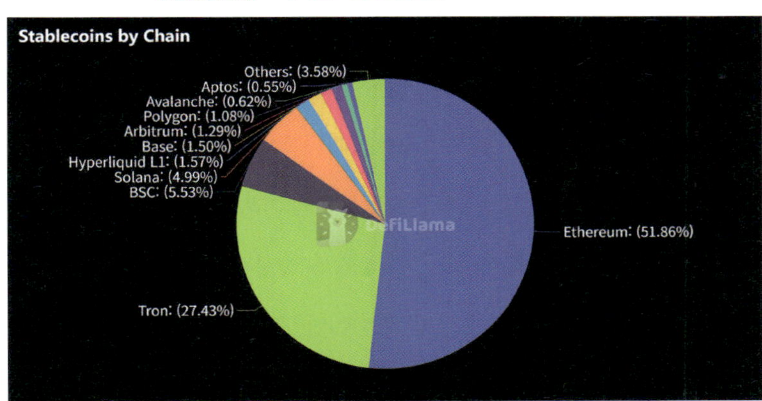

자료 : DeFiLlama

돈이 스스로 일하게 되면
벌어지는 일들

스테이블코인의 핵심 속성인 프로그래머블머니를 가지고 할 수 있는 일들이 어떤 것들이 있는지 알아보겠다. 스테이블코인은 모든 산업에서 다방면으로 매우 유용하게 쓰일 수 있도록 설계된 디지털화폐다. 특히, 속성인 프로그래머블머니에 내재된 뛰어난 효용가치를 알아본 전 세계의 많은 기업과 금융기관, 정부기관들에 의해 프로그래머블머니가 어떻게 활용될 수 있는지에 대해 많은 연구가 진행되어 왔다. 이 중 대표적인 활용사례 몇 가지를 소개하겠다.

사용처 관리

프로그래머블머니를 이용하면 돈의 흐름을 통제할 수 있다. 원하지 않는 곳에 돈이 흘러 들어가거나 자격이 없는 이에게 돈이 넘어가는 일을 막을 수 있다. 예를 들어, 자녀에게 학용품을 사라고 돈을 주는 부모의 입장에서 자녀가 학용품 외의 것에 돈을 쓸까 봐 염려하는 것은 당연하다. 지금처럼 현금을 주면 부모의 염려는 현실이 될 수 있다. 자녀는 현금을 자신이 원하는 곳에 마음대로 쓸 수 있으니까 말이다. 만약 현금 대신 스테이블코인을 준다면 어떨까? 부모의 염려는 사라지게 될 것이다. 부모는 돈의 사용처를 스마트컨트랙트에 지정해 놓기만 하면 된다. 자녀는 부모가 정해 놓은 사용처 외에는 돈을 사용할 수가 없다. 부모 입장에서는 바람직한 일이 된다.

조건부 지급

프로그래머블머니를 이용하면 조건을 걸어 돈의 흐름을 제어할 수 있다. 고객이 상품을 주문할 때 처음 거래하는 공급자라면 신뢰가 쌓이지 않았기 때문에 상품을 받은 이후에 대가를 지불하고 싶고, 반대로 공급자의 입장에서는 대가를 먼저 받고 상품을 보내고 싶을 것이다. 프로그래머블머니를 이용한다면 이러한 고민은 사라진다. 고객이 먼저 공급자의 계좌로 송금을 요청하면 스마트컨트랙트는 고객의 스테이블코인을 에스크로우Escrow 계좌로 옮기고 승인을 기다린다. 공급자는 고객이 송금한 사실을 인지하고 상품을 보낸다. 상품을 받은 고객은 상품을 확인하고 승인한다. 스마트컨트랙트는 고객의 승인을 확인하고 에스크로우 계좌에서 공급자의 계좌로 스테이블코인을 이체하여 거래를 마무리한다.

프로그래머블머니를 이용할 때 조건을 구체적으로 정하면 돈의 흐름을 정교하게 제어할 수 있다. 예를 들어 고객이 영어를 공부하기 위해 영어강사를 고용하고 다음과 같은 계약을 체결하였다고 가정하겠다.

"토익 점수가 700점을 넘으면 100만 원을 지급하고 800점을 넘으면 200만 원을 지급하며 900점을 넘으면 300만 원을 지급한다."

이 계약조건은 스마트컨트랙트로 구현되어 블록체인에 오른다. 스마트컨트랙트는 고객의 계좌에 있는 300만 원어치의 스테이블코인을 에스크로우 계좌로 옮겨놓는다. 고객은 영어교육을 제공받고 온라인으로 토익 시험을 치른다. 시험 결과는 곧바로 스마트컨트랙트에 보내진다. 스마트컨트랙트는 시험 결과를 확인하고 계약조건에 부합하는 금액의 스테이블코인을 영어강사의 계좌로 이체한다. 남은 금액은 고객의 계좌로 돌려놓는다.

수익 배분

다수의 사람이 참여해 만든 작품이나 투자펀드가 수익을 일으키면 이 수익은 참여한 사람들 간의 계약에 따라 배분되는 것이 원칙이다. 그런데 수익배분 문제로 종종 분쟁이 일어난다. 수익금 액수를 속였다던지 배분조건을 어겼다던지 등의 이유로 말이다. 특히 음악이나 영화와 같은 콘텐츠 저작권의 경우 참여자도 많고 이해관계가 복잡하여 분쟁이 자주 발생하는 편이다.

그렇다면 이 문제를 어떻게 해결하면 좋을까? 다행히 이 문제를 해결할 도우미가 있다. 바로 프로그래머블머니다. 저작권에 대한 배분조건을 스마트컨트랙트에 구현해 놓으면 스마트컨트랙트는 수익금이 들어오는 즉시 정해진 조건에 따라 한 치의 오차도 없이 정확하게 배분하여 각 이해관계자들의 계좌로 순식간에 입금한다. 블록체인에 저장된 데이터는 그 누구도 조작할 수 없다는 것을 알기에 수익금 액수나 배분한 금액에 대해 시비를 걸 수 없다. 또한, 스마트컨트랙트는 배분조건 뿐만 아니라 배분조건에 동의한다는 각 이해관계자들의 서명도 함께 달고 있기 때문에[15] 배분조건에 대해서도 시비를 걸 수가 없다. 따라서 저작권 분쟁은 확연하게 줄어들 것이다.

---

[15] 멀티시그 월렛 기술에 의해 다수의 전자서명을 받는 것이 가능하다.

서비스 접근 관리

프로그래머블머니를 이용하면 서비스 이용자들의 접근권한을 효율적으로 제어할 수 있다. 타인에게 차를 빌려주고 렌트비를 받는 경우를 예로 들어보겠다. 차가 두 대인 A는 차가 없는 청년과 월에 100만 원을 받기로 하고 자신의 전기차를 빌려주는 계약을 체결하였다. 그런데 몇 개월 후부터 렌트비가 들어오지 않기 시작했고 청년도 연락을 받지 않는다. A는 렌트비도 문제지만 차가 어디에 있는지조차 알지 못하기에 더욱 불안하다.

그렇다면 프로그래머블머니는 이런 문제를 어떻게 해결할 수 있을까? A가 청년과 체결한 계약조건은 스마트컨트랙트로 구현되고 IoT 기술을 통해 스마트컨트랙트와 A의 차는 서로 연결되어 있다. 스마트컨트랙트는 매월 1일에 A의 계좌로 렌트비가 입금되는지 모니터링 한다. 렌트비가 입금되지 않으면 스마트컨트랙트는 A의 차에 잠금 요청을 하고 그러한 요청을 받은 A의 차는 청년이 차를 움직이지 못하게 시동장치를 잠가 버린다. 청년이 렌트비를 입금하면 스마트컨트랙트는 해제 요청을 하고 차는 잠금을 해제한다. 이렇듯 A는 프로그래머블머니를 이용하여 위와 같은 문제에 실시간으로 대처할 수 있다.

디파이는 탈 중앙화 금융서비스를 일컫는다. 탈 중앙화 금융서비스는 스마트컨트랙트를 기반으로 블록체인에서 운영하는 금융서비스를 말한다.[16] 디파이는 은행을 비롯한 어떠한 중개기관도 존재하지 않는 순수한 P2P 금융서비스다. 디파이 서비스마다 특정한 목적의 금융거래를 이행하는데 필요한 규칙과 알고리즘이 존재한다. 이 규칙과 알고리즘은 스마트컨트랙트로 구현되어 블록체인에서 유통되는 디지털자산들을 대상으로 작동한다.[17] 이러한 디파이 생태계에서 프로그래머블머니가 갖는 의미는 매우 크다.

만약, 디파이 서비스가 스테이블코인이 아닌 현금을 사용해야 한다면 어떻게 될까? 디파이 서비스는 실패할 것이다. 현금을 사용하려던 은행이 개입해야 한다. 그렇게 되면 디파이는 더 이상 P2P 서비스가 아니게 된다. 은행이 디파이 서비스에서 일어나는 거래에 대해 막대한 권한을 가지게 되고, 디파이 서비스의 스마트컨트랙트는 블록체인에 접근하는 통로의 역할만 하는 존재로 전락할 것이다. 현금이 필요하면 스테이블코인을 발행한 주체로부터 환전받으면 된다. 이와 같이 디파이가 성공

---

16 현재는 대출, 차입, 탈 중앙화 거래소가 주를 이루고 있다.
17 미래에는 토큰화Tokenization 과정을 통해 실물자산도 거래할 수 있을 것이다.

하려면 프로그래밍 속성을 지닌 스테이블코인이 반드시 필요하다.

재무 관리

기업은 프로그래머블머니를 이용해서 재무관리 업무의 효율을 높일 수 있다. 기업의 자금이 규칙에 따라 움직이기 때문에 기업은 예산과 비용을 손쉽게 통제하고 위험을 실시간으로 관리할 수 있게 된다. 프로그래머블머니를 이용하여 기업은 예산집행에 필요한 조건들을 스마트컨트랙트로 구현함으로 예산이 부적절하게 집행되거나 낭비되는 일을 막을 수 있고, 성과급 지급에 있어서도 합의한 조건이 스마트컨트랙트로 구현되어 투명하게 지급되기 때문에 계약이행과 관련한 분쟁을 피할 수 있다. 더불어 스마트컨트랙트가 법규와 정책에 따라 정확하게 기업의 자금을 움직이기 때문에 자금이 기업에 불리하게 쓰이는 일을 사전에 막을 수도 있다. 무엇보다도 스마트컨트랙트가 기업의 자금 유동성을 시시각각으로 파악하고 위험이 감지될 때마다 자금의 흐름을 조절하여 기업이 유동성 위기에 빠지는 일이 없도록 지원한다.

프로그래머블머니를 이용하면 개인의 재산관리에도 도움이 된다. 프로그래머블머니는 개인이 정한 지출조건에 따라 돈을 지급하여 개인의 재산이 낭비되는 일이 없이 필요한 일에 적절하게 쓰일 수 있도록 한다.

예를 들어 보겠다. 홈쇼핑 중독인 A는 지난달 지출내역을 보고 놀랐다. 충동구매로 홈쇼핑에 쓴 돈이 너무 많았기 때문이다. 그래서 A는 스마트컨트랙트에 홈쇼핑 지출 한도를 정해 놓았다. A가 충동구매 본능이 발동해서 돈을 홈쇼핑에 쓰려고 할 때마다 스마트컨트랙트는 A가 정해 놓은 한도가 넘었는지를 확인하고 한도가 넘었으면 지출을 중단한다.

또 다른 예를 들면 마트에서 장을 볼 때마다 비싼 와인을 사는 B는 술도 줄이고 돈도 아낄 목적으로 스마트컨트랙트에 와인 지출을 금지하는 조건을 넣었다. B는 마트에 가서 습관처럼 와인을 집었다. 그러나 스마트컨트랙트는 와인 결제를 거부한다. B는 할 수 없이 와인 사는 걸 포기한다. 이렇게 프로그래머블머니를 이용하면 개인은 재정적 어려움에 빠지지 않으면서 재산을 축척해 나갈 수 있는 발판을 얻을 수 있다.

프로그래밍 되는 돈이
가져올 혜택들

새로운 기술은 인간의 삶을 실질적으로 개선할 수 있을 때 비로소 수용된다. 다시 말해, 어떤 기술이 우리의 일상에 자리 잡기 위해서는 경제적·사회적 측면에서 삶의 질을 향상시키는 효용을 제공해야 한다. 이것이 기술이 지녀야 할 본질적 가치다.

그렇다면 스테이블코인의 핵심 속성인 '프로그래머블 머니'는 이러한 가치를 지니고 있을까? 결론부터 말하면 그렇다. 프로그래머블 머니는 기존 화폐 체계가 제공하지 못했던 새로운 효용을 창출함으로써, 개인과 기업 모두에게 의미 있는 변화를 가져올 잠재력을 지니고 있다. 지금부터는 프로그래머블 머니가 제공할 수 있는 구체적인 혜택을 살펴보겠다.

비용은 내려가고 효율은 올라간다

우리는 안전한 거래를 위해 믿을 수 있는 중개자에게 수수료를 지불한다. 결제, 송금, 투자, 매매 등과 같이 돈과 관련된 거래가 있는 곳에는 수수료가 있다. 그런데 프로그래머블머니를 이용하면 중개자에게 수수료를 지불하지 않고도 안전하게 거래가 가능하다. 전세계 수수료 시장 규모는 상상을 초월한다. 국내의 간편결제 수수료 시장만 보더라도 한 해에 수 조원 규모다.[18] 만약에 수수료로 소비되는 천문학적인 금액을 보다 더 발전적인 용도에 사용할 수 있다면 세계 경제는 어떻게 될까? 그 파급효과는 엄청날 것이며 전 세계 사람들에게 돌아가는 경제적 혜택도 매우 클 것임은 분명하다.

거래가 있는 곳에는 분쟁이나 사기와 같은 비생산적인 행위들로 인해 사회적 비용이 발생하기 마련이다. 그런데 프로그래머블머니를 이용하면 이러한 사회적 비용을 감소시킬 수 있다. 프로그래머블머니는 사전에 정해진 규칙이나 계약 당사자들 간의 약속에 의해서만 움직인다. 거래 중간에 인간이 개입할 여지는 없다. 그렇기에 계약이행 여부나 계약 조건에 대해 시비가 일어나기 어렵고 부당한 이득을 취하려는 행위도 통하지 않는다. 프로그래머블머니는 불필요한 사회적 비용을 줄여 개인

---

[18] https://it.chosun.com/news/articleView.html?idxno=2023092102113

의 경제활동이 증가하는 효과를 가져올 것이다.

프로그래머블머니를 이용하면 거래과정이 간소화되고 오류가 발생할 확률이 줄어들어 거래의 효율성을 높일 수 있다. 보험금 지급을 예로 들어보자. 보험사와 개인이 체결한 보험계약이 스마트컨트랙트로 구현되어 사고 발생시 병원이나 경찰 등의 관계기관들로부터 데이터를 받아 보험금 지급 조건을 충족하는지 실시간으로 확인하고 보험금 지급을 이행한다. 개인이 사고를 직접 입증할 필요가 없고 보험사 직원도 사고사실을 직접 확인하거나 보험금을 직접 지급할 필요도 없다. 모든 것이 자동으로 신속하고 정확하게 처리된다. 게다가 자본시장의 거래에 있어서도 프로그래머블머니를 이용하면 청산과 결제를 체결과 동시에 해결할 수 있기에 별도의 청산과정이 필요 없다. 프로그래머블머니는 업무 운영효율은 높이고 비용은 낮추어 사회전체의 생산성을 향상시키는 효과를 가져올 것이다.

추적은 쉬워지고 집행은 투명해진다

프로그래머블머니를 이용하면 돈의 흐름을 추적하는 일이 빠르고 용이하다. 돈의 모든 흐름이 블록체인에 기록되고 제어도 할 수 있기 때문에 돈세탁과 탈세와 같은 불법적인 여러 가지 활동을 추적하여 신속하게

　　　　　　　　　　　　　　　　　　　스테이블코인 머니 게임

제재를 가할 수 있고, 테러단체나 범죄조직으로 자금이 흘러 들어가는 것도 막을 수 있다. 돈의 흐름이 투명하고 정직한 사회는 발전한다. 이렇게 프로그래머블머니는 사회안정을 도모하는 일에도 기여할 수 있다.

정부 지원금 집행에 프로그래머블머니를 이용하면 집행효과를 높이게 된다. 정부 지원금은 지원목적에 맞추어서 투명하게 집행되어야 한다. 수혜자 지원조건과 사용처가 담긴 스마트컨트랙트는 지원조건에 부합하는 수혜자들에게 지원금을 지급하고 지원금이 목적에 벗어난 용도로 쓰이는 것을 차단할 수 있다. 더불어 수혜자가 물건이나 서비스를 사용처로부터 정상적으로 공급받았는지 확인하여 지원금이 부정하게 쓰이는 일도 방지한다. 뿐만 아니라 부정한 행위로 적발된 수혜자와 사용처를 모니터링하여 지원금이 또다시 낭비되는 일이 없도록 할 수도 있다. 프로그래머블머니는 정부의 복지재정이 투명하게 관리되는데 효과적인 대안이라 하겠다.

소비는 똑똑해지고 재정은 튼튼해진다

프로그래머블머니는 개인 맞춤형 돈이라고 할 수 있다. 개인은 프로그래머블머니를 이용하여 자신의 성향이나 상황에 알맞게 돈의 소비패턴을 구체적으로 조절할 수 있게 된다. 프로그래머블머니는 이용자의 예산이 필요 이상으로 소비되는 것을 막고 필요한 곳에 더 쓰일 수 있도록 하여 이용자가 주어진 예산안에서 최대의 효과를 얻을 수 있도록 해준다. 자식 교육에 열심인 부모를 예로 들어 보겠다. 이 부모는 아이에게 온라인 교육을 시키려고 한다. 그런데 모든 교과과정을 시청하기에는 재정상황이 여의치 않다. 그래서 부모는 아이의 학교성적에 맞춰서 온라인 교육을 시키기로 하였다. 특정 과목의 성적이 일정 수준에 도달하지 못하면 교육을 받게 하고 일정 수준을 넘으면 교육을 중단하는 식으로 융통성 있게 교육을 지원하려고 한다. 하지만 부모가 이 일을 직접 하기에는 무리가 있다. 더불어 예산관리를 잘못하여 필요한 때에 아이가 교육을 못 받게 될 수도 있다. 하지만 프로그래머블머니를 이용한다면 이런 염려를 할 필요가 없다. 스마트컨트랙트가 온라인 교육을 위한 예산을 부모의 수입으로부터 안전하게 확보하고, 학교성적과 연계하여 필요한 과목별로 예산을 자동으로 집행할 것이기 때문이다.

특히, 투자활동에 있어서도 개인은 자신의 성향과 전략에 맞추어서 스스로 움직이는 투자 포트폴리오를 구축할 수 있다. 금리가 올라가면 자동으로 채권비중을 늘리고, 금리가 떨어지면 자동으로 주식비중을 늘린다든가 하는 식으로 말이다. 더 구체적으로 들어가서 여러 다양한 시장들의 움직임과 연계한 자신만의 투자조건들을 정해 놓으면 스마트컨트랙트는 연계한 시장들의 변화에 실시간으로 대응하며 개인이 세운 투자전략을 충실하게 실행해 나간다. 이렇게 프로그래머블머니는 개인에게 돈을 현명하게 관리할 수 있는 능력을 더해주어 개인이 자신의 재정 상태을 해치지 않는 범위 내에서 원하는 곳에 자금을 더 투입할 수 있는 환경을 만들어 줄 것으로 기대한다.

금융은 다양해지고 기회는 많아진다

프로그래머블머니는 금융시장에 새로운 변화를 가져올 것으로 예상된다. 디파이와 NFT를 포함한 디지털자산 시장은 더욱 활성화되고 실물자산을 토큰화 하는 과정이 구체화되면서 RWA^{Real World Asset, 리얼 월드 에셋 19}, STO^{Security Token Offering, 시큐리티 토큰 오퍼링 20}와 같은 새로운 금융모델들이 더 많이 등장할 것이다. 이는 일반인들이 쉽게 접근할 수 없었던 부동산, 예술품, 항공기와 같은 실물자산에 직접 투자할 수 있는 기회가 대중에게 열리는 것이다. 더 나아가 세상에 존재하는 데이터들과 직접 연계하는 상품이나 디지털자산과 실물자산이 결합된 형태의 진일보한 상품들도 쏟아져 나올 것이다. 이러한 금융시장의 변화는 온라인 주식매매시스템이 주식시장에 대한 접근성을 높여 주식시장의 성장을 견인했

---

19 세상에 존재하는 실물자산들을 토큰화하는 것을 말한다.

20 여러 사람이 하나의 실물자산을 분할해서 소유할 수 있는 증권의 일종이다.

던 것처럼, 대중이 금융에 참여할 수 있는 기회를 확대하여 금융시장이 한 단계 더 성장하는 계기를 만들 것으로 기대한다.

보험, 무역, 물류와 같이 업무 프로세스가 복잡한 분야가 효율적으로 변화하면서 이에 따른 새로운 금융모델들이 개발될 것으로 예상된다. 개인의 생활방식이나 패턴과 연계한 보험상품이나 무역자산들을 담보로 하여 돈을 빌려주는 대출 서비스 등의 이전에 없었던 모델들이 나타나 대중의 선택권을 폭넓게 만들 것이다. 한발 더 나가서 미래의 금융시장은 스테이블코인이 대중화되고 그 속성인 프로그래머블머니의 이용이 보편화되면서, 개인 간의 P2P 거래가 주류가 되는 금융환경으로 새롭게 재편될 가능성이 높다. 이는 금융시장의 주도권이 집단에서 개인으로 넘어가는 매우 중대한 계기가 될 것이다.

아직 끝나지 않은 이야기: 프로그래머블머니의 숙제

스테이블코인이 돈을 프로그래밍 하는 일은 아직 미완성이다. 우리 삶에 완전하게 자리 잡기에는 풀어야 할 숙제가 많다. 미래를 밝힐 전도유망한 기술이라면 당연히 거쳐야 하는 과정이다. 왜냐하면 기술은 숙제를 해결하기 위해 쏟아 붓는 노력들이 모여 발전해 나가기 때문이다. 인터넷을 한번 떠올려보기 바란다.

인터넷이 등장한 초기에는 인터넷이 우리 삶의 일부가 될 것이라고 예상한 사람은 극소수에 불과했다. 속도는 느리고 연결은 어렵기에 이메일 정도 외에는 실용성이 없어 보였다. 그러나 인터넷이 가진 무한한 가능성 때문에 많은 사람들이 문제 해결을 위해 끊임없이 노력한 결과, 인터넷 브라우저와 검색엔진이 개발되었으며 데이터 전송속도는 빨라지고 다양한 웹서비스들이 등장하여 우리의 삶을 변화시켜 나가지 않았는가? 지금은 어떠한가? 고화질의 영화 한 편을 다운받는데 단 몇 초면 충분하다. 언제 어디서나 인터넷을 끊김 없이 이용하며 전 세계에 있는 사람들과 실시간으로 화상회의를 한다. 프로그래머블머니도 지금은 미완성이지만, 인터넷과 같이 무한한 가능성을 지니고 있기 때문에 많은 사람들에 의해 발전에 발전을 거듭해 나갈 것이 분명하다.

기술의 발전은 미완성에서 완성으로 가는 긴 여정이다. 이 여정 속에는 많은 기회가 있다. 완성된 기술에는 기회가 별로 없다. 잘 익은 과일은 먹기만 하면 되지만 설익은 과일은 보살펴 줘야 할 게 많다. 이 보살핌이 기회인 것이다. 맛있는 과일을 생산해 내기 위해 잘 보살필 줄 아는 사람이 인기가 많은 것처럼 말이다. 기술을 발전시키기 위해서는 해당 기술이 넘어야 할 과제들에 대해서 먼저 알아야 한다. 기술이 당면한 과제가 무엇인지 모르면서 어떻게 기술을 발전시켜 나갈 수 있겠는가? 그러한 이유로 지금부터 스테이블코인이 돈을 프로그래밍 하는 일을 완성하기 위해 해결해 나가야 할 과제에는 무엇이 있는지에 대해 살펴보겠다.

느린 거래 처리 속도

블록체인에게는 꼭 해결해야 할 아주 어려운 문제가 있다. 바로 '거래

처리 속도 문제'다. 중앙화된 시스템들은 거래처리 요청이 오면 즉시 처리해서 완결시킬 수 있다. 반면, 탈 중앙화된 블록체인 플랫폼들은 반드시 거쳐야 하는 과정이 하나 더 있다. 바로 합의과정이다. 블록체인 네트워크를 구성하는 수많은 참여자들 간에 합의를 거쳐서 거래가 완결되기 때문에 거래처리 시간이 오래 걸린다. 참여자가 많으면 많을수록 보안은 강화되지만 합의에 참여하는 주체들도 많아지는 것이기에 속도는 저하된다. 블록체인에게 속도와 보안은 역의 관계다.[21] 실제로도 비자 Visa는 초당 24,000건의 거래를 처리하는 반면 이더리움의 거래 처리속도는 초당 10~20건에 불과하다.[22]

블록체인의 정체성을 해치지 않고 느린 거래처리 속도 문제를 해결하기 위해 다양한 시도가 진행되어 왔고 지금도 진행 중이다. 합의방식을 개선하여 거래처리 속도를 높인 플랫폼들이 등장하였고 거래처리 방식을 병렬화하여 속도를 높인 플랫폼들도 나타났다.[23] 이러한 노력에도 불구하고 비자와 같은 기존의 결제 인프라들을 대체하기에는 아직 역부족이다.[24] 향후 프로그래머블머니의 이용이 활성화된다면 지금보다 더 복잡한 스마트컨트랙트들이 블록체인에 올라갈 것이고 거래 건 수도 비자

---

21 이를 블록체인 트릴레마 문제라고 한다.
22 https://xangle.io/research/detail/905
23 대표적인 병렬처리 플랫폼으로 솔라나가 있다.
24 솔라나도 초당 처리건수는 400~2,000건으로 비자의 처리 속도에 한참 못 미친다.

거래 건 수를 훨씬 넘어설 것이다. 현재 수준의 거래처리 속도로는 동시에 밀려드는 복잡한 거래들을 감당하지 못해 심각한 병목현상을 겪게 될 수 있다.

2026년 현재, 레이어2[L2] 솔루션이 각광받고 있다. 레이어2 솔루션은 거래처리는 블록체인 외부에서 실행하고 처리결과만을 블록체인에 저장하는 방식으로 작동하는 솔루션이다.[25] 블록체인의 보안능력은 그대로 유지하면서 빠른 거래처리가 가능하여 블록체인의 고질적인 문제를 해결할 방안으로 인기를 얻고 있다. 그렇다고 레이어2 솔루션이 완벽한 것은 아니다. 레이어2 솔루션도 느린 거래처리 속도에 대한 대안으로 완전히 정착하기에는 해결해야 할 숙제들을 안고 있다.[26] 그럼에도 불구하고 레이어2 솔루션은 블록체인 플랫폼의 거래처리 속도 문제를 해결할 최적의 솔루션으로 많은 기대를 받고 있다.

스마트컨트랙트의 취약한 접근성

스마트컨트랙트는 컴퓨터 프로그램이다. 코딩경험이 없는 일반인들

---

[25] 레이어2 솔루션의 종류로는 사이드 체인, 스테이트 채널, 롤업, 발라디움, 플라즈마 등이 있다.

[26] 중앙화된 시퀀서Single Sequencer, 복잡한 개발환경, 상호운용성 결핍 등의 문제가 있다.

 스테이블코인 머니 게임

이 스마트컨트랙트를 만드는 일은 쉽지 않다. 이는 향후에 프로그래머 블머니가 대중에게 다가가는데 큰 걸림돌이 될 것이 분명하다. 더욱이 스마트컨트랙트를 만들 때에는 경제적인 측면까지 고려해야 한다. 컴퓨팅 자원의 소비를 최소화하면서 원하는 수준의 스마트컨트랙트를 구현할 수 있는 능력이 필요하다. 평범한 코딩도 힘든 일반인들에게 더욱 부담이 될 수밖에 없다.

이보다 더 중요한 문제는 '스마트컨트랙트에 대한 검증'이다. 잘못 설계된 스마트컨트랙트는 프로그래머블머니 이용자뿐만 아니라 스테이블코인이 유통되는 시장에게도 부정적인 영향을 미칠 수 있다. 특히, 돈의 흐름과 직접적으로 관련된 스마트컨트랙트는 해커들의 표적이 된다. 해커들은 스마트컨트랙트의 코드에 숨겨진 허점을 찾아내 악의적으로 이용할 수 있다. 그럼 스마트컨트랙트의 검증은 누가 하는가? 스마트컨트랙트는 검증만 하면 안전한 것인가? 스마트컨트랙트의 검증을 스마트컨트랙트를 만들고 배포하는 자가 하는 것은 비상식적인 일이다. 제대로 된 검증을 하려면 이해 관계가 없는 제3자가 하는 것이 옳다. 그렇기에 코드 감사를 해주는 회사, 코팅 커뮤니티, 코드 오류를 자동으로 탐지해주는 도구 등을 이용하여 검증한다. 그런데도 불구하고 스마트컨트랙트를 완벽하게 구현해 내는 일은 사실상 매우 힘든 일이다. 현재 스마트컨트랙트의 구현과 검증에 대한 많은 연구가 진행되고 있어 구체적인 해결책이 가까운 시일 내에 나오기를 기대해 본다.

롤백Rollback이 없는 블록체인

인간은 누구나 실수를 한다. 그래서 뜻하지 않은 계좌로 돈을 송금하는 경우가 종종 생긴다. 은행전산시스템에서 일어난 송금 실수는 적법한 조치 하에 바로 환급이 가능하다. 그러나 블록체인에서는 환급이 불가능하다. 한번 기록된 거래는 되돌리지 못하기 때문이다. 환급받으려면 송금받은 사람이 보낸 사람에게 송금받은 자산을 돌려주는 거래를 일으켜야 한다. 환급이 아닌 송금 작업이 반복되는 것이다.

블록체인은 은행과 같은 특정한 운영주체가 별도로 존재하는 것이 아니기 때문에 송금받은 사람을 직접 찾아야 한다. 문제는 송금받은 사람을 찾는 것이 어렵다는 것이다. 블록체인에서는 주소만을 근거로 하여 자산이 움직인다. 송금받은 주소의 주인이 암호화폐 거래소나 자산 발행기관에 등록되어 있지 않는 한 알 수 있는 방법이 없다. 몇몇 암호화폐 지갑은 송금취소 기능을 제공하기도 하지만, 이는 송금이 블록체인에서 처리되기를 기다리는 동안에만 가능하고 송금이 처리된 이후에는 취소 기능을 사용할 수 없다. 따라서 송금 실수로 인한 피해를 방지하기 위해 적법한 절차에 따라 잘못된 송금을 되돌릴 수 있는 방안에 대한 연구가 필요할 것이다.

거래 처리 시점의 불확실성

앞에서 블록체인 플랫폼을 이용하는 대가로 지불하는 수수료에 대해 언급한 적이 있다. 이 수수료가 블록체인 플랫폼에서 처리해야 하는 거래가 많아지면 문제를 발생시킨다. 블록체인 네트워크의 노드들은 트랜잭션을 순차적으로 처리하지 않는다. 수수료를 많이 지불하는 순서대로 처리한다.[27] 그렇다 보니 수수료를 적게 지불하는 거래는 계속 후 순위로 밀리게 되어 언제 처리될 지 알 수가 없다.

가까운 미래에 프로그래머블머니에 대한 수요가 폭발적으로 늘어나게 되면 빠른 거래처리를 위해 지불해야 할 수수료가 많아지게 될 것이다. 그렇게 되면 비싼 수수료를 지불할 능력이 없는 이들은 프로그램머블머니를 이용할 수 없게 될 지도 모른다. 블록체인 네트워크의 유지를 위해 수수료 자체를 없앨 수는 없지만 레이어2 솔루션과 같은 기술개발을 통해 낮출 수는 있다. 누구나 플랫폼을 공평하게 이용할 수 있어야 프로그래머블머니가 우리 삶의 일부로 받아들여지지 않겠는가?

---

27 수수료는 블록체인 네크워크 참여자들의 몫이다.

블록체인은 외부와의 소통에 매우 취약하다. 블록체인은 네트워크의 모든 참여자들이 동일한 데이터를 가지고 합의를 해 나가는 구조다. 블록체인이 외부 시스템과 직접 연동을 한다는 것은 네트워크를 구성하는 노드들 모두가 각자 독립적으로 연동한다는 뜻이다. 만약 각각의 노드가 외부로부터 받는 데이터들이 서로 일치하지 않거나 시스템 이상으로 인해 데이터를 받지 못하는 노드가 생긴다면 블록체인 네트워크는 합의에 도달하기가 힘들게 된다. 그러므로 오라클이나 블록체인 브릿지처럼 블록체인을 외부 시스템 또는 다른 블록체인과 연결해 주는 중간 매개체가 필요한 것이다. 이 중간 매개체들은 블록체인과 동일한 수준의 보안능력을 보유하지 못하고 있어 해킹이나 내부자 공격에 취약하다. 게다가 블록체인과 외부 시스템들 사이에는 자산표시에 대한 표준이나 교환에 대한 프로토콜이 존재하지 않는다. 이는 단위의 불일치, 메시지 해석오류 등의 문제를 야기하여 금전적 피해를 발생시킬 수 있다.

탈 중앙화된 오라클이라 해도 데이터의 원천은 오라클이 아니고 데이터 제공자에게 있다. 데이터 제공자는 탈 중앙화되어 있지 않다. 그래서 오라클이 아무리 튼튼하게 보안을 구축한다 하더라도 이와 상관없이 해킹이나 악의적인 세력에 의해 조작된 데이터가 오라클로 흘러 들어갈 가능성이 있다. 더불어 탈 중앙화 오라클 네트워크에 참여자들이 많아지면 보안은 강화되겠지만 합의하는 과정에 시간이 걸려 데이터를 제때에 공급받지 못할 수도 있다. 이는 예기치 못한 손실을 야기할 수 있으며 해커들에게도 공격의 빌미를 제공할 수 있다. 특히, 디파이와 같은 스마트컨트랙트 기반의 금융서비스가 성공하려면 보안을 강화하면서 데이터들도 실시간으로 공급할 수 있는 오라클이 필요하다.

서로 다른 블록체인 플랫폼들은 서로 간에 일어나는 일을 직접 알 수가 없다.[28] 그래서 블록체인 브릿지가 서로 다른 블록체인 플랫폼들을 연결하는 다리 역할을 하는데 이 기술은 해킹에 취약하다.[29] 해커들은 플랫폼들 간에 연결이 단절되어 있음을 알고 블록체인 브릿지를 이용해 플랫폼들을 속여 부당한 이득을 취할 수 있다. 그리고 블록체인 플랫폼들 사이에서 일어나는 자산이동은 직접적인 연결을 통하여 이루어지지 않기 때문에 흐름이 끊어지는 상황을 피할 수 없다. 이는 자산의 흐름을 추적하기 어렵게 한다. 그렇기에 블록체인 플랫폼들 간의 상호운용 문제는 보완책을 찾는 것만으로는 충분하지 않다. 따라서 근본적인 해결 방안이 필요하다.

---

28 서로 다른 블록체인 플랫폼들은 상대방이 저장하고 있는 데이터에 직접 접근할 수가 없다.
29 https://www.digitaltoday.co.kr/news/articleView.html?idxno=456531

스테이블코인의 사용자 보호장치 부재

공개된 블록체인 환경에서는 누구나 스테이블코인을 발행할 수 있다. 블록체인은 발행인을 검증하지 않는다. 스테이블코인 발행인은 자신의 뜻대로 돈의 유통을 마음대로 조정하여 부당한 이득을 취할 수도 있다. 이렇게 스테이블코인 발행인의 부도덕한 행위를 직접 막는 일이 어렵기 때문에 사용자 스스로가 발행인을 철저하게 분석하여 피해를 보는 일이 없도록 해야 한다. '아는 것이 힘'이란 말이 있다. 발행인의 과거와 현재, 발행절차, 발행조건 등 동원 가능한 모든 면에서 살펴보고 조금이라도 의심스러운 부분이 있으며 경계를 하고 접근하는 자세가 필요하다.

공개된 블록체인에 저장되는 데이터는 누구나 볼 수 있다. 이 말은 누구나 개인의 거래상태를 엿볼 수 있다는 뜻이기도 하다. 거래목적, 거래조건, 거래금액 등 거래와 관련된 많은 정보를 알아낼 수 있다. 게다가 스테이블코인의 사용이력을 추적하여 개인의 소비패턴이나 재정상황, 성향까지도 파악이 가능하다. 이는 개인정보 보호라는 법적으로 보장받는 국민의 권한과 충돌하는 부분이다. 블록체인 생태계 확장을 위해 문을 연 것이 오히려 위험이 되어 돌아오는 셈이다.

스테이블코인이 만들어갈
돈의 미래

그렇다면 '돈을 프로그래밍 한다'는 것이 우리에게 시사하는 바는 무엇일까? 돈을 프로그래밍 하는 시대에는 우리 사회에 어떤 변화가 생길 것인가? 우리는 모두 각자가 속한 상황이 다르기 때문에 변화를 바라보는 시각도 다를 것이다. 기업인은 경제적 관점에서, 정치인은 사회적 관점에서, 직장인은 자신이 속한 직업의 관점에서, 더불어 학생은 미래를 준비하는 관점에서 예측해 볼 것이다. 수많은 사람들이 서로 다른 관점에서 바라보는 변화를 여기에서 논하지는 않는다. 대신에 거시적인 시각으로 돈을 프로그래밍 한다는 것이 우리 사회에 어떤 의미를 부여하는지, 돈은 미래에 어떤 모습을 하고 있을지에 대해 잠시 살펴보겠다.

돈에 대한 우리의 인식이 바뀌다

스테이블코인은 우리 사회가 오랜 시간동안 가지고 있었던 돈에 대한 인식을 바꿀 것으로 예측된다. 돈이란 무엇인가? 국립국어원에 따르면 돈은 '사물의 가치를 나타내며, 상품의 교환을 매개하며 재산 축척의 대상으로 사용하는 물건'이라고 정의하고 있다. 돈은 동전이나 종이와 같은 물리적인 형태로 존재하는 물건이다. 그럼 스테이블코인도 물건이라고 할 수 있을까? 스테이블코인은 물건보다는 기술에 더 가깝다. 그래서 스테이블코인은 자신의 프로그래밍 속성을 통해 미래에 돈에 대한 정의를 새롭게 해석하게 될 것으로 보인다. '사물의 가치를 나타내고, 상품의 교환을 매개하며 재산 축척의 대상으로 사용하는 프로그램'이라고 말이다. 너무 비약적인 표현일 수도 있다. 그렇지만 돈에 대한 우리 사회의 인식이 기술로 인하여 변화하는 것은 피할 수 없는 운명으로 여겨진다.

돈은 인류의 삶 속에서 많은 변화를 겪어왔다. 물물교환에서 시작해서 동전과 종이화폐를 거쳐 전자화폐에 이르기까지 변화에 변화를 거듭하며 성장해 왔다. 뿐만 아니라 돈이 성장할 때마다 우리 사회의 경제 생태계도 함께 발전해 왔다. 동전과 종이화폐로의 변화는 거래를 수월하게 만들어서 경제 생태계가 활성화되는 계기를 마련하였고, 전자화폐로의 변화는 거래를 빠르게 만들어서 경제 생태계가 확장되는 계기를 마련하였다. 그럼에도 불구하고 변하지 않는 사실이 하나 있는데 이는 '돈이 수동적이라는 사실'이다. 돈은 거래를 위해 서로 주고받는 물건 또는 수단일 뿐이며 거래의 주체는 되지 못한다. 프로그래머블머니는 이러한 사실을 바꾼다. 돈은 더 이상 수동적이지 않다. 규칙에 따라 스스로 판단하고 거래를 실행한다. 사람은 규칙만 사전에 정할 뿐이다. 오랜 기간 고정되어 왔던 돈에 대한 우리의 생각이 놀라운 변화를 기다리고 있는 것이다. 이 변화는 돈에 대한 우리 사회의 인식뿐만 아니라 경제 생태계의 지형도 많이 바꾸게 될 것이라 예상된다. 더욱 빠르고 더욱 투명하며 더욱 정확하게 운영되는 자동화된 거래환경이 불필요한 비용은 줄이고 개인의 생산능력을 향상시켜 우리 사회를 한단계 더 발전시켜 나갈 것이기 때문이다.

디지털 혈액이 우리 사회에 흐르다

인간의 몸에 흐르는 혈액은 우리의 몸을 돌아다니면서 체내 장기에 산소를 공급한다. 혈액이 돌아다니는 것을 멈추면 산소공급이 중단되어 인간은 죽는다. 경제도 마찬가지다. 돈이라는 혈액이 우리가 살고 있는 경제 생태계를 돌아다니면서 기업, 식당, 마트 등의 생태계 구성원들에게 자금이라는 산소를 공급한다. 돈이 돌아다니는 것을 멈추면 자금공급이 멈추게 되고 이는 경제 생태계가 죽는 것을 의미한다. '돈이 돌아야 경제가 산다'란 말을 우리는 자주 들으며 살고 있지 않은가? 디지털 경제 시대에도 돈이라는 혈액은 똑같이 존재하며 지금과 같이 경제 생태계를 이끌어 가는 일을 멈추지 않는다. 다만 디지털 경제 시대에는 돈의 역할이 단순히 자금을 공급하는 것을 넘어 경제 생태계 구성원들 간의 거래 행위까지 아우르며 확대될 것이다.

디지털 경제 시대에는 모든 것이 실시간으로 연결된 초연결 시대가 배경이 될 것이다. 이러한 시대에 돈이 지금처럼 수동적으로 움직인다면 초연결 시대의 경제 생태계는 원활하게 돌아가는데 부족함을 느낄 것이다. 초연결 시대에는 모든 것들이 서로 상호작동하며 스스로 움직이는데 혈액 같은 존재인 돈은 스스로 움직이지 않기 때문이다. 예를 하나 들어보겠다. 식음료를 생산하는 공장을 운영하는 A가 있다. 이 공장의 설비들은 IoT**Internet Of Things** 기술을 통해 외부의 설비 공급자들과 실시간 연결되어 있다. A는 설비 공급자들과 다음과 같은 계약을 체결하였다.

"설비의 부품에 문제가 발생하면 설비 공급자는 즉시 와서 부품을 교체하고 부품교체에 문제가 없으면 A는 부품값을 바로 지불한다."

어느 날 설비의 부품에 문제가 발생하였다. 설비의 센서가 부품에 문제가 생긴 것을 감지하고 설비 공급자에게 부품교체를 요청한다. 설비 공급자는 즉시 와서 부품을 교체한다. A는 부품교체가 잘 되었는지 확인한 후 설비 공급자에게 부품값을 지불한다.

다음은 프로그래머블머니를 이용했을 때 위의 상황이 어떻게 바뀔 수 있는지 살펴보겠다. A가 설비 공급자들과 체결한 계약은 스마트컨트랙트로 구현되어 블록체인에 올라가 있다. 설비 공급자가 부품을 고체하면 설비의 센서가 교체된 부품이 문제가 없음을 감지하고 스마트컨트랙트로 부품교체 결과를 보낸다. 스마트컨트랙트는 계약조건이 충족되었음을 확인하고 A의 계좌에서 설비 공급자의 계좌로 스테이블코인을 이체한다. 이 두 예시 사이의 차이를 알겠는가? 부품을 교체하는 것을 제외하고 모든 것이 사람의 개입 없이 해결되었다. 그것도 빠르고 투명하며 정확하게 해결되었다. 이렇듯 프로그래머블머니는 자금공급과 더불어 거래과정도 수월하게 만들어 초연결 시대가 더욱 공고해지도록 돕는다. 프로그램머블머니가 없는 디지털 경제 시대는 앞을 향해 지속적으로 나아가는데 있어 한계에 부딪칠 수밖에 없을 것이다. 그렇다면 가까운 장래에 스테이블코인이 현재 우리가 살고 있는 있는 경제 생터게 내에 흐르는 혈액을 디지털화로 바꿔 놓을 것이다.

돈에 지능이 생기다

지금의 세상은 블록체인과 AI를 빼놓고는 논할 대상이 없을 정도로 이 두 기술에 대한 기대가 매우 높다. 이미 세계의 많은 기업들과 정부들이 천문학적인 돈을 투자하며 주도권 쟁탈전을 치열하게 벌이고 있다. 그렇다면 이 두 기술은 서로 독립적으로 작동하는 관계일까, 아니면 상호 보완적으로 결합할 수 있는 관계일까? 두 기술은 각각 발전할 수도 있지만, 함께할 경우 엄청난 시너지를 창출할 수 있을 것으로 확신한다. 스테이블코인의 프로그래밍 속성도 AI 기술과 결합하면 역량이 배가될 수 있다. 스스로 움직이는 돈에 지능이 더해지기 때문이다.

기술적인 측면에서 어떤 효과가 있을지 예상해 보면 다음과 같다.

첫째, AI가 인간의 언어를 이해하여 스마트컨트랙트를 대신 구현해 줄 수 있을 것이다. 이는 스마트컨트랙트가 일반인들에게 다가가는 데 큰 도움이 된다.

둘째, AI가 블록체인에서 일어나는 거래들을 분석하여 해킹의 징후를 미리 예측하고 경고함으로써 해킹 피해를 막는 데 도움이 될 수 있을 것이다. 이는 돈을 다루는 프로그래머블머니의 입장에서는 희소식이 아닐 수 없다.

셋째, AI가 돈의 흐름을 분석하여 수상한 돈의 움직임을 사전에 포착하고 알려 줌으로써 스테이블코인이 견고하게 성장할 수 있는 토대를 마련해 줄 수 있을 것으로 기대된다.

사회경제적인 측면에서 예상해 보면 다음과 같다.

먼저 AI가 개인의 생활 패턴과 재정 상태를 분석하고 외적 요인들의 변화를 예측하여 개인의 재정이 극대화되는 방향으로 돈이 프로그래밍되어 사용될 수 있도록 도와줄 것이다.

다음으로 개인과 마찬가지로 기업에게도 AI가 기업의 가치가 극대화되는 방향으로 자금이 프로그래밍되어 관리될 수 있도록 도와줄 것이다. 개인과 기업에게 매우 이상적인 재무 관리 시스템이 생기는 것이다.

마지막으로 AI가 다양한 시장 정보와 세상에 존재하는 데이터들을 모아 분석하여 실시간으로 투자 전략을 수립하고 적용함으로써 스마트컨트랙트로 구현된 투자 포트폴리오가 수익을 극대화하는 데 기여할 수 있을 것이다. AI와 디파이의 결합은 실물 자산의 토큰화 과정을 가속화시켜 금융 시장의 미래를 앞당길 수 있을 것으로 기대된다.

프로그래머블머니는 계속 진화한다

스테이블코인만이 프로그래밍 속성을 지니는 것은 아니다. 여기서는 스테이블코인에 관해 다루므로 스테이블코인 속성의 관점에서 프로그래머블머니에 대해 논하였지만, 다른 형태의 디지털자산도 스마트컨트랙트를 기반으로 프로그래밍이 가능한 자산이라면 프로그래머블머니의 속성이 있다고 할 수 있다. 프로그래머블머니는 현재 진행형인 기술이다. 미래의 우리 삶을 바꿀 혁신기술로 모두에게 인정받기 위해 주변을 살피고 걸림돌이 보이면 이를 제거하면서 열심히 앞으로 나아가고 있는 중이다. 인터넷이 많은 사람들의 노력과 희생으로 수많은 역경을 극복하며 여기까지 온 것처럼, 프로그래머블머니도 시간이 지날수록 더욱 향상된 성과물들을 내놓으면서 우리의 삶을 꾸준히 변화시켜 나갈 것이다. 지금은 정부기관이나 중앙은행들을 중심으로 프로그래머블머니에 대한 연구와 실험이 주를 이루고 있지만, 스테이블코인이 제도화되면서 민간기업들의 참여가 매우 활발해질 것으로 예상된다.

장애인들을 지원하는 호주 정부기관의 시스템을[30] 대상으로 프로그램머블머니의 실효성을 평가하는 프로젝트가 진행된 적이 있다. 스마트컨트랙트에 지원금 지급에 대한 정책을 코드로 구현하여 집어놓고 공식적으로 등록된 물리치료 서비스 제공자들에 한해서만 지원을 받도록 하였다. 결과는 긍정적이었다. 90%에 달하는 프로젝트 참가자들이 매우 만족한다는 의견을 내놨다. 특히, 조건에 부합만 하면 지원금이 빠르고 정확하게 지급된다는 사실에 매우 흡족해 했다. 더불어 프로젝트는 프로그래머블머니가 지원금 관리, 지급오류 방지, 지원상황 모니터링 등의 측면에서 잠재적인 혜택을 줄 수 있음을 증명하였다. 뿐만 아니라 복잡한 정책을 스마트컨트랙트로 구현하는 과정에서 발생하는 애로사항, 사용에 제약이 걸린 돈에 대한 사람들의 거부감 등의 잠재적 문제점들에 대해서도 열거하면서 프로그래머블머니가 앞으로 나아가기 위해 필요한 방향성을 제시하고 있다. 이렇게 프로그래머블머니는 많은 사람들

---

30 (NDIS)Australia's National Disability Insurance Scheme

     스테이블코인 머니 게임

과 함께 자신의 가치를 증명하는 긴 여정을 달려가고 있다.

마지막으로 그렇다면 어떻게 프로그래머블머니를 규제할 것인가? 프로그래머블머니는 스스로 움직이는 돈이다. 이렇게 스스로 움직이는 돈을 어떻게 규제할 것인가가 매우 중대한 이슈가 될 것임이 틀림없다. 기존의 전통적인 방식으로 규제를 하는 것에는 한계가 있을 것이다. 규제도 규칙처럼 돈 안으로 들어가야 하지 않을까? 스테이블코인 컨트랙트의 범위를 확대해서 규제가 내재되게 하거나, 규제를 위한 스마트컨트랙트를 만들어서 프로그래머블머니에 적용하거나 아니면 오라클처럼 블록체인 외부에서 실시간으로 규제준수 현황을 모니터링 하는 시스템을 구축하는 등 규제와 기술이 결합된 새로운 형태의 규제방법이 필요할 것이다. 프로그래머블머니의 여정에는 규제에 대한 기술개발도 동참해야 한다. 규제를 배재하고 달려가는 여정은 혼란을 야기할 가능성이 높기 때문이다.

지금까지 스테이블코인의 중요한 속성인 프로그래머블머니가 무엇이며 어떻게 동작하며 어떤 가치가 있으며 무엇을 해결해야 하고 사회에 미칠 영향은 무엇일지에 대해 살펴보았다. 기술은 더 이상 금융의 보완재라 부르기 어려워졌다. 기술이 금융을 이끌어가는 시대가 도래해 오고 있기 때문이다. 그런데 이것이 전부가 아니다. 프로그래머블머니는 금융산업의 변화를 넘어 돈에 대한 인식이 새롭게 정립되는 엄청난 변화의 시기가 우리에게 다가오고 있음을 말하고 있다. 스테이블코인은 바로 이 변화의 시작이다. 스테이블코인의 프로그래밍 속성에 대해 이해하는 것이 스테이블코인의 미래를 예상하고 준비하는데 밑거름이 될 것으로 확신한다.

돈은 더 이상 수동적이지 않다. 규칙에 따라 스스로 판단하고 거래를 실행한다. 사람은 규칙만 사전에 정할 뿐이다. 오랜 기간 고정되어 왔던 돈에 대한 우리의 생각이 놀라운 변화를 기다리고 있는 것이다. 이 변화는 돈에 대한 우리 사회의 인식뿐만 아니라 경제 생태계의 지형도 많이 바꾸게 될 것이라 예상된다. 더욱 빠르고 더욱 투명하며 더욱 정확하게 운영되는 자동화된 거래환경이 불필요한 비용은 줄이고 개인의 생산능력을 향상시켜 우리 사회를 한단계 더 발전시켜 나갈 것이기 때문이다.

시장의 시각으로 들여다 본
스테이블코인

결제시스템의 미래: 보이지 않는 경제 엔진의 재설계

이번 장에서는 현대 결제 시스템의 고질적인 정산 시차 등 비효율성 문제를 진단하고 스테이블코인이 가져올 금융 결제 혁신의 미래를 설명한다. 여러 중개인을 거치는 복잡한 구조 대신 스테이블코인을 통해 승인과 정산이 동시에 완료되는 '디지털 현금'의 작동 원리를 상세히 규명하고, 국경을 허무는 '돈의 이메일'로서의 혁신성과 더불어, 빅테크와 중앙은행이 결제 주도권을 두고 격돌하는 생태계의 패러다임 전환을 심층적으로 다룬다.

보이지 않지만 항상 작동하는 경제 엔진; 결제 시스템의 구조와 역할

결제란 무엇인가?

우리가 하루를 시작하며 마시는 커피 한 잔, 출·퇴근길에 이용하는 대중교통, 늦은 밤 주문하는 온라인 쇼핑까지, 이 모든 경제 활동의 뒤편에서는 쉼 없이 작동하는 거대한 시스템이 존재한다. 바로 '지급결제 시스템'이다. 우리는 매 순간 돈을 주고받는 행위, 즉 결제를 경험하지만, 그 돈이 한 사람의 주머니에서 다른 사람의 주머니로, 또는 한 계좌에서 다른 계좌로 이동하는 과정의 복잡함은 쉽게 인식하지 못한다. 이 시스템은 마치 현대 경제의 심장과 혈관처럼 돈이라는 생명체가 원활하게 순환하도록 돕는다. 만약 이 결제 시스템이 멈추거나 마비된다면, 경제는 즉시 멈추고 혼란에 빠지게 될 것이다.

결제 시스템의 궁극적인 목표는 결제Settlement를 완료하는 데 있다. 결제는 재화나 서비스가 제공된 대가가 완전히 교환되어, 거래가 법적으로 완료되고 더 이상 되돌릴 수 없는 확정적인 상태가 되는 최종 행위이다. 이는 단순히 돈을 건네는 행위를 넘어, 거래 당사자들 간에 존재했던 채무 관계가 완전히 해소되었음을 의미한다.

결제 과정을 가장 단순하게 이해할 수 있는 방법은 현금 거래를 살펴보는 것이다. 시장에서 구매자가 현금이라는 법정화폐를 판매자에게 건네고, 판매자는 즉시 물건을 건네주는 현장 거래를 떠올려 보기 바란다. 이 거래에서는 구매자가 원하는 재화와 판매자가 원하는 대가가 눈 깜짝할 사이에 동시에 교환된다.

이러한 현금 거래에서는 돈을 건네는 행위인 지급Payment, 대가를 계산하는 행위인 청산Clearing, 거래를 최종적으로 완료하는 행위인 결제Settlement로 구성되는 결제 시스템 세 단계가 분리될 필요가 없다. 모든 절차가 즉시적으로, 동시에 이루어지기 때문이다. 현금이 가지고 있는 이러한 즉시성 덕분에 거래 당사자들은 서로의 신용을 걱정할 필요가 없으며, 거래가 취소되거나 대금이 지연될 위험도 전혀 존재하지 않는다. 현금 거래는 시간 지연Time Lag이 전혀 없는, 결제 시스템이 추구해야 할 가장 이상적인 표준이라고 할 수 있다.

만약 모든 거래가 현금처럼 즉각적으로 이루어진다면, 복잡한 결제

시스템은 필요 없을 것이다. 그러나 현대 디지털 경제에서 현금 거래는 극히 일부에 불과하며, 대부분의 거래는 당사자 간의 신용**Credit**에 기반하여 이루어지고 필연적으로 시간적, 물리적 괴리를 수반한다.

이러한 괴리가 발생하는 순간, 결제 시스템의 세 단계는 분화되기 시작한다. 구매자와 판매자가 원하는 대가나 재화가 바로 그 자리에 없거나, 혹은 서로 원하는 것이 다르거나, 또는 시간차가 생기면 복잡한 절차와 중개자가 필요해지기 때문이다. 예를 들어, 신용카드를 사용하는 것은 구매자가 자신의 은행에 판매자에게 대금을 대신 지급해 달라는 약속이자 요청을 전달하는 행위다. 이 과정에서 지급, 청산, 결제라는 세 단계는 시간차를 두고 분리되어 진행된다. 이러한 분화는 현대 금융 시스템의 효율성을 높였지만, 동시에 구조적인 위험과 지연을 초래하는 근원이 되었다.

시간과 거리의 장벽을 부수어온 역사: 어음에서 디지털 데이터로 이어진 결제의 진화

결제 시스템의 발전사는 이렇게 분화된 결제시스템으로 인해 생길 수 있는 신용의 위험을 관리하고 거래의 편의성을 높이기 위해 '구조적 위험과 지연'을 허무는 과정이었다. 지급 수단의 형태 변화는 시스템 효율성을 극대화하는 방향으로 진화해 왔다.

전자 거래가 보편화되기 이전, 결제 시스템은 종이 증서인 장표를 중심으로 이루어졌다. 이 시대의 핵심적인 지급 수단은 어음과 수표였다. 이는 현금을 대신하여 '미래의 지급 약속'을 종이 증서로 대신한 것이다.

어음은 '발행인이 미래의 특정일(만기일)에 특정 금액을 지급하겠다고 약정한 증서'로, 일종의 신용을 공유하는 수단이었다. 수표는 만기가 따로 없으며, 발행인이 수표를 건네주면 수표를 보유한 사람이 은행에서 즉시 현금으로 바꿀 수 있었기 때문에 지급 수단으로서 활발히 쓰였다. 이 시대의 청산과 결제는 장표를 물리적으로 교환하고 집계해야 했으므로, 지리적 거리와 시간 제약이 결제 속도를 결정하는 주된 요소였다. 수표를 청산하기 위해 전국 은행 지점으로 수표를 운반해야 했으며, 이는 시간과 비용을 수반하는 물리적인 작업이었다.

1990년대 이후 인터넷과 컴퓨터 기술이 발전하면서 결제 시스템은 비약적으로 발전하며 전자화되었다. 이는 종이 장표 대신 디지털 데이터를 이용해 계좌 이체나 카드 승인을 처리하는 방식으로 전환되었음을 의미한다. 은행 간의 자금 이동은 전산망을 통해 이루어졌고, 고객은 온라인 뱅킹이나 신용카드를 통해 물리적인 제약 없이 거래를 할 수 있게 되었다.

온라인 거래의 확산과 함께 보안 문제는 결제 시스템의 핵심 과제가 되었다. 초기에는 SSL^{Secure Sockets Layer 31}이나 SET^{Secure Electronic Transaction 32}와 같은 보안 기법들이 등장하여 거래의 안전성을 높였다. 이후 PKI 기반의 인증 기술을 활용한 안전결제^{ISP}가 도입되었고, 2026년 현재, 스마트폰 기반의 앱카드까지 발전하며 사용자 편의성과 보안성을 동시에 확보하려는 노력이 이어지고 있다.

기술 발전은 지급^{Payment} 단계를 엄청나게 빠르고 편리하게 만들었으며, 소비자에게 즉시 결제 승인을 받는 실시간성을 제공했다. 그러나 여기서 현대 시스템의 구조적 딜레마가 발생한다. 지급 단계의 속도 증가는 청산 및 결제^{Clearing & Settlement} 시스템이 처리해야 할 데이터의 양과 빈도를 폭발적으로 증가시켰다. 근본적으로 이연차액결제[33]에 의존하는 기존 시스템은 이 폭증하는 디지털 거래량을 실시간으로 수용할 수 없었으며, 결과적으로 소비자가 인지하는 실시간성과 금융 시스템 내부의 시간 지연 간의 괴리가 더욱 커지게 되었다.

---

31 SSL^{Secure Sockets Layer}은 웹 브라우저와 서버 간의 안전한 데이터 통신을 위해 고안된 암호화 프로토콜으로 사용자의 개인정보 및 금융 정보 보호에 핵심적인 역할을 한다.

32 SET^{Secure Electronic Transaction}은 인터넷에서 신용카드 사용을 촉진하기 위해 비자와 마스터카드가 공동으로 개발한 프로토콜으로 전자 상거래에서 지불정보를 안전하게 처리할 수 있도록 암호화, 인증, 부인 방지 등을 지원한다.

33 이연차액결제^{Deferred Net Settlement, DNS}는 지급결제 방식의 하나로, 하루 동안 발생한 다수의 거래 내역을 모두 합산(차액 계산)한 후 일정 시점에 한꺼번에 결제하는 방식이다.

디지털 경제의 역설: 온라인 거래가 만들어낸 시차

온라인 거래의 확산은 분명 소비자에게 편리함이라는 혁명을 가져다 주었지만, 이 편리함은 복잡해진 가치사슬과 눈에 보이지 않는 높은 경제적 비용을 대가로 치르고 얻어진 것이다.

온라인 쇼핑몰에서 결제 버튼을 누르면 대부분 즉시 승인이 완료되지만, 이는 단지 지급 단계가 빠르게 이루어졌음을 의미하며, 최종적인 결제는 여전히 다음 영업일 등 수 시간 또는 하루 이상의 지연을 수반하는 경우가 일반적이다. 이처럼 결제 시스템의 근간이 되는 이연차액결제 방식은 디지털 시대에 이르러 구조적인 시간 지연을 초래하는 주요 원인이 된다.

이러한 시차는 판매자, 즉 가맹점에게 직접적인 경제적 영향을 미친다. 판매자는 물건이나 서비스를 고객에게 전달했음에도 불구하고, 대금이 자신의 계좌에 완전히 확정되어 현금화될 때까지 기다려야 한다. 이 기간 동안 판매자는 일종의 신용 공여 상태에 놓이게 되며, 자신의 자금이 금융 시스템에 묶여 있는 셈이 된다.

결제 지연은 단순히 불편함을 넘어, 기업 경영의 핵심인 운전자본 Working Capital 관리에 심각한 압박을 가한다. 기업이 물품 판매 대금을 제때 받지 못하면, 운영비용(급여, 임대료, 공급업체 대금)을 충당하기 위해 유동성이 부족해진다. 만성적인 결제 지연은 기업으로 하여금 기존 자원을 최대한 활용하거나, 심지어 이자 비용이 발생하는 외부 단기 대출에 의존하도록 만든다. 이는 수익성을 저해할 뿐만 아니라, 특히 마진이 적은 소규모 기업의 경우 재정적 위험을 초래할 수 있다. 연구에 따르면 90% 이상의 기업이 송장 수금 지연을 경험할 만큼, 결제 지연은 특정 기업의 문제가 아니라 시스템 전체가 안고 있는 구조적인 문제이다.[34]

이처럼 온라인 거래의 확산은 사용자에게 유례없는 편리함을 선사했지만 외형적 성장 뒤에는 여전히 해결되지 못한 고질적인 시간 지연과 복잡한 중개 구조가 자리 잡고 있었다. 오히려 거래량이 폭증하면서 그에 따른 처리 비용과 시스템적 리스크는 더욱 비대해져 현대 금융 시스템은 "디지털 시대에 지급은 실시간이 되었는데, 왜 최종 결제는 여전히 하루 이상을 기다려야 하는가?" 또는 "이 복잡하고 비효율적이며 금융 안정성을 위협할 가능성을 내포한 시스템을, 현금 거래처럼 즉시적이고 확정적이며, 동시에 저렴하고 효율적인 방식으로 혁신할 방법은 없는가?"와 같은 중대한 질문 앞에 서게 되었다.

우리는 이제 현금 거래처럼 즉각적이고 확정적이면서도, 동시에 비용 효율적이고 안전한 혁신적 모델을 고민해야 할 때다. 이러한 고민과 디지털 시대의 새로운 요구 사항이, 현금의 즉시성을 디지털 공간에서 구

---

34 ntuit QuickBooks, The State of Small Business Cash Flow, 2019.

현하고자 하는 새로운 형태의 지급 수단, '스테이블코인'이라는 새로운 화폐 혁명을 이끄는 출발점이 된다.

즉시 결제의 '디지털 현금' 등장: 스테이블코인이 바꾸는 결제의 기본 구조

결제의 직항 노선: 스테이블코인이 가져온 새로운 결제 혁신

앞서 우리는 매일 사용하는 결제시스템의 화려한 무대 뒤편을 엿보았다. 소비자에게는 1초의 마술처럼 느껴지는 간편함 이면에, 결제 프로세스의 복잡성과 비효율성으로 인터넷 시대라고는 믿기 어려운 20세기 아날로그 시대의 유물처럼 느껴지기까지 한다.

결제시스템의 고질적인 문제인 높은 비용, 느린 속도, 과도한 복잡성은 본질적으로 여러 중개인을 거쳐야만 하는 구조 자체에서 비롯된다. 네이버페이나 카카오페이 같은 간편결제 서비스들은 이러한 복잡한 기존 결제망을 사용하기 편하게 포장하여 사용자 경험을 극대화했을 뿐,

그 아래에 깔린 비효율적인 배관 자체를 교체하지는 못했다. 이제 우리는 낡은 배관을 수리하는 수준을 넘어, 완전히 새로운 배관을 설계할 가능성을 마주하고 있다.

스테이블코인은 바로 이 구조를 혁신적으로 바꾸는 해법을 제시한다. 기존 결제 시스템이 여러 경유지를 거치는 완행열차와 같다면, 스테이블코인 결제는 출발지에서 목적지까지 한 번에 가는 직항 노선을 제공하는 것과 같다. 스테이블코인은 단순히 새로운 디지털화폐가 아니라, 수십 년간 이어져 온 결제 시스템의 낡은 경로를 완전히 새롭게 교체하려는 시도다. 정보의 전달(승인)과 가치의 이전(정산)이 분리되어 있던 기존 시스템의 역설을 깨고, 이 둘을 하나로 합쳐버리는 것. 이것이 스테이블코인이 바꾸는 결제의 기본 구조다.

스테이블코인 결제의 핵심 원리는 매우 간단하다. 바로 '디지털 현금'처럼 작동한다는 것이다. 우리가 현금을 주고받을 때 은행이나 카드사 같은 중개인이 필요 없는 것처럼, 스테이블코인 거래는 보내는 사람의 디지털 지갑에서 받는 사람의 디지털 지갑으로 직접 전송된다. 이 과정에는 PG사**Payment Gateway 전자결제대행사**, VAN사**Value Added Network 결제중계사**, 카드사, 중개 은행과 같은 전통적인 금융 중개인들이 존재하지 않는다. 블록체인 네트워크 자체가 거래를 기록하고 검증하며, 모든 참여자가 공유하는 단일 원장 역할을 하기 때문이다.

여기서 가장 혁신적인 부분은 앞서 살펴본 '청산'과 '결제'가 거의 동시에, 즉각적으로 이루어진다는 점이다. 전통 금융 시스템에서는 카드 승인이라는 '약속(지급)'이 먼저 이루어진 후, 며칠에 걸쳐 금융기관들이 서로 주고받을 돈을 계산하는 '청산' 과정을 거치고, 마지막으로 중앙은행 시스템을 통해 실제 돈이 오가는 최종 '결제'가 이루어졌다. 이처럼 분리되어 있던 과정이 스테이블코인 거래에서는 단 하나의 트랜잭션으로 통합된다. 블록체인 네트워크에서 거래가 검증되고 기록되는 순간, 그것은 곧 최종적인 결제가 완료되었음을 의미하며, 이 과정은 되돌릴 수 없다. 이는 단순히 기존 시스템을 개선하는 수준이 아니라, 가치 이전의 프로세스를 완전히 바꾸는 일종의 패러다임 전환과 같다.

'약속'을 넘어 '자산의 즉시 이전'으로: 승인과 정산의 동시성

신용카드가 '약속'에 기반한 결제라면, 스테이블코인 결제는 '자산의 이전'에 기반한다. 이는 마치 현금을 건네는 행위를 디지털 세상에서 그대로 구현한 것과 같다. 이 혁신의 중심에는 블록체인 기술과 그 핵심 개념인 '거래 완결성'이 자리 잡고 있다.

거래 기록을 담은 '블록Block'들이 사슬Chain처럼 연결된 거대한 공공 거래 장부인 블록체인은 전 세계 수많은 컴퓨터에 똑같이 복제되어 저장되기 때문에 어느 한 곳에서 기록을 위조하거나 삭제하는 것이 거의 불가능하다. 우리가 스테이블코인으로 커피 값을 지불하면, 'A의 지갑에서 B의 지갑으로 1달러 가치의 코인을 보낸다'는 거래 기록이 생성되어 이 네트워크 전체에 전파된다.

네트워크에 참여하는 수많은 컴퓨터(노드)들은 이 거래가 유효한지, 즉 A에게 실제로 그만한 코인이 있는지 등을 검증한다. 검증이 완료된 거래들은 새로운 블록에 담겨 기존의 블록체인에 영구적으로 연결된다. 이 순간, 거래는 '완결성'을 갖게 된다. 한번 블록체인에 기록된 거래는 되돌리거나 변경할 수 없으며, 이로써 거래의 승인과 실제 자금의 이전, 다시 말해 정산이 하나의 사건으로 동시에 완료된다.

이는 전통적인 결제 방식과 근본적인 차이를 만든다. 며칠씩 걸리던 정산 과정이 블록체인 네트워크 위에서는 단 몇 초에서 몇 분 안에 끝난다. 더 중요한 것은 이 시스템이 은행 영업시간이나 휴일에 구애받지 않고 1년 365일, 하루 24시간 내내 작동한다는 점이다. 카페 사장님은 이제 주말 저녁에 판 커피 값을 받기 위해 다음 주 화요일까지 기다릴 필요가 없다. 결제가 이루어지는 순간, 돈은 곧바로 사장님의 디지털 지갑으로 들어온다.

이러한 구조적 변화는 결제 과정에 존재했던 수많은 중개 기관의 역할을 최소화한다. 소비자와 판매자 사이의 거래는 은행, 카드사, 밴사 등을 거치지 않고 블록체인 네트워크를 통해 직접적으로 이루어진다. 이는 단순히 속도를 높이는 것을 넘어, 결제 시스템의 패러다임을 바꾸는 일이다. 기존 시스템이 여러 기관에 대한 '신뢰'를 바탕으로 복잡한 단계를 거쳐 거래를 처리했다면, 블록체인 기반 결제는 암호학적으로 검증된 '프로토콜'의 규칙에 따라 투명하고 직접적으로 가치를 이전한다. 신뢰의 주체가 중앙화된 기관에서 탈 중앙화된 네트워크로 이동하는 것이다. 이 근본적인 변화가 바로 스테이블코인이 가져올 결제 혁신의 진정한 잠재력이며, 수수료 절감과 효율성 증대는 그 자연스러운 결과물일 뿐이다.

수수료의 붕괴: 결제 수수료 혁신

스테이블코인이 가져온 혁신적인 결제방법의 또다른 큰 매력은 단연 '낮은 수수료'다. 그렇다면 실제로 얼마나 저렴하며, 그 이유는 무엇일까? 신용카드 수수료와 정면으로 비교해보면 그 차이가 명확히 드러난다.

신용카드 수수료는 보통 2~3.5%에 달하며, 이는 여러 비용이 합쳐진 복합적인 구조를 가진다. 가장 큰 비중을 차지하는 것은 카드 발급사에 돌아가는 '교환 수수료Interchange Fee'이고, 여기에 카드 네트워크(비자, 마스터카드)에 내는 '네트워크 수수료Assessment Fee', 결제 대행사의 이익이 더해진다.

반면, 스테이블코인 결제 수수료는 구조가 훨씬 단순하다. 기본적으로 블록체인 네트워크에 거래를 기록하기 위해 지불하는 '네트워크 수수료(가스비)'와, 스트라이프와 같은 결제 처리 업체를 이용할 경우 이들에게 내는 '처리 수수료'로 구성된다. 여기서 핵심은 가장 큰 비용이었던 '교환 수수료'가 사라진다는 점이다. 블록체인은 은행이라는 중개인 없이 P2P(개인 간) 거래를 가능하게 하므로, 은행에 지불할 몫이 원천적으로 존재하지 않는다.

이러한 구조적 차이 덕분에 스트라이프와 같은 기업은 카드 결제에 대해 2.9%+30센트의 수수료를 부과하지만, 스테이블코인 결제에는 1.5%의 수수료를 책정할 수 있다. 은행과 카드사에 나눠줄 몫이 없기 때문에 더 낮은 수수료를 받아도 충분한 이익을 남길 수 있는 것이다. 가맹점 입장에서는 거래 비용을 30%에서 많게는 80%까지 절감할 수 있는 엄청난 유인책이 될 수 있다.[35]

새로운 디지털 현금을 가지는 방법: 스테이블코인 디지털 지갑

스테이블코인을 사용해 결제하려면 반드시 필요한 도구가 있다. 바로 '디지털 지갑Digital Wallet'이다. 많은 사람들이 지갑이라는 단어 때문에

---

[35] Stripe, "Bringing back crypto payments", Stripe Newsroom(2025년 4월 25일)

코인이 그 안에 '저장된다'고 생각하지만, 이는 정확한 비유가 아니다. 실제 코인은 블록체인이라는 거대한 공공 장부에 기록되어 있을 뿐이다. 디지털 지갑은 이 장부에 기록된 내 자산에 접근하고, 다른 사람에게 보낼 수 있는 권한을 증명하는 '열쇠'를 보관하는 도구에 가깝다. 이 열쇠의 관리 방식에 따라 지갑은 크게 두 종류로 나뉜다. 바로 '개인저장형 지갑'과 '커스터디형 지갑'이다.

1) 개인저장형 지갑Self-Custody Wallet: 내 돈의 완전한 주인 되기

개인저장형 지갑은 말 그대로 내 자산의 통제권을 온전히 나 자신이 갖는 방식이다. 이 지갑을 처음 만들면 '비밀 키Private Key'와 '복구 구문 Seed Phrase'이라는 것을 받게 되는데, 이것이 바로 내 자산에 접근할 수 있는 유일한 열쇠다. 이 열쇠를 다른 누구도 아닌 나만 알고 있고, 나만 보관한다. 비유하자면, 은행에 돈을 맡기는 대신 내 집 금고에 현금을 보관하는 것과 같다.

이 방식의 가장 큰 장점은 완전한 통제권과 독립성이다. 내 돈을 어떻게 사용할지 결정하는 데 그 누구의 허락도 필요 없다. 은행이나 정부가 내 계좌를 동결할 수도 없고, 특정 거래소나 플랫폼이 서비스를 중단하더라도 내 자산은 안전하다. 암호화폐 커뮤니티에서 '당신의 키가 아니면, 당신의 코인도 아니다Not Your Keys, Not Your Coins'라는 격언이 끊임없이 회자되는 이유가 바로 여기에 있다.

하지만 강력한 통제권에는 그만큼 무거운 책임이 따른다. 만약 비밀 키나 복구 구문을 잃어버리면 내 자산을 영원히 찾을 수 없게 된다. 비밀번호 찾기 기능 같은 것은 존재하지 않는다. 게다가 해킹이나 바이러스로부터 이 열쇠를 안전하게 지키는 것도 전적으로 사용자의 몫이다. 이러한 복잡성과 책임 때문에 초보자가 사용하기에는 다소 어려움이 따를 수 있다.

2) 커스터디형 지갑^{Custodial Wallet}: 편리함과 신뢰의 균형

커스터디형 지갑은 개인저장형 지갑의 복잡함을 해결하기 위해 등장했다. 이 방식은 비밀 키를 사용자를 대신해 신뢰할 수 있는 제 3자, 예를 들어 코인베이스 같은 암호화폐 거래소나 페이팔 같은 핀테크 기업이 보관하고 관리해주는 형태다. 이는 우리가 흔히 사용하는 은행 계좌와 매우 유사하다. 우리는 은행을 믿고 돈을 맡기고, 아이디와 비밀번호를 통해 계좌에 접근한다. 비밀번호를 잊어버려도 본인 인증을 통해 재설정할 수 있다.

커스터디형 지갑은 바로 이런 편리함을 제공한다. 복잡한 비밀 키를 외울 필요도 없고, 문제가 생기면 고객센터의 도움을 받을 수도 있다. 초보자들이 암호화폐를 처음 접할 때 가장 쉽게 접근할 수 있는 방식이다.

그러나 이 편리함의 대가는 '신뢰'다. 우리는 내 자산의 열쇠를 맡긴 기업이 안전하게 자산을 보호하고, 내가 원할 때 언제든 돌려줄 것이라고 믿어야 한다. 만약 해당 기업이 해킹을 당하거나, 파산하거나, 혹은 내부 정책을 바꿔 특정 서비스 지원을 중단한다면 내 자산에 접근하지 못하게 될 위험이 존재한다.

이 두 가지 지갑 유형의 선택은 결국 디지털 금융의 미래를 형성하는 중요한 철학적 질문과 맞닿아 있다. 기술의 이상을 추구하는 이들은 개인의 완전한 통제권을 보장하는 개인저장형 지갑을 지지하지만, 대다수의 일반 대중은 익숙하고 편리한 커스터디형 지갑을 통해 스테이블코인을 접하게 될 가능성이 높다. 이는 결국 블록체인이라는 탈 중앙화된 결제망 위에서, 사용자들이 서비스를 이용하는 창구는 다시 페이팔이나 코인베이스와 같은 거대 중앙화 기업이 될 수 있음을 시사한다. 기술의 분산화와 서비스의 중앙화가 공존하는 흥미로운 미래가 펼쳐질 것이다.

QR코드로 구현되는 오프라인 결제의 미래

지금까지 설명한 온라인에서의 결제와 달리 실제 오프라인 매장에서 스테이블코인으로 결제하는 경험은 어떨까? 스테이블코인의 오프라인 결제는 어떠한 서비스와 결합하여 제공하느냐에 따라 지금의 결제경험과 유사하게 구현할수 있겠지만, 스테이블코인이 지향하는 단층적이고 효율적인 결제를 감안한다면 결제 프로세스의 중간 매개를 최소화 할 수 있는 QR코드 결제가 가장 적합할 것이다. 스테이블코인 QR코드 결제는 우리가 이미 익숙하게 사용하고 있는 카카오페이나 네이버페이의 QR코드 결제와 거의 똑같을 수 있다. 기술의 복잡함은 사용자 인터페이스 뒤로 숨고, 고객은 쉽고 직관적인 경험만을 하게 된다. 푸드트럭에서 샌드위치를 사는 상황을 가정해 단계별로 살펴본다(손님의 지갑에 USDC 스테이블코인이 있는 것으로 가정할 경우).

1) **가맹점, QR코드 생성:** 손님이 1만 원짜리 샌드위치를 주문하고 스테이블코인으로 결제하겠다고 말한다. 사장님은 자신의 결제 단말기**POS**나 스마트폰 앱에 1만 원을 입력한다. 그러면 앱은 현재 환율을 기준으로 결제에 필요한 USDC 금액과 사장님의 지갑 주소 정보가 담긴 일회용 QR코드를 화면에 생성한다.

2) **고객, QR코드 스캔:** 손님은 자신의 스마트폰에서 코인베이스나 트러스트 월렛 같은 디지털 지갑 앱을 연다. 그리고 앱 내의 카메라 기능을 이용해 단말기에 표시된 QR코드를 스캔한다.

3) **고객, 결제 확인:** QR코드를 스캔하면 손님의 지갑 앱 화면에는 받는 사람(푸드트럭)의 주소와 결제할 USDC 금액이 자동으로 입력된다. 손님은 금액이 정확한지 확인한 후, 비밀번호나 지문, 얼굴 인식**Face ID** 등으로 본인 인증을 거쳐 '보내기' 버튼을 누른다.

4) **거래 전송 및 확인:** '보내기' 버튼을 누르는 순간, 거래 내역은 블록체인 네트워크로 전송된다. 네트워크는 이 거래를 검증하고, 단 몇 초 안에 거래를 확정한다.

5) 결제 완료: 거래가 확정되는 즉시, 사장님의 결제 단말기 화면에는 '결제 완료' 알림이 뜬다. 이제 1만 원에 해당하는 USDC는 중간 과정 없이 곧바로 사장님의 지갑으로 정산되었다.

이 모든 과정은 처음부터 끝까지 1분도 채 걸리지 않는다. 손님 입장에서는 지갑 앱을 열고 QR코드를 찍고 인증하는, 이미 익숙한 행동의 반복일 뿐이다. 블록체인, 비밀 키, 가스 수수료 같은 복잡한 개념을 전혀 몰라도 괜찮다. QR코드가 모든 복잡한 정보를 담아 전달하고, 지갑 앱이 나머지 기술적인 처리를 배경에서 자동으로 수행하기 때문이다.

2026년 현재, 기존의 카드 단말기를 넘어 QR코드, NFC(근거리 무선 통신), 심지어 얼굴 인식 결제까지 지원하는 새로운 결제 단말기들이 속속 등장하고 있다. 이러한 인프라의 발전은 스테이블코인 결제가 온라인을 넘어 오프라인 세상으로 자연스럽게 스며들 수 있는 중요한 발판이 될 것이다. 결국 대중화의 관건은 기술의 우월성이 아니라, 얼마나 많은 사람이 '이질감 없이' 새로운 방식을 받아들일 수 있느냐에 달려있기 때문이다.

비자, 스트라이프, 페이팔의 결제 실험

스테이블코인이 가져올 결제 혁신의 가능성을 가장 먼저 알아차린 것은 역설적으로 기존 금융 시스템의 중심에 있던 거대 기업들이다. 이들은 파괴적 혁신에 잠식당하기보다, 스스로 변화의 주체가 되어 새로운 게임의 규칙을 쓰고자 한다. 특히 비자, 스트라이프, 페이팔이라는 세 거인의 행보는 스테이블코인 결제가 어떻게 현실 세계에 스며들고 있는지를 보여주는 흥미로운 사례다. 이들의 전략은 각기 달라, 미래 결제 시장의 패권을 둘러싼 세 가지 다른 청사진을 제시한다.

1) 비자의 실험: 기존 결제망에 블록체인 심장 이식하기

글로벌 카드 결제망의 대명사인 비자는 혁명보다는 점진적인 진화를 택했다. 이들은 수십억 명의 사용자와 수천만 가맹점을 연결하는 자신들의 거대한 '비자넷VisaNet'을 폐기하는 대신, 그 내부 작동 방식을 업그레이드하는 데 스테이블코인을 활용하고 있다. 비자의 전략은 결제 시스템의 '심장부', 즉 파트너사들과의 자금 정산 과정에 블록체인 기술을 이식하는 것이다.

대표적인 사례가 암호화폐 플랫폼인 크립토닷컴Crypto.com과의 파일럿 프로그램이다. 기존에는 호주 고객이 크립토닷컴 비자카드로 결제하면, 크립토닷컴은 비자와의 국경 간 거래 대금을 정산하기 위해 복잡한 외환 절차와 며칠씩 걸리는 국제 은행 송금에 의존해야 했다. 하지만 이제 크립토닷컴은 미국 달러 스테이블코인인 USDCUSD Coin를 이더리움이나 솔라나 같은 고효율 블록체인 네트워크를 통해 비자의 재무 계정으로 직접 보낼 수 있다. 이로써 며칠이 걸리던 정산 시간은 단 몇 분으로 단축되었고, 복잡한 중간 과정과 비용도 많이 줄었다.

여기서 중요한 점은 최종 소비자와 가맹점은 이 변화를 전혀 체감하지 못한다는 것이다. 결제는 여전히 비자 카드로 이루어지고, 가맹점은 자국 통화로 대금을 받는다. 혁신은 보이지 않는 곳, 즉 비자와 카드 발급 사 간의 B2B 정산 영역에서 일어난다. 비자의 목표는 블록체인을 활용해 기존 네트워크의 효율성을 극대화하고, 특히 비용과 시간이 많이 소요되는 국제 결제 부문에서 경쟁력을 강화하는 것이다. 이는 새로운 기술을 통해 기존의 중앙화된 허브로서의 지위를 더욱 공고히 하려는 영리한 전략이다.

2) 스트라이프의 선택: 판매자를 위한 암호화폐 통역사

온라인 결제 솔루션의 강자 스트라이프는 전혀 다른 접근법을 취한다. 이들의 전략은 판매자(가맹점)를 위해 모든 복잡성을 제거해주는 '암호화폐 통역사'가 되는 것이다. 스트라이프는 암호화폐 세계와 전통적인 상거래 세계를 잇는 다리 역할을 자처하며, 판매자가 아무런 블록체인 지식 없이도 스테이블코인 결제의 혜택을 누릴 수 있도록 돕는다.

쇼피파이Shopify와 같은 전자상거래 플랫폼과의 파트너십이 대표적이다. 쇼피파이를 이용하는 온라인 상점은 스트라이프를 통해 간단하게 'USDC로 결제하기' 옵션을 활성화할 수 있다. 고객이 자신의 암호화폐

지갑에 있는 USDC로 결제를 선택하면, 스트라이프의 인프라가 이 모든 과정을 처리한다. 가장 핵심적인 부분은 정산이다. 판매자는 USDC를 직접 받는 대신, 스트라이프가 이를 즉시 환전하여 판매자의 은행 계좌에 미국 달러와 같은 법정화폐로 입금해주는 옵션을 선택할 수 있다.

이 방식 덕분에 판매자는 가격 변동성, 복잡한 세금 및 회계 처리 문제 등 암호화폐를 직접 다룰 때 발생하는 골치 아픈 문제로부터 완전히 해방된다. 스트라이프의 목표는 웹3**Web3** 상거래의 진입 장벽을 극적으로 낮추는 것이다. 수백만 개의 기업이 손쉽게 암호화폐 결제를 도입하도록 함으로써, 새로운 시장을 선점하려는 전략이다. 이들은 두 세계 사이의 마찰을 해결해주는 서비스에서 수익을 창출하며, 기술의 대중화를 이끌고 있다.

3) 페이팔의 야망: 그들만의 결제 왕국을 꿈꾸다

거대 결제 플랫폼 페이팔은 자체 스테이블코인 PYUSD**PayPal USD**를 통해 훨씬 더 큰 야망을 드러낸다. 이들의 전략은 개방된 블록체인 생태계에 참여하기보다, 페이팔이라는 거대한 성벽 안에 자신들만의 폐쇄적인 '결제 왕국'을 건설하는 것이다.

페이팔 사용자가 PYUSD를 이용해 가맹점에 결제할 때, 대부분의 경우 실제 블록체인 상에서 코인의 이동은 일어나지 않는다. 대신 페이팔은 자신들의 중앙화된 내부 원장을 업데이트하여 구매자의 PYUSD 잔액을 차감하고 판매자의 잔액을 늘리는 방식으로 거래를 처리한다. 실제 블록체인 기술이 사용되는 것은 사용자가 외부 지갑에서 페이팔로 PYUSD를 옮기거나, 페이팔에서 외부로 인출할 때뿐이다.

이 '월드 가든Walled Garden,담장으로 둘러싸인 정원' 접근 방식은 페이팔에게 막강한 통제력을 부여한다. 블록체인의 비가역성과 달리, 페이팔은 내부 원장 거래에 대해 전통적인 금융 서비스처럼 거래 취소, 분쟁 조정, 환불 등의 기능을 제공할 수 있다. 궁극적으로 페이팔의 목표는 자신들의 생태계 안에서 일어나는 모든 거래에서 카드 네트워크나 은행을 완전히 배제하는 것이다. 이를 통해 중간 수수료를 없애고 모든 가치를 페이팔이 흡수하는, 완벽한 수직 계열화를 꿈꾸고 있다.

이 세 거인의 전략은 미래 결제 시장에 대한 서로 다른 예측을 담고 있다. 비자는 기존 시스템의 점진적 개선을, 스트라이프는 두 세계를 잇는 중개자 역할을, 페이팔은 독자적인 생태계 구축을 통해 패권을 노린다. 이는 스테이블코인이라는 새로운 기술이 단 하나의 정해진 미래가 아닌, 다양한 가능성을 품고 있음을 보여준다.

일상으로 들어오기 위한 선결과제 : 스테이블코인 결제 도입을 위한 전제조건들

결제 시스템의 근본적이고 현실적인 문제들을 혁신적인 방법으로 해결가능해 보이는 스테이블코인은 분명 미래 결제시스템의 한 가운데 있을 것으로 보여진다. 그러나 우리 주위는 왜 이렇게 조용한 것일까? 지금 실제 주위에서 스테이블코인 결제를 체감하는 것은 쉬운 일은 아닌 듯 하다.

중개 기관이 사라져 비용과 시간이 획기적으로 줄어드는 것, 혹은 정산이 즉시 이루어지니 현금 흐름 걱정도 덜 수 있는 혁신이야말로 모든 자영업자가 꿈꾸는 결제 방식이 아닐까?

하지만 지금으로서는 어느 자영업자도 선뜻 스테이블코인 결제를 도입하지는 못할 것이다. 장밋빛 미래 이면에는 왠지 모를 불안감이 도사리고 있기 때문이다. '눈에 보이지 않는 디지털 돈을 받아도 정말 괜찮은 걸까? 세금 문제는 어떻게 처리해야 하며, 만에 하나 그 돈의 가치가 갑자기 변하면 어떡하지?' 등 끝이 없을 것이다. 이처럼 스테이블코인 결제는 엄청난 잠재력을 품고 있지만, 우리 동네 카페 계산대에 자리 잡기까지는 수많은 현실의 벽을 넘어야 한다. 가게 주인의 현실적인 걱정거리에서부터 시작해, 새로운 기술을 오프라인 매장에 적용하는 기술적 과제, 시장을 쥐고 있는 거대 기업들의 신중한 셈법, 우리 사회에 깊게 남은 과거의 상처까지, 스테이블코인 결제 확산 앞에 놓인 거대한 장벽들을 하나씩 살펴보겠다.

첫 번째 장벽: 가게 주인의 현실적인 걱정거리[36]

기술의 혁신이 아무리 뛰어나다 한들, 그것을 사용하는 사람들의 마음을 얻지 못하면 소용이 없다. 스테이블코인 결제가 넘어야 할 첫 번째 장벽은 바로 이를 사용하게 될 이들의 머릿속을 가득 채운 현실적인 걱정이다. 이는 단순히 새로운 기술에 대한 막연한 두려움이 아니다. 사업의 생존과 직결된 세금, 회계, 자산 가치의 안정성이라는 구체적인 문제다.

---

[36] 스테이블코인 결제에 따른 세금과 회계 등의 문제는 6장에서 세부적으로 다루게 된다.

'보이지 않는 돈'의 세금 문제

합법적으로 사업을 운영하는 사람에게 가장 중요한 것은 법의 테두리 안에서 투명하게 활동하는 것이다. 특히 세금 문제는 사업의 근간을 이루는 핵심 요소다. 스테이블코인 결제가 가진 가장 큰 매력 중 하나는 기존 금융망을 거치지 않는다는 점이지만, 바로 이 점이 세무 당국과 사업자 모두에게는 거대한 골칫거리가 된다.

문제의 핵심은 '거래 추적의 어려움'이다. 우리가 신용카드로 결제하면 모든 거래 기록이 카드사와 국세청 전산망에 자동으로 남는다. 이를 통해 정부는 부가가치세나 소득세의 세원을 정확하게 파악하고 세금을 징수한다. 하지만 스테이블코인, 특히 개인 간의 전자지갑을 통해 이루어지는 거래는 이러한 중앙화된 기록 시스템 밖에 존재한다. 이는 과세 당국 입장에서 세금 징수의 기반이 되는 세원이 잠식될 수 있다는 심각한 우려를 낳는다. G7이나 국제통화기금IMF과 같은 국제기구들 역시 가상자산의 이러한 특성이 납세 순응도를 떨어뜨리고, 심각할 경우 국가 재정 수입의 감소로 이어질 수 있다고 지속적으로 경고해왔다.

가게 주인 입장에서는 더욱 복잡하다. 2026년 현재, 한국의 세법은 가상자산을 어떻게 취급할지에 대해 명확한 지침을 내놓지 않고 있다. 재화나 서비스를 판매한 대가로 가상자산을 받았다면, 그 재화나 서비스 공급 자체는 부가가치세 과세 대상이 되는 것이 원칙이다. 하지만 결제

수단으로 사용된 스테이블코인 자체의 성격이 무엇인지, 이를 매출로 어떻게 신고해야 하는지에 대한 구체적인 규정이 모호하다.

만약 손님이 개인 지갑을 통해 스테이블코인을 지불했다면, 가게 주인은 이 거래를 어떻게 증빙하고 국세청에 신고해야 할까? 명확한 지침이 없는 상황에서 섣불리 스테이블코인 결제를 도입했다가는 미래에 세무조사의 타겟이 되거나 예상치 못한 가산세를 물게 될 위험을 감수해야 한다. 결국 '수수료 절감'이라는 작은 이익을 얻으려다 '세금 탈루'라는 거대한 법적 리스크를 떠안게 될 수 있다는 불안감이 확산을 가로막는 첫 번째 벽이 된다.

새 돈, 낡은 장부

세금 문제가 법적인 리스크라면, 회계 문제는 사업 운영의 실무적인 리스크다. 모든 기업은 재무 상태를 명확히 기록하고 관리해야 할 의무가 있다. 하지만 스테이블코인은 기존의 회계 장부에 들어맞지 않는 '새로운 돈'이다. 현금도 아니고, 은행 예금도 아니며, 그렇다고 주식이나 채권 같은 금융 자산으로 분류하기도 애매하다.

글로벌 회계법인 프라이스워터하우스쿠퍼스PwC는 기업들이 스테이블코인을 회계 처리할 때, 해당 자산이 '현금을 받을 계약상의 권리'를 나타내는지 법률 자문을 통해 신중히 분석해야 한다고 조언한다. 이는 스테이블코인 1개를 가지고 있다고 해서 무조건 현금 1달러나 1천 원으로 장부에 기록할 수 없다는 의미다. 그 법적 성격과 실질에 따라 회계 처리 방식이 완전히 달라질 수 있기 때문이다.

이러한 회계적 불확실성은 특히 외부 감사를 받아야 하는 기업에게는 큰 부담이다. 하지만 대다수를 차지하는 중소기업이나 자영업자에게는 또 다른 위험을 초래한다. 상대적으로 내부 통제가 약한 환경에서, 추적이 어렵고 이전이 쉬운 스테이블코인은 리베이트나 비자금 조성 등 부정행위의 유혹으로 작용할 수 있다. 가게 주인이 받은 스테이블코인을 공식적인 매출로 기록하지 않고 개인적인 용도로 사용한다면, 이는 회계 원칙을 위반하는 동시에 탈세로 이어질 수 있다. 결국 스테이블코인 결제를 받는다는 간단한 행위가, '이 돈을 장부에 어떻게 기록해야 하는가?'라는 복잡하고 위험한 질문으로 이어진다. 명확한 회계 기준이 마련되지 않는 한, 성실한 사업자일수록 이 새로운 결제 수단을 꺼릴 수밖에 없다.

두 번째 장벽: 오프라인 결제의 기술적 도전

가게 주인의 재무적, 법적 걱정거리가 해결된다고 해도 문제는 끝나지 않는다. 다음 장벽은 기술적인 문제인 '어떻게' 결제를 받을 것인가의 문제다. 새로운 결제 방식이 성공하려면 기존 방식만큼, 혹은 그보다 더 편리하고 직관적이어야 한다. 아무리 수수료가 저렴해도 결제 과정이 복잡하고 번거롭다면 아무도 사용하지 않을 것이다. 스테이블코인 결제는 우리에게 익숙한 신용카드 단말기와 공존하며 그 편리함을 뛰어넘어야 하는 기술적 도전에 직면해 있다.

신용카드 단말기와의 동거

현재 우리가 사용하는 신용카드 결제 시스템은 고객, 가맹점, 매입 사, 발급 사라는 네 주체가 얽힌 복잡한 구조지만, 수십 년간의 발전을 통해 매우 효율적이고 안정적인 사용자 경험을 제공한다. 탭 한 번, 혹은 카드 한 장을 꽂는 것만으로 몇 초 안에 결제가 끝난다. 스테이블코인 결제는 바로 이 '체화된 편리함'과 경쟁해야 한다.

가장 현실적인 확산 경로는 기존의 결제 인프라를 그대로 활용하는 것이다. 가게 주인에게 새로운 기계를 설치하라고 요구하는 것은 엄청난 저항에 부딪힐 것이다. 따라서 기존의 POS**Point Of Sale, 판매시점 정보관리 시스템** 단말기, QR코드 리더기, NFC(근거리 무선 통신) 기능을 그대로 사용하면서 소프트웨어만 업그레이드하는 방식이 필요하다.

국외에서는 이미 이러한 시도들이 이루어지고 있다. 싱가포르의 '그

랩**Grab**’ 앱 사례는 좋은 예시다. 사용자는 그저 앱을 열어 QR코드를 스캔할 뿐이지만, 그 이면에서는 스테이블코인으로 결제가 이루어진다. 손님도, 가게 주인도 블록체인이나 스테이블코인의 존재를 전혀 의식할 필요가 없다. 마치 일반적인 간편결제 포인트를 사용하는 것처럼 느껴지게 만드는 것이다. 비트페이**BitPay**나 코인베이스 커머스**Coinbase Commerce**와 같은 글로벌 결제 게이트웨이 업체들은 기존 POS 단말기 제조사와 협력하여 API 연동이나 소프트웨어 업데이트를 통해 암호화폐 결제를 지원하는 솔루션을 개발하고 있다. 핵심은 기술을 사용자 경험 뒤로 완벽하게 숨기는 것이다. 스테이블코인 결제가 성공하려면, 애플페이나 삼성페이처럼 ‘탭’하고 끝나는 단순함을 구현해야 한다.

한국의 작은 실험들

아직 전면적인 도입은 멀었지만, 한국에서도 여러 기업과 기관들이 이러한 기술적, 운영적 과제를 해결하기 위해 작은 규모의 통제된 실험, 즉 개념증명**PoC, Proof Of Concept**을 진행하고 있다. 이 실험들은 스테이블코인 결제의 미래를 엿볼 수 있는 소중한 창이다.

첫 번째 실험은 5장에서 언급할 CBDC에 대한 ‘한강 프로젝트’다. 한국은행과 주요 시중은행이 협력하여 진행하는 이 테스트는 엄밀히 말해 중앙은행 디지털화폐**CBDC** 실험이었지만 그 구조는 스테이블코인 결제의 미래를 보여주기도 하였다. 은행들이 예금을 기반으로 '예금 토큰'이라는 일종의 스테이블코인을 발행하고, 일반인 참가자들이 편의점이나 카페 등 지정된 가맹점에서 QR코드를 통해 실제로 물건을 구매하는 방식이다. 이는 은행이라는 신뢰받는 기관이 발행한 토큰을 기존 결제망에 어떻게 접목할 수 있는지를 시험하는, 매우 통제된 환경의 실증 테스트였다. 한국은행은 이 실험이 사실상 은행 발행 스테이블코인과 CBDC 네트워크의 공존 가능성을 탐색하는 것이라고 설명했다.

두 번째는 게임 회사들의 도전이다. 위메이드나 넥슨 같은 기업들은 앱마켓의 높은 수수료와 결제 대행사의 수수료 문제를 해결하기 위해 스테이블코인 도입을 적극적으로 검토하고 있다. 자체 스테이블코인을 만들어 게임 내 경제 시스템에 적용하면 비용을 절감하고, 국경 없는 글로벌 사용자들에게 더 편리한 결제 환경을 제공할 수 있다. 이는 디지털 환경에 익숙한 사용자들이 모인 '닫힌 정원**Walled Garden**' 안에서 스테이블코인의 장점을 극대화하려는 시도다.

세 번째는 신한은행과 NH농협은행 등이 참여하는 '팍스 프로젝트'로 이는 국외 송금이라는 특정 문제를 정조준한다. 한국의 원화 기반 스테이블코인과 일본의 엔화 기반 스테이블코인을 이용해 양국 간 송금을 테스트하는 이 실험은, 기존 국제은행간통신협회**SWIFT** 망을 이용하는 것보다 시간과 비용을 획기적으로 줄일 수 있는지 검증하는 것을 목표로 한다.

이처럼 다양한 분야에서 진행되는 실험들은 한 가지 중요한 사실을 보여준다. 아직 누구도 '모든 것을 위한 단 하나의 스테이블코인 결제 네트워크를 만들려 하지 않는다'는 점이다. 대신 은행은 기존 금융 시스템의 안정성을 기반으로 한 소매 결제를, 게임 회사는 글로벌 디지털 콘텐츠 결제를, 또 다른 은행은 국제 송금의 비효율 해결을 목표로 각자의 '샌드박스'를 구축하고 있다. 이는 시장이 아직 초기 단계에 있으며, 가장 명확한 가치를 제공하고 리스크를 통제할 수 있는 특정 영역에서 먼저 성공 사례를 만들려는 여러 가지 시도다. 전면적인 확산은 이처럼 파편화된 성공들이 점차 연결되고 상호 운용성을 갖추게 될 때 비로소 가능해질 것이다.

세 번째 장벽: '디페깅'이라는 유령

가게 주인의 걱정거리 중 가장 근본적이고 치명적인 것은 바로 '가치 안정성'에 대한 의문이다. 스테이블코인은 이름 그대로 '안정적인Stable' 가치를 유지하는 것이 존재 이유다. 코인이 항상 1달러 또는 1천 원의 가치를 갖는다는 약속이 깨지는 순간, 스테이블코인은 결제 수단으로서의 생명을 잃는다. 이처럼 기준 가치에서 가격이 이탈하는 현상을 '디페깅 **De-Pegging**'이라고 부른다.

가게 주인에게 디페깅은 단순한 가격 변동이 아니라, 벌어들인 돈이 공중으로 사라지는 악몽과 같다. 예를 들어, 1천 원짜리 커피를 팔고 1스테이블코인을 받았는데, 그날 저녁 그 코인의 가치가 900원으로 떨어졌다면 가게 주인은 아무 잘못 없이 100원의 손실을 보게 된다. 이는 수수료 문제가 아니라 매출 자체가 증발하는 것이다. 디페깅의 원인은 매우 복잡하다. 거시 경제의 충격, 시장의 공포 심리, 스테이블코인 발행사의 준비자산에 대한 불신 등 예측하기 어려운 요인들이 복합적으로 작용한다. 이론적으로는 발행시장과 유통시장의 가격 차이를 이용한 차익거래를 통해 가격이 안정될 수 있다고 하지만, 시장이 극심한 공황 상태에 빠지면 이러한 메커니즘은 제대로 작동하지 않을 수 있다.

우리에게는 이 이론이 현실에서 어떻게 처참하게 무너졌는지를 보여주는 뼈아픈 기억이 있다. 바로 '테라-루나 사태'다. 한국인이 만든 알고리즘 스테이블코인 '테라'는 실제 현금 담보 없이 자매 코인 '루나'와의 교환 메커니즘을 통해 가치를 유지하려 했다. 하지만 시장의 신뢰가 무너지자 이 시스템은 '죽음의 소용돌이'를 일으키며 단 며칠 만에 수십조 원의 가치를 휴지 조각으로 만들었다. 물론 테라는 실제 자산을 담보로 하지 않는 알고리즘 스테이블코인이기는 하였지만, 이 사건은 스테이블코인의 '안정성'이라는 약속이 얼마나 허약할 수 있는지를 전 세계에 똑똑히 보여주었다.

결국 가게 주인이 마주한 장벽들은 서로 얽혀 하나의 거대한 '리스크 폭포'를 형성한다. 회계 처리의 모호함(절차적 문제)은 세금 신고의 불확실성(법적 문제)을 증폭시키고, 이 모든 불안감 위에 디페깅이라는 치명적인 금융 리스크가 자리 잡고 있다. 이 세 가지 문제가 서로 꼬리를 물고 이어지는 상황에서, 합리적인 가게 주인이라면 카드 수수료 2%를 아끼기 위해 사업의 존립 자체를 위협할 수 있는 이 복합적인 위험을 감수하려 하지 않을 것이다. 이것이 바로 스테이블코인 결제가 가게 문턱을 넘지 못하는 가장 근본적인 이유다.

핵심은 '신뢰'라는 보이지 않는 자산

스테이블코인 결제가 우리 동네 카페에 들어오기까지 넘어야 할 거대한 장벽에 관해 살펴보았다. 먼저 가게 주인이 느끼는 세금, 회계 등 실제 사용에 있어서의 현실적인 두려움이다. 다음으로 기존 결제 시스템과 매끄럽게 연동되어야 하는 기술적 도전이다. 마지막으로 가치안정성의 문제와 우리 사회에 깊게 각인된 테라-루나 사태의 트라우마다.

이 세 가지 장벽은 각기 다른 문제처럼 보이지만, 그 중심을 관통하는 하나의 핵심 키워드가 있다. 바로 '신뢰'라는 보이지 않는 자산이다. 가게 주인은 스테이블코인의 가치가 안정적이며 법적으로 문제가 없다는 것을 신뢰할 수 있어야 한다. 소비자들은 이 새로운 결제 시스템이 안전하고 사용하기 편리하다는 것을 신뢰해야 한다. 기업들은 정부의 규제 프레임워크가 명확하고 예측 가능하다는 것을 믿어야만 과감한 투자를 할 수 있다. 우리 사회 전체는 가상자산 산업이 과거의 실패로부터 교훈을 얻고 책임감 있는 주체로 거듭났다는 것을 믿을 수 있어야 한다.

스테이블코인 결제의 확산은 단순히 더 빠르고 저렴한 기술을 보급하는 문제가 아니다. 그것은 무너진 신뢰를 처음부터 다시 쌓아 올리는 길고 험난한 과정이다. 지금 진행되고 있는 작은 규모의 기술 실험들과, 앞으로 다가올 입법을 통한 제도적 완비는 바로 이 신뢰를 재건하기 위한 첫걸음이다. 우리 동네 카페로 향하는 스테이블코인의 여정은 신기술을 설치하는 단거리 경주가 아니라, 견고하고 믿음직한 금융 생태계를 한 블록씩 쌓아 올리는 머나먼 마라톤과도 같다. 결국 도입의 최종 조건은 코드가 아니라, 사람들의 마음속에 자리 잡은 확고한 믿음과 신뢰일 것이다.

국경의 장벽을 없앤 새로운 송금방법: 스테이블코인이 바꾸는 글로벌 결제

국외에 있는 가족에게 생활비를 보내거나, 외국에 있는 프리랜서에게 대금을 지불해 본 경험이 있는 사람이라면, 누구나 한 번쯤 답답함을 느껴봤을 것이다. 은행 창구에서 복잡한 서류를 작성하고 비싼 수수료를 낸 뒤에도 돈이 언제 도착할지 정확히 알 수 없다. 짧게는 하루 이틀, 길게는 일주일 이상 걸리는 기다림 속에서 혹시나 돈이 중간에 사라지지는 않을까 노심초사하기도 한다. 이것이 우리가 수십 년간 당연하게 여겨온 글로벌 결제의 현주소다.

하지만 스테이블코인은 이 모든 과정이 이메일을 보내는 것처럼 간단하고 국경과 시간의 제약 없이, 단 몇 초 만에 수수료 걱정 없이 돈을 보낼 수 있는 세상을 현실로 만들고 있다. 기존 국제 송금이 1일에서 5일에 달하는 영업일이 소요되고, 때로는 복잡한 규제 준수 확인 절차로 한 달까지 지연될 수 있었던 반면, 스테이블코인 기반 송금은 블록체인 네트워크 위에서 단 몇 초에서 몇 분 만에 완료된다. 수만 원에 달하던 수수료는 수백 원 수준으로 줄어든다.

이것은 단순히 속도와 비용의 개선을 넘어선다. 이는 금융에 대한 우리의 인식을 근본적으로 바꾸는 패러다임의 전환이다. 과거 우편으로 편지를 보내던 시대에서 이메일의 시대로 넘어오면서 정보 교류의 양과 속도가 폭발적으로 증가했듯이, 스테이블코인은 '돈의 이메일'이 되어 글로벌 가치 이동의 새로운 지평을 열고 있다. 기존 금융 시스템이 만들어 낸 심리적, 물리적 장벽을 허물고, 개인과 소규모 기업도 아무런 제약 없이 글로벌 경제 활동에 참여할 수 있는 길을 터주는 것이다. 지금부터는 스테이블코인이 어떻게 낡은 글로벌 결제 시스템의 구조를 혁신하고, 전 세계 사람들의 금융 생활을 바꾸고 있는지 그 원리와 현장을 자세히 살펴보겠다.

과거의 유산: 스위프트SWIFT와 중개은행의 복잡한 그물망

우리가 국외로 돈을 보낼 때 흔히 '스위프트SWIFT 송금'이라는 말을 사용한다. 하지만 많은 사람이 오해하는 것과 달리, 스위프트는 돈을 직접 이체하는 시스템이 아니다. 스위프트의 본질은 전 세계 금융기관들이 안전하게 결제 정보를 주고받을 수 있도록 만들어진 '보안 메시징 네트워크'에 가깝다. 마치 택배를 보낼 때 운송장 정보를 전산망에 입력하는 것과 같다. 실제 물건(돈)은 별도의 운송 경로를 통해 움직인다.

그렇다면 실제 돈은 어떻게 국경을 넘는 것일까? 바로 '중개은행 Correspondent Bank'이라는 복잡한 그물망을 통해서다. 예를 들어, 한국의 A은행에서 콜롬비아의 B은행으로 돈을 보낸다고 가정해 보겠다. A은행과 B은행이 직접적인 금융 거래 관계(소위 '환거래 계약')를 맺고 있지 않다면, 돈은 곧바로 전달될 수 없다. 대신 A은행은 자신과 거래하는 미국의 C은행(중개은행 1)에 송금 메시지를 보낸다. C은행은 다시 B은행과 거래하는 유럽의 D은행(중개은행 2)에 메시지를 전달하고, 마침내 D은행이 B은행으로 돈을 입금하는 식이다. 이처럼 돈은 여러 중개은행을 거치는 '릴레이 경주'를 하게 된다. 이 구조는 본질적으로 비효율적일 수밖에 없다. 그 이유는 다음과 같다.

첫째, 시간이 오래 걸린다. 각 중개은행은 자금세탁방지AML와 같은 규제 준수 여부를 확인하고, 내부 회계 처리를 거쳐야 한다. 각국의 은행 영업시간과 휴일이 다르다는 점도 지연의 주요 원인이다.

둘째, 비용이 비싸고 불투명하다. 송금 수수료, 중개은행 수수료, 수취은행 수수료 등 돈이 한 단계를 거칠 때마다 수수료가 눈덩이처럼 불어난다. 여기에 환전 수수료까지 더해지면 최종적으로 받는 금액이 얼마가 될지 예측하기 어렵다. 때로는 전체 송금 과정에서 5%가 넘는 오류가 발생하기도 하는데, 이는 추가적인 시간과 비용 낭비로 이어진다.

이러한 비효율성은 시스템의 결함이라기보다는, 그 태생적 한계에 가깝다. 스위프트와 중개은행 시스템은 서로 다른 은행 간의 '신뢰 부족'을 전제로 설계된 아날로그 시대의 유산이다. 모든 은행이 함께 들여다볼 수 있는 공통의 거래 장부가 없었기에, 신뢰할 수 있는 거대 은행들을 중개자로 내세워 위험을 관리했던 것이다. 다시 말해 디지털 시대의 속도와 효율성보다는 아날로그 시대의 안정성과 위험 관리에 최적화된 시스템이다. 바로 이 지점에서, 블록체인이라는 '공유된 신뢰의 장부'를 기반으로 하는 스테이블코인이 대안으로 떠오르고 있는 것이다.

'돈의 이메일'이 온다: 스테이블코인 송금의 혁신적 원리

전통적인 국외송금이 여러 중개자를 거치는 복잡한 여정이라면, 스테이블코인 송금은 마치 이메일을 보내는 것처럼 단순하고 직관적이다. 보내는 사람과 받는 사람 사이에 그 어떤 중개자도 없이, 인터넷만 연결되어 있다면 가치가 P2P^{Peer-To-Peer} 방식으로 직접 전달된다. 이것이 바로 '돈의 이메일'이라는 비유가 나온 배경이다. 스테이블코인 송금의 원리는 다음과 같다.

　　　　　　　　　　　　　　스테이블코인 머니 게임

첫째, '온램프On-Ramp' 단계다. 보내는 사람이 원화나 달러와 같은 법정 화폐를 USDC나 USDT 같은 스테이블코인으로 교환한다.

둘째, '전송' 단계다. 교환된 스테이블코인을 블록체인 네트워크를 통해 받는 사람의 디지털 지갑 주소로 직접 보낸다. 이 과정은 은행 영업 시간이나 휴일에 관계없이 24시간 365일, 단 몇 초에서 몇 분 만에 완료된다.

마지막은 '오프램프Off-Ramp' 단계로, 스테이블코인을 받은 사람이 자국의 법정화폐로 다시 교환하여 현금화하는 과정이다.

이 단순한 구조가 가져오는 혁신은 막대하다. 가장 큰 변화는 중개은행의 완전한 배제다. 송금자와 수취인 사이의 모든 거래는 블록체인이라는 투명하고 위변조가 불가능한 공공 거래 장부에 기록되고 검증된다. 덕분에 기존 시스템의 고질적인 문제였던 시간 지연과 과도한 수수료 문제가 해결된다. 블록체인 네트워크를 사용하는 데 드는 최소한의 '네트워크 수수료(가스비)'만 발생할 뿐, 여러 단계의 중개 수수료가 사라져 전체 비용이 송금액의 1% 미만으로 급격히 낮아질 수도 있다.

투명성과 접근성도 획기적으로 개선된다. 블록체인 탐색기를 통해 누구나 자신의 송금 내역이 처리되는 과정을 실시간으로 확인할 수 있다. 더 이상 돈이 어디쯤 가고 있는지 몰라 답답해할 필요가 없는 것이다. 더불어 은행 계좌가 없는 전 세계 수십억 명의 사람들도 스마트폰과 디지털 지갑만 있으면 글로벌 금융 시스템에 참여할 수 있는 길이 열린다. 이는 금융 소외 계층에게 새로운 기회를 제공하는 중요한 변화다.

　결국 스테이블코인은 가치 전송의 본질을 '기관 간의 복잡한 정산'에서 '개인 간의 단순한 데이터 전송'으로 바꾸어 놓았다. 이 근본적인 변화가 지금 글로벌 결제 지형을 송두리째 흔들고 있다.

달러가 필요한 사람들:
신흥국과 이민자들이 '디지털 달러'를 찾는 이유

　선진국에 사는 사람들에게 스테이블코인은 그저 더 빠르고 저렴한 송금 기술 정도로 여겨질 수 있다. 하지만 자국 화폐의 가치가 하룻밤 사이에 휴지 조각이 될 수 있는 국가의 사람들에게, 달러에 연동된 스테이블코인은 단순한 기술이 아닌 '금융 생명줄'과도 같다. 아르헨티나, 튀르키에, 나이지리아와 같은 신흥국에서 스테이블코인에 관한 관심이 폭발적으로 높아지는 이유는 바로 이 절박함에 있으며, 다음의 두 가지로 요약될 수 있다.

　첫 번째는 극심한 인플레이션으로부터 자산을 보호하기 위함이다. 2023년, 아르헨티나의 연간 인플레이션율은 211%를 넘어섰다. 이는 은행에 페소화를 예금해 두면 1년 뒤 구매력이 3분의 1 토막 이하로 줄어든다는 의미다. 이런 상황에서 국민들은 자신의 저축을 지키기 위해 필

　　　　　　　　　　　　　　　　　　　　스테이블코인 머니 게임

사적으로 안정적인 가치 저장 수단을 찾게 되는데, 가장 대표적인 것이 바로 미국 달러다. 하지만 정부의 엄격한 외환 통제로 공식적인 경로를 통해 달러를 구하기는 하늘의 별 따기다. 이때 USDT나 USDC와 같은 '디지털 달러'가 강력한 대안으로 떠오른다. 사람들은 암암리에 자국 화폐를 스테이블코인으로 바꿔 디지털 지갑에 보관함으로써 자산 가치를 보존한다. 이는 정부의 통제를 벗어나 개인들이 자발적으로 행하는 '디지털 달러라이제이션Digital Dollarization' 현상이다.

두 번째는 국외 이주 노동자들의 송금 문제 해결이다. 전 세계적으로 수억 명의 이주 노동자들이 본국의 가족에게 돈을 보내 생계를 지원하고 있다. 그러나 웨스턴 유니온과 같은 전통적인 송금 서비스는 평균 6%가 넘는 높은 수수료를 부과한다. 100만 원을 보내면 6만 원 이상이 수수료로 사라지는 셈이다. 가족의 생계가 걸린 이들에게는 너무나 큰 부담이다. 스테이블코인은 이 문제를 해결할 수 있는 가장 효과적인 수단이다. 송금 수수료를 1% 미만으로 대폭 낮출 수 있어, 노동의 대가가 온전히 가족에게 전달될 수 있도록 돕는다. 필리핀과 같은 주요 송금 수혜국에서 스테이블코인 기반 핀테크 서비스가 빠르게 성장하는 이유가 바로 여기에 있다.

나이지리아의 사례는 이러한 흐름을 잘 보여준다. 나이지리아 중앙은행은 자국 금융기관이 암호화폐 관련 거래를 취급하는 것을 금지했지만, 국민들의 P2P(개인 간) 거래는 오히려 급증했다. 자국 통화인 '나이라'

의 가치 하락과 불안정한 경제 상황 속에서 국민들이 정부의 통제를 우회하여 스테이블코인을 통해 자산을 보호하고 국외와 거래하는 길을 스스로 찾아낸 것이다. 이처럼 신흥국에서의 스테이블코인 확산은 단순한 기술 도입이 아니라, 기존 금융 시스템에 대한 불신과 생존을 위한 몸부림이 만들어낸 거대한 흐름이다.

혁신은 현장에서: 필리핀과 남미를 바꾸는 핀테크들

스테이블코인이라는 혁신 기술이 실제 사람들의 삶을 어떻게 바꾸고 있는지는 필리핀과 라틴 아메리카의 핀테크 기업 사례에서 가장 생생하게 확인할 수 있다. 이들은 복잡한 블록체인 기술을 사용자가 이해하기 쉬운 서비스로 포장하여, 글로벌 송금 시장의 판도를 바꾸고 있다.

전 세계에서 네 번째로 국외 송금 수령액이 많은 필리핀은 스테이블코인 혁신의 최전선이다. 연간 약 380억 달러에 달하는 송금액은 필리핀 경제의 중요한 축이다. 이 거대한 시장을 두고 '코인스점피에이치Coins.ph', '비씨리밋BCRemit'과 같은 현지 핀테크 기업들이 스테이블코인 발행사인 서클Circle과 손잡고 USDC를 활용한 송금 서비스를 제공하고 있다. 이들의 서비스 모델은 '스테이블코인 샌드위치'라는 개념으로 요약된다. 국외에 있는 송금자가 자국 통화(예: 미국 달러)를 보내면, 이 돈은 국경을 넘는 중간 단계에서 즉시 USDC로 변환된다. 필리핀에 도착한 USDC는 다시 필리핀 페소로 자동 환전되어 수취인의 은행 계좌나 전자 지갑, 혹은 전국 1만 7천여 개에 달하는 현금 인출 제휴 지점으로 입금된다. 이 모든 과정이 몇 분 안에 완료되며, 수수료는 기존 5~10%에서 1% 내외로 대폭 절감된다. 사용자는 블록체인이나 USDC의 존재를 인지할 필요조차 없다. 그저 더 빠르고 저렴한 송금 서비스를 이용할 뿐이다.

2026년 기준, 약 1,500억~1,600억 달러 규모의 거대 송금 시장인 라틴 아메리카에서도 비슷한 혁신이 일어나고 있다. 마이애미에 기반을 둔 핀테크 '펠릭스 파고Félix Pago'는 미국에서 멕시코로 송금하는 서비스를 제공한다. 이들의 독창성은 스테이블코인 USDC를 저비용 블록체인인 스텔라Stellar 네트워크 위에서 전송하는 기술력에 더해, 이 모든 서비스를 라틴 아메리카 인구 대다수가 일상적으로 사용하는 메신저 '왓츠앱 WhatsApp' 안에서 구현했다는 점이다. 사용자는 별도의 앱을 설치할 필요 없이, 왓츠앱 채팅창에서 챗봇과 대화하듯 송금을 요청하고 완료할 수 있다. 이 친숙한 사용자 경험 덕분에 펠릭스 파고는 기존 서비스 대비 송금 비용을 약 40%나 절감하며 빠르게 시장을 파고들고 있다.

이러한 사례는 중요한 사실을 시사한다. 스테이블코인 결제의 대중화를 이끄는 핵심은 기술 그 자체가 아니라, 기술의 복잡성을 완벽하게 숨기고 사용자에게 매끄러운 경험을 제공하는 '인간적인 인터페이스'라는 것이다. 가장 성공적인 기업들은 블록체인의 장점인 속도와 저비용 스테이블코인과 함께 글로벌 결제 혁신을 이야기할 때 자주 언급되는 이름이 바로 이전에 리플로 불리웠던 XRP다. 스테이블코인과 XRP는 둘 다 빠르고 저렴한 국경 간 결제를 목표로 하지만, 그 작동 원리와 지향점에는 근본적인 차이가 있다. 이 차이를 이해하는 것은 글로벌 결제의 미래를 조망하는 데 매우 중요하다.

가장 핵심적인 차이는 스테이블코인이 '돈 그 자체'의 역할을 하는 반면, XRP는 '돈을 건너게 해주는 다리' 역할을 한다는 점이다. USDC나 USDT와 같은 스테이블코인은 그 자체가 미국 달러와 1:1 가치를 갖는 디지털 자산이다. 당신이 친구에게 100 USDC를 보낸다면, 친구는 100 USDC를 받는다. 가치의 이동 과정에서 자산의 형태는 변하지 않는다. 스테이블코인은 그 자체로 안정적인 가치를 지닌 교환 및 저장 수단이다.

반면 리플(리플랙스)의 핵심 상품인 'ODL On-Demand Liquidity'에서 XRP는 일시적인 '브릿지 통화Bridge Currency'로 사용된다. 예를 들어, 미국의 한 금융기관이 멕시코로 달러를 보내고 싶다고 가정하겠다. 이 기관은 ODL 시스템을 통해 미국 달러를 XRP로 순식간에 교환하고, 이 XRP를 자체 네트워크를 통해 멕시코의 금융기관으로 전송한다. XRP를 받은 멕시코 기관은 이를 즉시 멕시코 페소로 다시 교환한다. 이 모든 과정은 단 몇 초 만에 이루어진다. 여기서 중요한 점은, 송금의 시작과 끝에 있는 두 기관 모두 XRP를 장기간 보유하지 않는다는 것이다. XRP는 단지 두 법정화폐 사이를 가장 빠르고 효율적으로 건너기 위한 '다리' 역할만 하고 사라진다. XRP 자체의 가격 변동성에 노출되는 시간을 최소화하기 위한 설계다.

이러한 차이는 두 기술의 목표 고객과 접근 방식의 차이로 이어진다. XRP의 ODL은 기본적으로 은행과 같은 금융기관들을 위한 B2B(기업 간 거래) 솔루션이다. 기존의 중개은행 시스템을 더 효율적으로 개선하여 은행들의 유동성 관리 비용을 줄여주는 것을 목표로 한다. 즉, 기존 금융 시스템의 '진화'를 돕는 역할을 한다.

반면 스테이블코인은 개인, 기업 등 누구나 사용할 수 있는 B2C 및 B2B 솔루션이다. 은행 시스템을 거치지 않고도 누구나 직접 디지털 달러를 주고받을 수 있는 새로운 길을 제시한다. 이는 기존 금융 시스템을 '우회'하는 혁명적인 접근 방식이다. 흥미롭게도, 2026년 현재, 리플 역시 자체적인 달러 연동 스테이블코인 출시 계획을 발표했다. 이는 '다리' 역할에 집중하던 리플마저도 '돈 그 자체'로서 스테이블코인이 가진 거대한 시장의 힘을 인정하고 있음을 보여주는 중요한 신호다.

은 그대로 가져오면서, 온·오프램프(법정화폐와 스테이블코인 간 교환)와 '라스트 마일(최종 전달)' 문제를 해결하여 사용자가 이미 익숙한 환경 속에서 혁신을 체감하게 하고 있다.

더 빠르고, 저렴하며, 평등한 금융을 향하여

지난 수십 년간 국경 간 가치 이동의 영역은 소수의 거대 금융기관들이 지배하는 느리고 비싸며 폐쇄적인 세상이었다. 복잡한 중개망과 불투명한 수수료 구조는 개인과 소상공인에게 보이지 않는 장벽으로 작용하며 글로벌 경제 참여의 기회를 제한해왔다.

스테이블코인은 바로 이 낡은 구조를 근본부터 다시 쓰고 있다. 중개자를 제거한 P2P 방식의 직접적인 가치 전송은 거래 과정을 극도로 단순화하고, 비용을 획기적으로 절감하며, 결제에 걸리는 시간을 며칠에서 단 몇 초로 단축시켰다. 이는 단순히 기술적 진보를 넘어, 금융의 민주화를 향한 중요한 발걸음이다. 은행 계좌가 없는 사람도 인터넷만 있다면 글로벌 금융망에 접근할 수 있게 되었고, 자국 통화가 불안정한 국가의 시민들은 자신의 자산을 보호할 수 있는 새로운 수단을 얻었다. 국외 노동자들은 땀의 결실을 더 온전히 가족에게 보낼 수 있게 되었다.

물론 앞으로 가야 할 길은 여전히 남아있다. 각국의 규제 불확실성은 여전히 큰 과제이며, 기술의 안정성과 사용자 보호를 위한 노력도 계속되어야 한다. 페이팔과 같은 거대 기업의 참전은 스테이블코인이 가진 잠재력을 증명하는 동시에, 기술이 중앙화된 플랫폼에 종속될 수 있다는 우려를 낳기도 한다. 그럼에도 불구하고 거대한 흐름은 이미 시작되었다. 스테이블코인이 제시하는 미래는 명확하다. 더 이상 국경이 금융의 장벽이 되지 않는 세상, 누구나 더 빠르고 저렴하며 평등하게 글로벌 가치 네트워크에 참여할 수 있는 세상이다. UN이 지속가능발전목표 **SDGs** 중 하나로 제시한 '이주민 송금 비용 3% 미만으로 감축'이라는 목표는 더 이상 불가능한 꿈이 아니다. 스테이블코인은 그 꿈을 현실로 만들 가장 강력한 도구이며, 우리는 지금 그 거대한 변화의 초입에 서 있다.

카드·계좌·스테이블코인의 공존: 결제 생태계는 어떻게 재편될까?

스테이블코인은 결제시스템의 근본적인 재설계를 제안한다. 블록체인 기술 위에서 움직이는 스테이블코인은 결제 승인과 청산, 최종 정산이 거의 동시에 이루어지는 구조를 가지고 있다. 이는 단순히 속도를 조금 개선하는 차원의 변화가 아니다. 돈이 이동하는 방식 자체를 원점에서부터 다시 구축하는 구조적 혁신에 가깝다.

이러한 기술적 전환은 필연적으로 미래 결제 시장의 주도권을 둘러싼 치열한 경쟁을 촉발한다. 새로운 기회를 포착하려는 혁신가들, 생존을 위해 몸부림치는 기존 강자들, 더불어 질서를 유지하려는 규제 당국이 이 거대한 드라마의 주인공이다.

새로운 플레이어의 등장: 누가 웃고, 누가 긴장하는가?

스테이블코인의 등장은 결제 생태계의 모든 참여자에게 각기 다른 의미로 다가온다. 누군가에게는 새로운 부와 기회의 문이 열리는 신호탄이지만, 다른 누군가에게는 수십 년간 지켜온 아성이 무너질 수 있다는 위기 경보이기도 하다.

디지털 시대에 태어난 기업들에게 스테이블코인은 낡은 제국의 성벽을 허물고 새로운 영토를 개척할 황금 같은 기회다. 이들은 스테이블코인을 활용해 기존 금융의 고비용 구조를 해체하고, 더 효율적인 글로벌 서비스를 구축하며, 고객과의 관계를 더욱 깊게 만들고자 한다.

가장 큰 매력은 중개자를 제거함으로써 얻는 압도적인 비용 절감 효과다. 일부 시장 분석에 따르면, 스테이블코인 결제는 신용카드 대비 약 70~80%, 국제은행간통신협회**SWIFT** 망을 이용하는 전통적인 국외 송금 대비 80% 이상 수수료를 절감할 잠재력이 있는 것으로 알려져 있다. 이는 소비자와 판매자 모두에게 상당한 경제적 이익을 안겨주는 결과를 가져온다. 글로벌 전자상거래 플랫폼 쇼피파이는 코인베이스**Coinbase**와의 파트너십을 통해 스테이블코인 USDC 결제를 도입했고, 이를 통해 전 세계 판매자들이 비싼 환전 및 국가 간 거래 수수료 없이 판매 대금을 받을 수 있게 되었다. 아마존**Amazon**이나 월마트**Walmart** 같은 거대 유통 기업들도 연간 수십억 달러에 달하는 결제 수수료를 절감하기 위해 자

  스테이블코인 머니 게임

체 스테이블코인 발행을 검토하고 있다.

국경을 넘나드는 개인 간 송금 시장 역시 스테이블코인의 핵심 공략 대상이다. 핀테크 기업들은 스테이블코인을 활용해 거의 실시간으로 저렴하게 돈을 보낼 수 있는 서비스를 제공하며, 이는 특히 높은 수수료와 느린 속도로 고통받던 이민자나 개발도상국 거주자들에게 큰 호응을 얻고 있다. 자국 통화 가치가 불안정한 지역에서는 달러에 연동된 스테이블코인이 인플레이션으로부터 자산을 보호하는 중요한 구매력 보존 수단으로 자리 잡기도 한다.

하지만 이들 플랫폼 기업의 진짜 목표는 단순한 비용 절감을 넘어선다. 그들의 궁극적인 지향점은 '전략적 독립'과 '데이터 주권'의 확립에 있다. 현재 아마존, 쇼피파이, 카카오와 같은 플랫폼들은 비자, 마스터카드, 은행 시스템이 소유한 결제 철로 위의 '세입자'와 같다. 이들은 매번 수수료라는 '임대료'를 지불하며 제한된 통제권만을 가진다. 그러나 스테이블코인 결제, 특히 자체 스테이블코인을 도입하는 순간, 이들은 세입자에서 자신만의 금융 인프라를 소유한 '건물주'로 변모하게 된다.

이러한 전환은 비용 절감 이상의 세 가지 결정적인 이점을 제공한다.

첫째, 더 이상 기존 결제 네트워크의 수수료 정책이나 규정에 얽매이지 않는 '독립성'을 확보한다.

둘째, 고객의 거래 데이터를 직접 확보하여 마케팅, 신용 평가, 상품 개발에 활용할 수 있는 '데이터 주권'을 갖게 된다.

셋째, 자신들의 생태계 안에서는 결제가 매우 편리하지만 밖으로 빠져 나가기는 어렵게 만드는 '폐쇄 루프 경제'를 구축하여 사용자 이탈을 막고 생태계의 가치를 극대화할 수 있다. 페이팔이 자사의 방대한 사용자 기반 내 결제를 간소화하기 위해 PYUSD를 출시한 것이나, 카카오가 게임 내 결제 시 앱 마켓에 지불하는 높은 수수료를 우회하기 위해 스테이블코인 도입을 고려하는 것 모두 이러한 전략적 계산이 깔려 있다. 이는 기술적 효율성이라는 이름 아래 진행되는 거대한 권력 이동인 셈이다.

'보이지 않는 수수료' 제국의 위기: 카드사와 은행의 딜레마

카드사와 은행으로 대표되는 전통 금융 중개 기관들은 자신들의 핵심 비즈니스 모델이 존립 자체를 위협받는 상황에 직면했다. 이들의 대응은 단순히 항복하는 것이 아니라, 규제를 통한 '봉쇄'와 기술을 수용하는 '편승'이라는 복합적인 전략으로 나타나고 있다.

카드사에게 가장 큰 위협은 수익의 근간인 '가맹점 수수료'가 사라질 수 있다는 점이다. 소비자가 스테이블코인으로 가맹점에 직접 결제하면, 카드 결제 과정에 존재했던 모든 중개 단계가 생략되면서 카드사의 설 자리가 없어지게 된다. 은행 역시 수익성이 높은 국외 송금 사업에서 직접적인 타격을 받으며, 만약 대규모 예금이 스테이블코인으로 빠져나

  스테이블코인 머니 게임

갈 경우 저비용 자금 조달 기반이 약화되어 대출 여력이 줄어드는 등 시스템 전체의 유동성 문제로 번질 수 있다.

이러한 위협에 맞서 기존 금융권은 적극적인 반격에 나섰다. 한국의 카드사들은 여신금융협회를 중심으로 공동 태스크포스TF를 구성하여 스테이블코인이라는 위협을 연구하고 규제 당국을 상대로 로비에 나섰다. 이들의 핵심 요구는 카드사도 스테이블코인 생태계에 참여할 수 있도록 여신전문금융업법 등을 개정해 달라는 것이다.

단순히 위협에 방어만 하는 것은 아니다. 비자와 같은 글로벌 결제 네트워크는 파괴적 혁신에 잠식당하기보다는 스스로 혁신을 주도하는 길을 선택했다. 이들은 USDC와 같은 스테이블코인을 자사의 정산 네트워크에 통합하여 전통 금융과 디지털 자산 세계를 잇는 다리 역할을 자처하고 있다. 이는 새로운 기술을 통해 대체되는 대신, 그 기술을 활용해 수익을 창출하려는 영리한 전략이다. 은행들도 '예금 토큰Deposit Token'이라는 자체적인 대안을 개발하며 대응하고 있다. 예금 토큰은 은행 예금을 기반으로 발행되는, 사실상 은행이 통제하는 스테이블코인으로, 기존의 신뢰와 규제 준수 체계 위에서 안정적인 디지털 혁신을 추구하는 모델이다.

이들의 움직임은 단순한 기술 경쟁을 넘어 미래 금융의 기본 구조Architecture를 둘러싼 심오한 투쟁을 보여준다. 스테이블코인이 가진 본질적인 위협은 누구나 중개자 없이 서로 거래할 수 있게 하는 '탈 중앙성'

이다. 이에 대한 기존 금융권의 대응은 이중적이다.

먼저, 그들은 규제 경험과 안정성을 내세워 오직 신뢰할 수 있고 규제받는 기관만이 이러한 새로운 형태의 돈을 다뤄야 한다고 주장하며 진입 장벽을 높인다(봉쇄 전략). 그들은 블록체인 기술을 받아들이되, 자신들의 통제하에 있는 방식으로 구현한다(편승 전략). 비자가 USDC로 정산을 해도 여전히 비자의 결제망을 거쳐야 하고, 은행이 예금 토큰을 발행해도 그것은 여전히 은행의 부채로 남는다.

결국 이 싸움의 핵심 질문은 '미래의 결제 시스템은 누구나 자유롭게 참여할 수 있는 개방형 프로토콜(인터넷처럼)이 될 것인가? 아니면 중앙에서 관리되는 허가형 네트워크들이 토큰을 단지 새로운 데이터 형식으로 사용하는 형태가 될 것인가?'이며, 기존 금융 강자들은 자신들의 중개자로서의 권력과 비즈니스 모델을 유지할 수 있는 후자의 미래를 만들기 위해 전력을 다하고 있다.

통화 주권 수호 전쟁:
중앙은행이 민간 스테이블코인에 맞서 CBDC를 꺼내든 이유

중앙은행에게 스테이블코인의 부상은 단순한 경제나 기술 문제가 아니라, 국가의 주권이 걸린 중차대한 사안이다. 민간 기업이 발행한, 심지어 외국 통화에 가치가 고정된 화폐가 자국 경제를 지배할 가능성은 국가 주도의 강력한 대응을 필요로 한다.

가장 큰 우려는 '디지털 달러라이제이션**Digital Dollarization**' 현상이다. 현재 유통되는 스테이블코인의 압도적인 다수는 미국 달러에 가치를 연동하고 있다. 만약 특정 국가의 국민들이 자국 통화 대신 달러 연동 스테이블코인을 일상적인 거래와 저축 수단으로 광범위하게 사용하기 시작하면, 해당 국가의 통화는 설 자리를 잃게 된다. 이는 중앙은행이 금리 조절과 같은 독립적인 통화 정책을 통해 자국 경제를 관리할 수 있는 능력을 심각하게 훼손시킨다.

금융 안정성에 대한 리스크도 무시할 수 없다. 알고리즘 기반 스테이블코인이었던 테라의 붕괴는 시장 전체에 큰 충격을 주며 규제 당국에 시스템 리스크의 위험성을 각인시켰다. 만약 대규모 자산 담보형 스테이블코인에 대한 신뢰가 무너져 대량 환매 사태인 '코인 런**Coin Run**'이 발생한다면, 발행사는 준비 자산으로 보유하던 국채나 기업어음 등을 대량으로 매도해야 할 수 있으며, 이는 채권 시장과 같은 전통 금융 시장에까지 큰 혼란을 야기할 수 있다.

이러한 위협에 대응하기 위해 전 세계 중앙은행들은 중앙은행 디지털화폐**CBDC, Central Bank Digital Currency** 연구 및 개발에 박차를 가하고 있다. CBDC는 중앙은행이 직접 발행하고 보증하는 국가의 디지털화폐로, 어떠한 신용 위험도 없는 '무위험 디지털 자산'이다. 이는 민간 화폐의 잠재적 위험에 맞서 디지털 통화 시스템의 안정성을 담보하는 공공재로서의 역할을 수행하도록 설계되었다. 한국은행 역시 상업은행들과 함께 기관용 CBDC 활용 가능성을 테스트하는 중이다.

CBDC의 추진은 디지털 시대에 걸맞은 새로운 통화 계층 구조를 재정립하려는 전략적 움직임으로 해석할 수 있다. 이는 민간의 혁신을 억제하려는 것이 아니라, 민간이 발행하는 모든 디지털화폐가 결국 국가가 통제하는 공적 기반 위에 세워지도록 보장하려는 것이다. 중앙은행의 핵심 기능은 국가 통화 시스템의 신뢰와 유동성을 최종적으로 보증하는 것이기 때문이다.

민간 스테이블코인, 특히 외국 통화 기반 스테이블코인은 이 기능에 정면으로 도전한다. 중앙은행은 이를 무조건 금지하기보다는, CBDC라는 디지털 시대의 '본원 통화'를 도입함으로써 시스템의 최상위 계층, 즉 '레이어 0Layer 0'의 역할을 공고히 하려 한다. 그렇게 되면 민간 스테이블코인이나 은행의 예금 토큰은 그 하위 계층인 '레이어 1'이나 '레이어 2'에서 다양한 서비스로 경쟁하되, 최종적인 가치는 CBDC에 의해 보증받는 구조가 형성된다. 이는 'CBDC 대 스테이블코인'이라는 대결 구도를, 중앙은행이 중심을 잡고 민간이 혁신을 주도하는 통합적이고 위계적인 시스템으로 전환시키는 고도의 전략이다.

세 갈래 미래 시나리오:

공존할 것인가, 성벽을 쌓을 것인가, 규제로 묶을 것인가

지금까지 살펴본 다양한 이해관계자들의 역학 관계는 미래 결제 시스템이 나아갈 몇 가지 경로를 암시한다. 앞으로 펼쳐질 미래는 다음의 세 가지 시나리오 혹은 이들의 조합으로 그려질 가능성이 높다.

시나리오 1: '질서 있는 공존'- 역할 분담의 시대

이 시나리오는 공공 부문과 민간 부문이 명확하게 역할을 분담하는, 구조화된 다층적 디지털 통화 생태계를 그린다. 이는 현재의 이원적 은행 시스템(중앙은행-상업은행)을 디지털 시대에 맞게 업그레이드한 모습과 유사하다.

이 시스템의 가장 기반이 되는 '도매Wholesale' 영역에서는 중앙은행 디지털화폐가 무위험 기축 자산의 역할을 한다. CBDC는 금융기관 간의 거액 결제를 처리하며 시스템의 최종적인 안정성을 보장하는 역할을 맡는다. 그 위 '기관Institutional' 영역에서는 상업은행들이 CBDC 인프라를 기반으로 '예금 토큰'을 발행한다. 이 토큰들은 상업은행 예금에 대한 청구권을 나타내며, 기업 간 결제나 토큰화된 자산 거래에 사용되어 전통 금융과 디지털 금융을 잇는 다리 역할을 한다. 마지막으로 '소매Retail' 영역에서는 서클과 같이 엄격한 규제를 받는 비은행 기관들이

100% 자산 담보형 스테이블코인을 발행한다. 이 스테이블코인들은 소비자 결제, 웹3**Web3** 애플리케이션, 탈 중앙화 금융**DeFi** 등 혁신의 최전선에서 활용된다.

이러한 모델은 전 세계 정책 입안자들 사이에서 점차 설득력을 얻고 있다. 미국 뉴욕 연방준비은행이 진행한 'RLN 프로젝트**Project Regulated Liability Network**'는 CBDC, 예금 토큰, 스테이블코인이 하나의 공유 원장에서 상호 운용될 수 있음을 보여준 대표적인 개념 증명 실험이었다. 여러 연구 기관에서도 이러한 병렬 구조가 가장 현실적인 미래가 될 것으로 전망하고 있다.

시나리오 2: '그들만의 리그' – 빅테크의 거대한 성곽

이 미래에서 결제 시장은 거대 기술 기업들이 통제하는 여러 개의 거대한 생태계로 파편화된다. 돈은 보편적인 교환 수단이 아니라, 플랫폼의 참여도와 통제력을 높이기 위한 하나의 '기능'이 된다.

애플이나 카카오 같은 기업이 '애플 코인'이나 '카카오 코인'과 같은 자체 스테이블코인을 발행하는 것을 상상해 볼 수 있다. 이들의 일차적인 목표는 앱 결제, 친구에게 송금, 제휴 가맹점에서의 상품 구매 등 자신들의 생태계 '안에서' 마찰 없는 결제 경험을 제공하는 것이다. 화폐를 직접 통제함으로써 플랫폼은 외부 카드 네트워크나 은행에 지불하던 수수료를 없애거나 대폭 줄일 수 있다. 또한, 거래 수수료 자체보다 훨씬 더 가치 있는 사용자의 방대한 소비 데이터를 독점적으로 확보할 수 있게 된다.

이 성곽 안에서의 거래는 빠르고 저렴하지만, 생태계 '밖으로' 돈을 옮기는 것은 의도적으로 어렵거나 비싸게 만들어질 수 있다. 이는 강력한 '락인Lock-In' 효과를 만들어 사용자들이 경쟁 플랫폼으로 이동하는 것을 어렵게 만든다. 페이팔의 PYUSD 출시는 이러한 방향으로 나아가는 가장 구체적인 사례이며, 과거 메타Meta가 추진했던 리브라Libra/디엠Diem 프로젝트는 더욱 야심 찬 시도였다.

2026년 초 카카오가 카카오뱅크, 카카오페이 등 주요 계열사가 결합한 그룹 차원의 전담 조직이 가동 중임을 공식화하고 슈퍼월렛 구상을 발표한 것은 카카오가 가진 5천만 명의 사용자를 기반으로 국외 빅테크와 유사하게 거대한 성곽을 만드는 전략을 고려하고 있음을 시사한다. [37]

---

[37] '슈퍼 월렛Super Wallet' 구상: 법정화폐뿐만 아니라 스테이블코인, 가상자산, 지역화폐를 모두 담는 통합 지갑을 구축하여, 국경 없는Cross-border 결제와 송금을 실시간으로 처리하겠다는 '풀스택Full-stack 금융' 전략 ('카카오가 바라보는 넥스트 파이낸스', 원화 스테이블코인을 통한 K금융 대전환 심포지엄 2025년 12월 23일)

시나리오 3: '규제의 그물' – 혁신보다 안정이 우선인 세상

이 시나리오는 기술적 가능성이 아닌, 법률적 프레임워크가 스테이블코인 도입의 속도와 방향을 결정하는 미래를 보여준다. 각국 정부는 시스템 리스크를 방지하고 소비자를 보호하기 위해 각자의 우선순위에 따라 각기 다른 형태의 '규제의 그물'을 짜게 된다.

미국은 지니어스 법을 통해 통제 속의 혁신을 추구한다. 이 법안은 스테이블코인 발행사에게 현금이나 단기 미국 국채와 같은 고품질 유동자산으로 1:1 준비금을 보유하도록 의무화한다. 이는 서클과 같이 규제를 준수하는 발행사에게 합법적인 지위를 부여하는 동시에, 글로벌 스테이블코인 산업을 미국 국채의 거대한 수요처로 만들어 달러의 세계적인 지배력을 더욱 강화하는 지정학적 효과를 낳는다.

유럽연합EU의 암호자산시장법MiCA은 '포괄적 사전 예방' 모델에 가깝다. 이 규제는 법적 확실성을 제공하지만 운영 및 준비금에 대한 엄격한 요건을 부과한다. 특히 알고리즘 스테이블코인을 사실상 금지하고, 대규모 스테이블코인이 통화 주권을 위협하지 않도록 규모에 제한을 둔다.

반면 일본은 '은행 중심의 안정성'을 최우선으로 하는 가장 보수적인 접근법을 선택했다. 일본은 허가받은 은행, 신탁회사, 자금 이체업자만이 스테이블코인을 발행할 수 있도록 규정했다. 이는 안정성을 최우선 가치로 두고, 모든 혁신이 기존의 고도로 규제된 은행 부문을 통해 이루어지도록 유도하는 방식이다.

규제는 단순히 혁신의 속도를 늦추는 브레이크가 아니라, 미래의 방향을 결정하는 운전대와 같다. 각국의 규제 프레임워크는 의도적으로 승자와 패자를 결정한다. 일본의 규제는 기존 은행에게 절대적으로 유리하며, 파괴적인 핀테크 스타트업이 스테이블코인의 발행을 거의 불가능하게 만든다. 반면 미국의 프레임워크는 자본력을 갖춘 핀테크 기업이 새로운 유형의 규제 금융 기관으로 성장할 수 있는 길을 열어준다. 결국 '규제의 그물'은 앞서 살펴본 이해관계자들의 치열한 싸움이 최종적으로 판가름 나는 경기장인 셈이다.

우리는 어디로 나아갈 것인가?

가장 가능성 높은 미래는 앞서 제시된 세 가지 시나리오 중 어느 하나가 단독으로 실현되는 것이 아니라, 이들이 복잡하게 중첩된 형태로 나타나는 것이다.

먼저 각 국가의 우선순위에 따라 설계된 '규제의 그물'(시나리오 3)이 전체 시스템의 기본 규칙을 설정할 것이다. 이 규칙 안에서 CBDC와 예금 토큰이 시스템의 안정성을 보장하는 '질서 있는 공존'(시나리오 1) 모델이 국가 및 국제 금융 시스템의 중추를 형성할 가능성이 높다. 이처럼 규제된 기반 위에서, 소비자를 사로잡기 위한 혁신 경쟁은 더욱 치열해질 것이다. 빅테크 기업들은 사용자와 데이터를 확보하기 위해 강력한 '그들만의 성곽'(시나리오 2)을 쌓아 올리며 각축전을 벌일 것이다.

미래의 돈을 향한 여정은 이미 시작되었다. 스테이블코인이라는 기술은 새로운 시대의 문을 열었지만, 우리가 어떤 길을 가게 될지는 앞으로의 중요한 선택들에 달려 있다. 우리 사회는 무엇을 가장 중요한 가치로 여길 것인가? 블록체인 순수주의자들이 약속하는 개방적이고 허가 없는 혁신인가, 거대 기업 생태계가 제공하는 매끄러운 편리함인가, 아니면 국가가 보증하는 안정과 보안인가? 이러한 질문에 대한 우리의 대답이 앞으로 수십 년간의 금융 세계를 결정하게 될 것이다.

이 장을 마치며:

현대 결제 시스템은 거래의 즉시성 이면에 하루 이상의 정산 시차를 발생시키는 시간 지연과 비효율이 발생하는 구조적 문제를 안고 있다. 스테이블코인은 이러한 다층적 중개 구조를 P2P(개인 간) 방식으로 혁신하는 '디지털 현금'이다. 블록체인 기술을 통해 청산과 결제가 즉각적으로 완료되며, 24시간 365일 작동하고 중개 수수료를 획기적으로 절감한다.

이 기술은 특히 글로벌 결제 시장에서 파괴적인 잠재력을 보인다. 기존 스위프트SWIFT 망은 여러 중개은행을 거쳐 느리고 비쌌지만, 스테이블코인은 '돈의 이메일'처럼 국경 없이 빠르고 획기적으로 저렴한 송금을 가능하게 한다. 이는 인플레이션이 심한 신흥국 국민에게는 자산 보호 수단이 되고, 이주 노동자에게는 저렴한 송금 통로가 된다.

미래 결제 생태계는 이 기술을 두고 치열한 경쟁에 돌입했다. 핀테크와 빅테크 플랫폼들은 수수료 절감과 데이터 주권 확보를 위해 스테이블코인을 도입하려 한다. 반면 은행과 카드사들은 '예금 토큰' 개발 등으로 대응하며, 중앙은행은 통화 주권 상실을 우려해 CBDC를 추진하고 있다. 향후 결제 시장은 CBDC, 은행 토큰, 민간 스테이블코인이 공존하는 '질서 있는 공존', 빅테크가 주도하는 '폐쇄적 생태계', 혹은 강력한 '규제의 그물' 시나리오가 복합적으로 나타날 것이다.

결제 시스템의 혁신은 그 자체로도 중요하지만, 더 나아가 금융이 디지털 세계의 모든 프로세스에 완벽하게 내장되어 보이지 않게 작동하는, 진정한 디지털 경제 시대를 여는 첫걸음이 될 것이다. 우리는 돈이 더 이상 정적인 가치의 저장 수단이 아니라, 경제 활동을 능동적으로 촉진하고 자동화하는 동적인 도구로 진화하는 시대의 문턱에 서 있다.

4장

스테이블코인 이후의 세계:

디지털 자산 본위제의 탄생

21세기가 본격적으로 시작되는 시기다. 특히 도널드 트럼프 대통령이 두 번째 임기를 시작하면서, 세계 경제와 금융 질서가 다시 한번 큰 변화를 맞이하고 있다. 특히 디지털 자산 분야에서는 트럼프 2기 행정부가 이전과 달리 명확한 정책 로드맵을 제시하고 있다는 점이 주목된다. 비트코인을 전략 자산으로 비축하고, 스테이블코인 관련 법을 도입하며, 디지털 자산의 법적 지위를 구체화하는 움직임이 본격화되고 있다. 이는 미국이 20세기에 이어 21세기에도 글로벌 금융 패권을 유지하려는 전략을 단계적으로 실행하고 있음을 보여준다.

그 핵심에는 디지털 자산과 디지털 달러가 있다. 미국은 이미 전 세계 커뮤니티를 확보한 비트코인과 같은 디지털 자산의 수요를 활용해, 달러화 기반의 스테이블코인으로 실물경제와 금융 거래를 활성화하려 하고 있다. 이번 장에서는 이러한 변화의 중심에 있는 스테이블코인을 통해, 금융의 미래가 어떤 전환점을 맞이하게 될지를 살펴본다.

본위제의 역사:
20세기 경제와 금융 질서의 형성

미국의 경제학자이자 경제사가인 브래드퍼드 들롱**Bradford DeLong**은 20세기를 단순히 1900년부터 1999년까지의 시기로 보지 않았다. 그는 20세기를 '1870년부터 2010년까지 이어지는 장기 20세기'로 규정하며, 이 시기를 산업·기술·세계화가 결합된 근대 자본주의의 결정적 단계로 해석했다.

들롱에 따르면, 1870년 무렵 기업연구소**Industrial Research Lab**의 등장과 근대적 대기업**Modern Corporation**의 형성, 세계화**Globalization**의 본격화가 안정적인 경제성장의 토대를 마련했다. 그는 이러한 변화를 상징하는 인물로 니콜라 테슬라**Nikola Tesla**, 조지 웨스팅하우스**George Westinghouse**, 허버트 후버**Herbert Hoover**를 꼽았다.

테슬라는 교류^{AC} 전력 시스템을 제안하며 현대 전력망의 기초를 세운 발명가였고, 웨스팅하우스는 그 기술을 산업 현장에 적용해 전력의 상용화를 이끈 기업가였다. 후버는 광산 기술자로 출발해 전 세계에서 활동하며 부를 축적했고, 제1차 세계대전 중에는 유럽 난민 구호를 지휘하며 국제적 명성을 얻은 후 미국의 제31대 대통령에 올랐다. 결국 테슬라는 기술 혁신을, 웨스팅하우스는 산업화를, 후버는 '세계화'를 상징한다. 들롱이 말한 장기 20세기는 바로 이 세 축(기술, 산업, 세계화)이 맞물려 돌아가던 시대였다.

산업자본주의와 브레튼우즈 체제

이 시기는 산업자본주의의 황금기로 평가된다. 생산은 공장에서 이루어지고, 유통은 철도와 항만을 통해 확장되었으며, 소비는 도시 대중의 생활 속에서 폭발적으로 증가했다. 전력과 석유, 철강과 자동차 산업이 성장의 원동력이 되었고, 자본은 점차 거대화되며 기업이라는 조직 형태로 응집되었다. 과학기술은 산업 발전의 핵심 동력이 되었고, 산업은 금융의 토대를 형성했다.

당시의 금융은 실물경제를 뒷받침하는 조력자 역할을 했다. 은행과 증권시장은 기업의 생산 설비 확장을 지원하기 위해 존재했고, 화폐는 금본위제^{Gold Standard}를 통해 신뢰를 확보했다. 돈의 가치는 금의 가치에 연동되었으며, 금융은 실물경제의 흐름에 따라 움직였다. 산업자본주의는 기술, 생산, 금융이 상호 의존적으로 작동하며 성장하는 유기적인 체제였다.

이 시기의 금융 질서를 지탱한 것은 브레튼우즈 체제^{Bretton Woods System}였다. 1944년, 제2차 세계대전 막바지, 미국 뉴햄프셔의 브레튼우즈에서 44개 연합국 대표들이 모여 새로운 국제 통화 질서를 구축했다. 핵심 내용은 두 가지였다. 첫째, 각국 통화의 가치를 달러에 고정한다. 둘째, 달러는 금 1온스당 35달러의 고정환율로 금과 교환 가능하도록 한다.

이 체제의 확립으로인해 달러는 금을 대신하는 신뢰의 화폐로 자리 잡았고, 미국은 세계 경제의 중심은행 역할을 수행하게 되었다. 브레튼우즈 체제 아래에서 산업자본주의는 안정적인 금융 기반을 확보했으며, 달러는 국제무역의 공용 통화로 기능했다. 결과적으로 미국의 소비와 투자가 세계 생산망을 견인하며, 금으로 담보된 달러, 달러로 연결된 세계가 20세기 중반 경제 질서의 핵심으로 자리했다.

페트로달러 체제와 금융자본주의

1970년대에 들어서면서 미국의 경제 패권은 심각한 도전에 직면했다. 제2차 세계대전 이후 빠르게 복구한 독일과 일본이 산업력에서 미국을 추격했기 때문이다. 독일은 기계·화학 산업에서, 일본은 전자·자동차 산업에서 세계 시장을 장악하기 시작했으며, 미국은 여전히 기술 혁신의 중심지였으나, 제조 경쟁력에서는 점차 밀리기 시작했다.

이 시기 미국 경제를 더욱 흔든 요인은 달러의 불안정이었다. 유럽과 일본이 무역 흑자를 통해 대량의 달러를 축적하면서, 미국의 금 보유량은 급격히 감소했다. 금보다 달러가 많아지는 이른바 금 태환이 불가능한 상황이 드러난 것이다. 결국 1971년, 리처드 닉슨^{Richard Nixon} 대통령은 금 태환 정지를 선언했고, 이는 닉슨 쇼크^{Nixon Shock}로 불렸다. 이 조치로 브레튼우즈 체제는 종식되었으며, 달러는 금에 의해 보증되지 않는 신용화폐^{Fiat Money}로 전환되었다.

위기에 빠진 달러를 구한 인물은 당시 국무장관 헨리 키신저^{Henry Kissinger}였다. 그는 1973년, 제1차 오일쇼크 직후, 중동 산유국 중 핵심인 사우디아라비아와 전략적 협상을 진행했다. 협상의 핵심은 명확했다. 사우디아라비아가 석유를 오직 달러로만 거래하도록 하고, 그 대가로 미국이 사우디아라비아 왕정의 안보를 보장하는 것이었다. 이 합의는 곧 페트로달러^{Petrodollar} 체제의 탄생을 의미했다. 금이 사라진 자리를 석유가 대신 차지한 것이다. 이후 세계 각국은 석유를 수입하기 위해 달러를 보유해야 했고, 달러는 다시 국제 금융의 중심 화폐로 자리매김했다. 달러의 가치는 더 이상 금으로 담보되지 않았지만, 석유 거래의 필수 통화라는 새로운 신뢰 구조를 확보했다.

키신저의 외교 전략은 브레튼우즈 체제 붕괴로 흔들리던 달러 패권을 회복시켰고, 미국은 군사력·금융력·외교력이 결합된 새로운 제국적 경제 질서를 구축했다. 그러나 이 새로운 체제는 이전의 산업자본주의와는 본질적으로 달랐다. 달러가 금이 아닌 석유와 신용에 기반한 화폐로 전환되면서, 경제의 중심축은 생산에서 금융으로 이동했다. 기업의 수익보다 자산 가치가 더 중요한 지표가 되었고, 제조보다 금융이 더 많은 부를 창출하기 시작했다. 1970년대 이후 미국은 점진적으로 금융자본주의Fnancial Capitalism로 전환했으며, 그 결과 월스트리트는 워싱턴보다 더 강력한 영향력을 행사하는 시대가 도래했다.

신경제와 테크자본주의

1990년대에 들어서면서 미국은 신경제New Economy로 재도약했다. 신경제란 인터넷과 정보통신기술ICT을 기반으로 새롭게 형성된 경제 구조를 의미한다. 컴퓨터, 반도체, 통신 네트워크가 결합하면서 지식과 데이터가 생산의 핵심 자원이 되었고, 실물 공장보다 소프트웨어와 정보 플랫폼이 더 큰 부가가치를 창출하기 시작했다.

이 시기의 상징은 실리콘밸리였다. 애플Apple, 마이크로소프트Microsoft,

인텔**Intel**, 시스코**Cisco**와 같은 기업들이 디지털 기술을 산업의 중심으로 끌어올렸으며, 1994년 이후에는 아마존**Amazon**과 구글**Google** 등 인터넷 상거래와 검색, 포털 서비스 기업이 본격적으로 등장했다. 나스닥**NASDAQ** 시장에는 수많은 신생 IT 기업이 상장되었고, 닷컴 붐**Dot-com Boom**이라 불린 투기적 열기가 전 세계 자본을 흡수했다. 기술은 다시 한 번 금융과 결합했고, 금융은 기술 혁신의 속도를 가속화했다.

신경제의 등장은 20세기 산업자본주의의 마지막 진화이자 금융자본주의의 새로운 얼굴이었다. 정보기술은 생산성과 효율성을 매우 높였지만, 동시에 자산시장에 새로운 거품을 형성했다. 주가는 실적보다 잠재력을 반영했고, 실리콘밸리는 혁신의 상징이자 투기의 무대로 변모했다. 2000년, 닷컴 버블이 붕괴하면서 거품은 꺼졌지만, 인터넷 기반의 금융 시스템과 디지털 자본 축적 구조는 이미 세계경제의 핵심 표준으로 자리 잡았다.

한편, 이 시기 사회주의 진영의 중심이었던 소련이 해체되면서 미국은 냉전 종식과 함께 단극 체제의 정점에 섰다. 군사력은 압도적이었고, 달러는 여전히 세계의 기축통화로 기능했다. 그러나 이 안정과 번영의 이면에는 균열이 서서히 자라고 있었다. 생산 기반이 국외로 이전되었고, 금융과 기술 산업 중심의 고소득층이 부를 집중적으로 독점하면서 불평등 구조가 고착되기 시작한 것이다. 곧, 미국이 냉전 시절보다 더 두려워할 새로운 경쟁자인 중국이 부상하기 시작했다.

중국의 부상과 달러화 위기

2000년대에 들어서면서 미국 경제는 겉보기에는 여전히 번영하는 듯 보였지만, 그 내실은 점차 약화되기 시작했다. 산업 기반은 이미 국외로 이전되었고, 실리콘밸리의 혁신 기업들조차 생산을 중국과 동남아시아에 의존했다. 세계의 공장으로 불리게 된 중국은 값싼 노동력과 빠른 기술 흡수력을 바탕으로 제조 강국으로 부상했다. 미국 기업들은 효율성을 이유로 생산을 외주화했고, 그 결과 글로벌 공급망의 중심이 점차 아시아로 이동했다. 이 과정에서 미국은 소비와 금융 중심의 경제로, 중국은 생산과 무역 중심의 경제로 역할이 분화되는 새로운 국제 분업 구조가 형성되었다.

중국의 부상은 단순한 산업 성장 이상의 의미를 지녔다. 1990년대 말 세계무역기구WTO 가입을 계기로 중국은 세계 시장에 본격적으로 편입되었고, 막대한 수출 흑자를 축적하며 달러를 대량으로 흡수했다. 이 달러는 다시 미국 국채로 유입되어 미국의 저금리 정책과 자산시장 거품을 지탱했다. 미국의 소비가 중국의 성장을 견인하고, 중국의 달러 보유가 미국의 금융시장을 유지시키는 글로벌 불균형 구조가 형성된 것이다. 그 결과, 미국 경제는 점점 더 금융과 부채에 의존하게 되었고, 실물 경제의 활력은 약화되었다.

월스트리트의 파생상품과 부동산 시장이 경제 성장을 이끌었지만, 이는 실제 생산력보다는 신용 팽창에 의존한 불안정한 성장 형태였다. 반면 중국은 제조업과 인프라 투자를 중심으로 실물 기반을 강화하며 세계 경제의 핵심 축으로 부상했다.

2000년대 중반에 이르러 미국은 여전히 달러 패권을 유지하고 있었으나, 그 힘의 근원은 더 이상 산업 경쟁력이나 기술 우위에만 있지 않았다. 달러의 위상은 글로벌 금융 시스템의 중심에 있었지만, 그 시스템을 떠받치는 실물 생산은 이미 국외에 있었다. 중국은 미국에 상품을 수출하며 성장했고, 그 대가로 달러화와 미국 국채를 대거 보유하게 되었다. 결과적으로 1970년대에 드러났던 달러의 구조적 위기가 2000년대에 또다시 재현되고 있었다.

금융위기와 세 가지 결과

2008년, 미국 경제는 겉보기에는 여전히 성장세를 유지하고 있었지만, 그 기반은 극히 취약했다. 국내총생산GDP의 상당 부분이 자산가격 상승에 의한 소비에 의존했고, 실물경제의 생산성은 정체되어 있었다. 주택시장이 과열되면서 사람들은 집값은 영원히 오른다는 신화를 믿었고, 금융기관들은 그 믿음을 상품화했다. 그 결과 등장한 것이 서브프라임 모기지Subprime Mortgage, 즉 신용등급이 낮은 차주에게까지 대출을 확대한 주택담보 채권이었다. 이 채권들은 다시 부채담보부증권CDO과 주택저당증권MBS 등 복잡한 파생금융상품으로 재구성되어 전 세계 금융시장에 판매되었다.

이 시스템은 주택가격이 상승할 때는 안정적으로 보였지만, 가격이 하락하기 시작하자 부실이 연쇄적으로 확산되는 구조적 취약성을 드러냈다. 결국 2008년 9월, 리먼 브라더스Lehman Brothers의 파산을 기점으로 글로벌 금융위기가 폭발했다. 이 금융위기는 세 가지 중대한 결과를 남겼다. 첫째, 제로금리와 양적완화QE, 둘째, 빅테크 기업의 부상, 셋째, 비트코인의 탄생이다. 이에 관해 조금 더 자세히 설명하겠다.

첫째, 제로금리와 양적완화다. 위기 이후 미국 연방준비제도Fed는 기준금리를 사실상 0% 수준으로 인하하고, 국채와 MBS를 대규모로 매입했다. 금리 인하를 통해 차입 비용을 낮추고, 중앙은행의 자산 매입을 통해 장기금리를 억제하여 신용 흐름을 유지하려는 조치였다. 그러나 실물투자가 충분히 회복되지 않으면서 넘치는 유동성은 주식·채권·부동산 등 자산시장으로 흘러들었다. 그 결과 자산가격 인플레이션이 발생했고, 저금리의 장기화는 절약의 보상을 약화시키는 대신 위험자산 선호를 일상화시켰다.

둘째, 미국 빅테크의 부상이다. 저금리 환경은 미래 현금흐름의 현재 가치를 높이므로, 성장주에 유리하게 작용한다. 여기에 네트워크 효과와 플랫폼 독점이 결합하면서 애플, 아마존, 구글, 마이크로소프트, 메타^{Meta}와 같은 기업들은 규모의 경제와 데이터 경제를 동시에 확보했다. 원격근무의 확산, 모바일 중심의 소비 패턴, 클라우드 서비스의 성장 등이 맞물리면서 이들의 수익 구조는 더욱 견고해졌고, 초저금리 환경은 이들의 기업가치를 가속적으로 끌어올렸다.

셋째, 디지털 금이라 불리는 비트코인의 탄생이다. 2008년 10월, 사토시 나카모토^{Satoshi Nakamoto}라는 익명의 인물이 공개한 백서에는 중앙기관 없이 거래를 검증하는 분산 원장 시스템과 작업증명^{PoW} 메커니즘이 제시되었다. 2009년 1월, 첫 블록이 생성되면서 비트코인은 실험 단계에서 실제 네트워크로 전환되었다. 국경을 초월한 코드 기반 통화, 발행량이 사전에 고정된 희소성, 검열 저항성이라는 조합은 금융위기 이후 신뢰를 잃은 기존 화폐 시스템에 대한 근본적 대안을 제시했다. 금본위제가 붕괴된 이후 신용과 정책에 의존하던 화폐 체제에 맞서, 비트코인은 알고리즘에 의한 신뢰라는 새로운 가능성을 내놓은 것이다.

장기 20세기의 종언과 트럼프의 등장

브래드퍼드 들롱^{J. Bradford DeLong}은 세계 경제의 장기 20세기가 2008년, 금융위기를 기점으로 종언을 맞이했다고 평가한다. 대기업연구소, 근대적 대기업, 세계화라는 세 축을 기반으로 형성된 산업자본주의가 1970년대 이후 금융자본주의로 전환되었고, 결국 2008년, 위기를 통해 그 체제적 한계가 드러났다는 것이다. 이 시점부터 미국과 중국의 패권 경쟁이 본격화되었으며, 달러화의 기축통화 지위에 대한 의문이 점점 커졌다. 이러한 불안정한 환경 속에서 등장한 것이 바로 비트코인이라는 대안적 화폐 및 금융 시스템이며, 그것이 21세기 디지털 금융시장의 한 축을 형성하고 있다.

2008년 금융위기로 20세기의 질서가 막을 내렸다면, 그 이후의 10년은 새로운 세계 질서를 모색하던 과도기였다. 금도, 석유도, 신용도 더 이상 절대적인 신뢰의 기반이 되지 못한 채, 세계는 새로운 기축체제를 찾아 헤매기 시작했다. 각국 정부와 중앙은행은 대규모 유동성 공급으로 경제를 지탱했지만, 그 대가로 부채는 늘어나고 불평등은 심화되었다.

바로 그 균열의 틈에서 정치, 금융, 기술이 서로 얽히며 21세기의 새로운 국면이 열렸다. 그 혼란 속에서 등장한 인물이 바로 도널드 트럼프였다. 그는 기존의 자유무역과 세계화 질서를 흔들며, 미국 중심의 경제·금융 패권을 다시 재구성하려는 시대적 전환의 상징으로 부상했다.

전환점 2025년:
트럼프 2기와 디지털 자산 전략 비축의 시작

2025년 3월, 도널드 트럼프 미국 대통령은 〈비트코인 전략보유 및 미국 디지털자산 비축 설립 행정명령Establishment Of The Strategic Bitcoin Reserve and United States Digital Asset Stockpile〉에 서명했다. 이 조치는 미국 금융 체제의 방향을 근본적으로 바꿀 가능성을 보여준 상징적 사건이었다.

행정명령의 핵심 내용은 다음과 같이 세 가지로 정리된다.

첫째, 미국 재무부 산하에 전략적 비트코인 비축고Strategic Bitcoin Reserve, SBR를 신설한다.

둘째, 향후 5년간 매년 최대 20만 개, 총 100만 개의 비트코인을 공개 시장 또는 지정 거래를 통해 매입한다.

셋째, 비축된 비트코인은 연방 부채 상환 이외의 목적으로는 처분할 수 없으며, 그 보유·관리 현황은 분기마다 재무부 공식 웹사이트를 통해 투명하게 공개한다.

이 행정명령은 미국이 비트코인을 단순한 투자 자산이 아니라 20세기 전세계 통화금융 시스템의 근간이 되는 전략적 자산으로 비축하려는 의도를 나타난다. 20세기의 금본위제가 금을 통해 화폐의 가치를 담보했다면, 21세기의 비트코인이라는 분산원장 코드와 알고리즘, 탈 중앙 네트워크가 신뢰를 대신 담보하는 구조다.

트럼프 행정부의 비트코인 비축 전략은 단순한 자산 보유 정책이 아니다. 이는 미국 달러의 신뢰를 '디지털 희소성' 위에서 다시 세우려는 시도였다. 결국 이 조치는 금본위제, 석유 기반체제(페트로달러)에 이어 등장한 세 번째 신뢰 구조, 즉 디지털 자산 본위제의 출발점을 의미한다.

트럼프 행정부가 추진하는 비트코인 전략비축 행정명령이 실제로 집행된다면, 이는 단순한 투자 정책을 넘어 연방 재정의 패러다임을 바꿀 가능성이 있다. 트럼프 2기 백악관의 암호화폐 정책 자문역 데이비스 삭스David Sacks는 이 조치를 두고 이렇게 말했다.

"미국이 이제 디지털 금의 포트녹스를 갖게 될 것이다."

포트녹스는 켄터키주 미 육군기지 내 금 보관 시설로, 약 4,583톤, 즉 1억 4,700만 트로이온스에 달하는 금이 저장되어 있다. 이는 약 5,400억 달러 규모로, 미국 금보유의 상징이라 할 수 있다.

만약 행정부 계획대로 매년 20만 개씩 비트코인을 축적해 총 100만 개

 스테이블코인 머니 게임

를 확보하고, 비트코인 가격이 50만 달러에 도달한다면, 미국은 비트코인만으로도 약 5,000억 달러 규모의 전략자산을 보유하게 된다. 이 경우 미국은 금과 비트코인 양 측면에서 세계 최대의 실물·디지털 자산 보유국이 된다.

결국 삭스의 말대로, 비트코인 전략 비축고Strategic Bitcoin Reserve는 21세기형 디지털 포트녹스로 볼 수 있다. 이는 미국이 신뢰 화폐 체계를 실물에서 코드로 전환하는 상징적 제도적 실험이라 할 만하다. 따라서 이 행정명령은 단순한 디지털자산 축적 정책이 아니라, 금을 대신해 비트코인을 전략자산으로 편입하는 '디지털 자산 본위제Digital Asset Standard'로의 이행을 준비하는 것이다. 이는 금 본위제에서 브레튼우즈 체제와 페트로달러 체제를 잇는, 미국 통화패권의 네 번째 진화 단계를 의미한다.

미국이 금을 단순히 매각하지 않고 신뢰의 상징으로 보유하듯, 트럼프 행정부 역시 비트코인을 '디지털 금'으로서 항구적 전략자산으로 전환하려는 의도를 담고 있다. 비트코인을 통해 달러의 신뢰 기반을 디지털 희소성으로 확장하려는 시도다. 나아가 미국 재정의 신뢰를 '알고리즘적 가치'에 연동시키려는 실험적 전환점으로 평가된다.

재무장관 스콧 베센트Scott Bessent는 트위터에서 이렇게 말했다.

"비트코인 백서가 공개된 지 17년이 지났지만, 네트워크는 여전히 작동 중이며 그 어느 때보다 탄탄하다. 비트코인은 결코 멈추지 않는다."

이 발언은 2025년 말, 정부 셧다운이 장기화되던 시점에 나온 것으로,

의회의 교착과 정치적 비효율을 비판하는 동시에 비트코인의 기술적 지속성을 강조한 것이었다. 실제로 비트코인은 분산 컴퓨팅 환경이 유지되는 한, 어떤 정부나 기관의 통제 없이도 작동할 수 있는 탈 중앙 디지털 원장 시스템이다.

이 구조는 인간이 인위적으로 생산하거나 조작할 수 없는 금의 물리적 속성과 닮아 있다. 금은 채굴 속도가 제한되어 있고, 새로운 금을 얻기 위해선 막대한 비용과 노동이 필요하다. 비트코인도 마찬가지로 네트워크 참여자들이 수행하는 연산 경쟁(채굴)을 통해서만 발행된다. 총 발행량은 프로토콜에 의해 2,100만 개로 영구히 고정되어 있다.

이러한 공급 한정 구조는 단순한 기술적 설계를 넘어, '신뢰의 경제학'을 코드로 구현한 결과다. 기존 화폐의 가치는 발행 주체의 신용이나 금속의 희소성에서 비롯되었지만, 비트코인의 가치는 공급 규칙이 절대적으로 고정되어 있으며 누구도 바꿀 수 없다는 불변성Immutability에서 나온다. 이 불변성은 금의 물리적 한계가 만들어낸 희소성과 같은 역할을 한다. 다시 말해 금이 자연이 만든 희소 자원이라면 비트코인은 알고리즘이 만든 희소 자원이다.

둘 다 인위적 확장이나 정치적 조작이 불가능한 가치 저장 수단이라는 점에서, 현대 금융질서의 신뢰 회복에 결정적인 의미를 갖는다. 더 나아가 비트코인은 약 4년마다 채굴 보상이 절반으로 줄어드는 '반감기Halving'를 맞는다. 이는 금 채굴의 점진적 희소화를 모방한 구조로, 시간이 지날수록 공급이 줄고 가치가 상승하는 디지털 희소성의 경제를 형성한다.

결국 이런 설계는 단순한 기술적 모방이 아니라, 21세기형 금본위제를 본뜬 디지털 구현이라 할 수 있다. 금이 중앙은행의 신뢰를 보증하던 시대가 있었다면, 이제는 비트코인이 네트워크 합의와 코드의 불변성으로 신뢰를 담보하는 시대가 열리고 있다.

디지털 자산 비축고의 운영 이유

트럼프 행정부는 비트코인 전략자산 비축과 함께 디지털 자산 비축고 Digital Asset Stockpile를 병행 운영하기로 결정했다. 트럼프 대통령은 비트코인 전략보유 행정명령에 서명하던 당시, 자신의 SNS를 통해 비축 대상 자산으로 비트코인뿐 아니라 이더리움, XRP, 솔라나 등을 직접 언급했다.

비트코인이 가치의 저장Store Of Value을 상징한다면, 나머지 주요 디지털 자산들은 거래·계약·결제의 인프라 프로토콜로 기능한다.

① 비트코인BTC은 완전한 탈 중앙성과 희소성을 기반으로 한 디지털 금이며, 가치 저장 수단으로서의 상징성을 가진다.

② 이더리움은 스마트컨트랙트를 통해 탈 중앙화 애플리케이션**dApp**의 기반을 제공

하는 네트워크로, 디지털 경제의 운영 체제 역할을 수행한다.

③ XRP는 초고속 국제송금과 은행 간 결제 시스템을 목표로 설계된 네트워크로, 기

존 금융시스템과의 접점을 강화한다.

④ 솔라나는 높은 확장성과 저비용 거래 구조를 갖춘 차세대 블록체인으로, 대규모

트랜잭션을 처리할 수 있는 기술적 인프라를 제공한다.

이 네 가지 디지털자산은 모두 시가총액 기준 상위 10위권을 꾸준히 유지하며, 특히 미국 외 지역에서 탈 중앙화 생태계를 주도할 가능성이 높은 프로젝트로 평가받는다.

따라서 디지털 자산 비축고의 설립은 단순한 투자나 투기적 자산 축적의 목적이 아니다. 그것은 미국이 글로벌 디지털경제의 핵심 네트워크에 대한 전략적 이해와 지분을 확보하기 위한 장기적 금융·기술 프로젝트다. 금과 석유가 과거 미국 패권의 실물 기반이었다면, 디지털 자산 비축고는 21세기 디지털 자본주의의 네트워크 기반 패권을 뒷받침하는 신뢰 인프라라 할 수 있다.

민간부문의 비트코인 매집 전략과 금융패권의 선점

트럼프 행정부의 비트코인 전략자산 비축과 디지털 자산 비축고 추진은 단순히 국가 차원의 금융 실험으로만 볼 수 없다. 실제로 이러한 정책의 방향은 이미 미국 민간 금융자본의 선행 움직임에 의해 준비되어 있었다. 다시 말해, 비트코인과 디지털 자산을 향한 민간의 매집과 제도화 흐름이 먼저 형성되었고, 그 상향식 동력이 워싱턴의 정책 결정으로 이어진 것이다.

미국 금융패권의 양대 축인 월스트리트^{Wall Street}와 실리콘밸리^{Silicon Valley}는 이미 오래전부터 비트코인과 주요 디지털 자산을 투기적 자산이 아닌 신흥 전략자산으로 재평가하기 시작했다. 블랙록^{BlackRock}, 피델리티^{Fidelity}, 스트래티지^{Strategy}, 코인베이스^{Coinbase} 등 주요 금융기관과 디지털 자산 플랫폼이 그 중심에 있었다.

특히 블랙록은 2024년 이후 비트코인 현물 ETF^{Exchange-Traded Fund : 상장지수펀드} 승인 절차를 주도하며 제도권 편입의 문을 열었고, 피델리티는 비트코인을 포함한 장기 포트폴리오 운용 전략을 제시했다. 동시에 코인베이스는 월스트리트 자본이 직접 참여할 수 있는 디지털 자산 거래 인프라를 구축하며, 암호화폐 시장의 제도화를 가속화했다.

이처럼 민간 부문의 매집과 제도화가 선행된 뒤, 트럼프 행정부의 정책은 이를 국가 전략으로 승격시킨 셈이다. 비트코인 전략비축은 민간 금융자본의 축적 전략이 국가 금융패권의 전략으로 전환된 사례이며, 이는 산업자본이 아닌 금융·디지털 자본이 21세기 미국 패권의 핵심 동력임을 보여준다.

결국 트럼프 행정부의 행정명령은 새로운 금융 실험이 아니라, 이미 민간 부문에서 진행 중이던 흐름을 제도적 틀 안으로 끌어올린 결과였다. 이는 '민간이 축적하고, 정부가 제도화하며, 달러가 다시 금융패권을 재점유한다'는 21세기형 금융질서의 작동 메커니즘을 상징한다.

1) 블랙록: 비트코인 간접투자

세계 최대 자산운용사 블랙록은 ETF 공모자금을 통해 전 세계 주요 기업들의 지분을 간접적으로 보유함으로써, 사실상 글로벌 자본시장의 거대한 조정자 역할을 수행하고 있다. ETF를 통해 모인 자금은 블랙록이 운용하지만, 그 자금의 실질적 소유주는 개별 투자자들이다. 따라서 블랙록은 투자자들의 이익에 부합하는 방향으로 기업 의결권을 행사한다.

블랙록의 창업자이자 CEO인 래리 핑크Larry Fink는 이러한 구조를 간접투자 민주주의라고 정의했다. 개인이 직접 주식을 매수하고 경영에 참여하기는 어렵지만, ETF를 통해 투자함으로써 자본시장에 간접적으로 참여할 수 있다는 것이다. 블랙록은 이 구조를 통해 개인의 저축을 글로벌 자본 흐름 안으로 편입시켰다. 연금, 보험, 공모펀드, 기업 적립금 등 방대한 간접투자 자금이 블랙록이라는 거대한 운용 생태계에 모이고, 그 자금은 다시 전 세계 주요 기업들의 지분으로 분산된다.

이러한 구조가 2020년대 들어 비트코인 현물 ETF를 통해 디지털 영역으로 확장되었다. 2024년, 비트코인 ETF가 승인된 이후, 개인과 기관은 암호화폐 거래소를 통하지 않고도 기존 증권 계좌를 통해 비트코인에 투자할 수 있게 되었다. 디지털 자산 시장이 주식시장과 동일한 금융 인프라 안으로 편입된 것이다.

2026년 현재, 블랙록은 ETF 운용을 통해 약 80만 개의 비트코인을 보유하고 있으며, 이는 전 세계 최대 규모의 간접적 비트코인 보유량으로 평가된다. 이 보유분은 단순한 자산 축적이 아니라, 비트코인 소유 구조의 제도권 내 민주화 과정으로 볼 수 있다. 수많은 ETF 투자자들이 펀드를 통해 간접적으로 비트코인을 보유함으로써, 비트코인의 분산 소유가 제도권 금융 체계 내부에서 실현된 것이다.

결국 블랙록의 비트코인 ETF는 단순한 금융상품이 아니라, 간접투자 민주주의의 디지털 버전이다. 이는 비트코인을 제도권 금융의 신뢰 체계 안으로 끌어들이는 동시에, 금융 패권의 중심을 권력의 집중에서 참여의 확산으로 이동시키려는 첫 시도라 할 수 있다.

2) 피델리티: 비트코인 장기투자

피델리티는 전통적으로 보수적인 투자 철학을 지닌 기관투자자이자, 미국 내에서 가장 오래된 자산운용사 중 하나다. 1946년, 설립된 이래

피델리티는 개인의 장기 저축, 연금, 퇴직자금 운용을 핵심으로 성장해 왔다. 안정적 수익과 장기 복리라는 철학은 피델리티의 투자 DNA이자, 전통 금융의 보수적 가치관을 대표한다.

이러한 피델리티가 2018년, 피델리티 디지털 애셋Fidelity Digital Assets을 설립하며 비트코인을 연구 및 운용 대상으로 공식 편입한 것은 의미심장한 전환이었다. 이는 전통 금융기관 중 최초로 비트코인을 제도권 장기 보유 자산Long-Term Strategic Holding으로 인식한 사례였다.

피델리티의 접근은 블랙록과 뚜렷하게 구분된다. 블랙록이 ETF를 통해 비트코인 등 디지털 자산에 대한 간접투자를 확장하며 시장 참여 기반을 넓혔다면, 피델리티는 장기보유 전략을 통해 비트코인을 디지털 금이 투자수단으로 제도화하려 했다. 피델리티는 비트코인을 단기 가격 변동의 대상이 아니라, 세대 간 부의 이전을 가능하게 하는 미래형 가치 저장 수단으로 규정했다.

그들의 운용 철학은 명확하다. 단기 수익이 아닌 세대적 안정성이다. 피델리티는 고객 포트폴리오 내에서 일정 비중의 비트코인을 장기 편입하도록 설계했으며, 이를 통해 디지털 자산을 실질적 저축 수단으로 제도화하고 있다.

이는 연금자산, 퇴직계좌, 개인저축계좌 등 전통적 저축 자산군 속에 디지털 자산이 포함되기 시작한 첫 사례이자, 저축의 언어가 디지털로 번역되기 시작한 순간이었다. 피델리티의 전략은 비트코인을 단순한 투자 상품이 아닌, 장기적 재정 안정성을 상징하는 신뢰의 자산으로 자리매김시킨 제도권 금융의 전환점이라 할 수 있다.

3) 스트래티지: 최초의 비트코인 전략보유 기업

스트래티지는 트럼프 2기 행정부가 비트코인 전략비축 행정명령을 발표하기 훨씬 이전부터 이미 기업 차원의 전략보유 개념을 현실화한 선구적 사례였다. 2020년대 초반부터 이 기업은 비트코인을 단순한 투자 대상이 아닌 현금성 자산의 대체 수단으로 인식하고, 보유 현금의 일부를 지속적으로 비트코인으로 전환해왔다. 이러한 결정은 투기적 행위가 아니라, 화폐 가치 하락에 대응하는 기업 재무 전략의 구조적 혁신이었다.

창업자이자 CEO인 마이클 세일러**Michael Saylor**는 이를 명확히 천명했다.

"현금은 가치가 하락하는 자산이고, 비트코인은 에너지로 담보된 디지털 자산이다. 기업이 현금을 보유하던 시대는 끝났고, 이제는 비트코인을 보유해야 하는 시대다."

그의 발언은 단순한 철학적 선언이 아니라, 미국 기업 재무구조의 패러다임을 근본적으로 바꾼 실천적 혁신이었다. 세일러는 기업의 유보 현금을 비트코인으로 전환함으로써 인플레이션과 달러 약세에 대비했고, 이후 분기별로 일정 비율의 현금흐름을 비트코인 매입에 자동 배정하는 내부 정책을 수립했다.

이 과정에서 스트래티지는 디지털 준비자산이라는 새로운 회계 개념을 도입했다. 이는 현금이나 단기국채 대신 디지털 희소성을 가진 자산을 기업의 재무적 안전판으로 삼는 개념으로, 전통적 회계 모델을 넘어선 혁신적 접근이었다. 2026년 현재, 스트래티지가 보유한 비트코인은 약 76만 개에 달하며, 단일 기업 기준으로 세계 최대 규모를 자랑한다. 이 사례는 비트코인이 개인 투자자의 영역을 넘어, 기업 재무의 핵심 구성 요소이자 신뢰 기반 자산으로 자리 잡고 있음을 상징한다. 결국 스트래티지는 기업의 국고를 디지털화한 첫 번째 사례이자, 비트코인을 전략적 재무자산으로 제도화한 글로벌 선례라 할 수 있다.

4) 코인베이스: 비트코인에 유동성을 제공하고 안전하게 보관

코인베이스는 제도권 금융과 암호자산 네트워크를 연결하는 온·오프 램프On-Off Ramp이자, 결제 허브Payment Hub로 기능하는 핵심 인프라 기업이다. 온·오프 램프란 법정화폐를 암호자산으로 전환하거나, 다시 암호자산을 법정화폐로 환전하는 통로를 의미하며, 결제 허브는 다양한 결제 수단과 계좌, 자산 유형 간의 송금과 결제 명령을 중앙에서 통합·관리하는 중개 플랫폼을 뜻한다.

코인베이스는 단순한 암호화폐 거래소가 아니라, 디지털 자산의 유동성 인프라로 자리 잡은 기업이다. 블랙록, 피델리티, 스트래티지와 같은 대형 기관들이 비트코인을 안정적으로 매입하고 보유할 수 있었던 배경에는, 이를 안전하게 매입·보관·이체할 수 있는 제도권 수준의 시장 구조가 필요했다. 바로 그 역할을 수행한 곳이 코인베이스였다.

2020년대 중반 이후 코인베이스는 단순 거래소의 역할을 넘어, 기관 전용 커스터디(수탁) 서비스, 스테이킹(지분예치), 디지털 자산 담보 대출, 실시간 결제 네트워크 등을 포함하는 종합 디지털 금융 플랫폼으로 확장되었다. 특히 2024년, 블랙록과의 협력을 통해 비트코인 현물 ETF의 커스터디 및 유동성 공급 역할을 담당하게 되면서, 코인베이스는 사실상 비트코인 유동성의 중앙창구로 자리매김했다.

코인베이스의 가장 큰 경쟁력은 투명성과 규제 준수에 있다. 국외 거래소들이 불투명한 회계와 느슨한 규제 환경에서 운영되는 것과 달리, 코인베이스는 미국 증권거래위원회SEC와 재무부의 직접적인 감독을 받는 제도권 인프라로서 신뢰를 확보했다.

결국 코인베이스는 비트코인 시장의 안정성과 제도권화를 동시에 실현한 플랫폼이라 할 수 있다. 블랙록과 피델리티가 비트코인에 투자를 가능하게 했다면, 코인베이스는 그 자산이 안전하게 존재할 수 있는 구조를 제공함으로써 디지털 자산 금융의 보이지 않는 토대를 구축했다.

디지털자산 본위제Digital Asset Standard

미국의 비트코인 전략자산 비축 정책이 지향하는 목표는 명확하다. 그것은 21세기에 새롭게 전개될 전 세계 통화·금융 시스템의 신본위제, 그 중심에 설 가능성이 있는 비트코인을 전략적이고 선제적으로 확보하겠다는 것이다. 이는 단순한 자산 운용이나 투자정책이 아니라, 신뢰의 근본 단위를 코드로 전환하려는 패권 전략이다.

이 구상의 기저에는 이미 민간 금융자본의 축적 구조가 단단히 자리 잡고 있다. 블랙록은 자본시장 참여를 민주화했고, 피델리티는 장기 신뢰를 제도화했으며, 스트래티지는 기업 재무의 새로운 표준을 세웠고, 코인베이스는 유동성 인프라를 구축했다. 이 네 축이 결합함으로써 국가, 기관, 기업, 시장을 아우르는 디지털 신뢰체계가 완성되고 있다.

결국 미국은 20세기의 산업자본주의가 그러했듯, 21세기의 디지털자본주의에서도 자본의 수도를 다시 워싱턴으로 회귀시키려 하고 있다. 20세기의 뉴욕이 월스트리트를 통해 금융자본주의를, 실리콘밸리가 기술자본주의를 상징했다면, 이제 워싱턴은 디지털자산 본위제Digital Asset Standard의 중심지로서 새로운 질서를 설계하고 있다.

이 체제의 본질은 금이나 석유가 아니라 코드와 알고리즘에 의해 담보된 신뢰, 즉 디지털 신뢰의 금본위제다. 워싱턴은 이를 통해 산업과 금융, 기술을 포괄하는 디지털 자본주의의 수도Capital Of Digital Capitalism로 자리매김하고자 하는 것이다. 이는 미국이 다시 한 번 세계 경제 패권의 무게중심을 자신에게로 되돌리려는 전략이다.

지니어스 법:
디지털 기축통화 달러를 설계하다

2025년 7월, 도널드 트럼프 대통령은 〈미국 스테이블코인을 위한 국가 혁신 지도 및 설립법Guiding and Establishing National Innovation for U.S. Stablecoins Act〉, 일명 지니어스 법에 서명했다. 이 법의 핵심은 분명하다. 스테이블코인을 단순한 암호화폐의 한 종류가 아니라, 지급수단으로 인정받을 수 있는 디지털 달러의 새로운 형태로 정의했다는 점이다.

산업화 시대의 통화 시스템은 중앙은행이 돈을 발행하고, 시중은행이 그 돈을 유통하는 구조였다. 이 체계에서는 통화의 신뢰와 흐름이 모두 중앙 기관을 중심으로 유지됐다. 그러나 지니어스 법은 이러한 전통적 구조에서 벗어나, 민간이 발행하는 디지털 달러를 공식 지급수단으로 인정함으로써 달러의 영역을 디지털 공간으로 확장하려는 시도다. 게다가 이 법은 스테이블코인의 운영 기준을 구체적으로 명시했다. 발행자의 자격 요건, 준비자산의 구성, 회계 감사와 공시 의무 등 핵심 항목을 법적으로 명문화함으로써, 디지털 자산 시장에 제도적 신뢰를 부여하려는 목적을 담고 있다.

지니어스 법은 스테이블코인의 신뢰성을 확보하기 위해 세 가지 핵심 기준을 제시하고 있다.

첫째, 발행 자격이다. 스테이블코인을 발행하려면 반드시 연방정부나 주정부의 인가를 받아야 한다. 다시 말해 아무 기업이나 마음대로 발행할 수 없으며, 공적 기관의 감독 아래 운영돼야 한다는 뜻이다.

둘째, 준비자산 요건이다. 발행량과 동일한 가치의 자산을 반드시 실물 형태로 보유해야 하며, 그 구성은 현금이나 미국 국채처럼 가치 변동성이 낮은 자산으로 제한된다. 이는 디지털 자산이라도 '1코인은 1달러'라는 안정성을 지키기 위한 장치다.

셋째, 감사와 공시 의무다. 발행사는 매달 외부 기관의 감사를 받아야 하며, 관련 정보를 공개해야 한다. 만약 발행사가 파산하더라도 이용자는 준비금에 대해 최우선적으로 상환을 청구할 수 있다. 이 조항은 투자자 보호와 시장 신뢰를 확보하기 위한 안전장치라 하겠다.

달러화 스테이블코인 성장이 갖는 재정적 의미

트럼프 대통령이 재임하고, 미국 의회가 지니어스 법을 통과시킨 2025년, 전 세계 스테이블코인 시장은 폭발적인 성장세를 보였다. 2026년 4월 현재, 스테이블코인 코인 예치금 규모는 3,160억 달러를 넘어서고 있다. 특히 주목할 점은 발행된 스테이블코인의 99% 이상이 달러화와 1대1로 연동되어 있다는 사실이다. 다시 말해, 오늘날의 스테이블코인 시장은 사실상 디지털 달러 시장으로 기능하고 있다.

지니어스 법이 정한 준비자산 요건 덕분에 이 자금의 상당 부분은 미국 국채로 흘러 들어가고 있다. 그 결과, 스테이블코인은 단순한 결제수단을 넘어 미국의 국채 수요를 뒷받침하는 새로운 재정 기반으로 작용하는 중이다.

미국 재무부는 2030년경 전 세계 스테이블코인 시장이 약 2조 달러 규모로 성장할 것으로 내다본다.[38] 만약 이 전망이 현실화된다면, 그 효과는 단순한 결제 인프라 확장을 넘어 미국의 재정 안정성 자체를 강화하는 구조적 변화로 이어진다.

미 의회예산국CBO에 따르면, 2030년 미국의 총 재정수지는 약 -2조 1,400억 달러, 이자 비용을 제외한 기초 재정수지는 -8,120억 달러로 예

---

38 TBAC Presentation, Digital Money, April 2025

스테이블코인 머니 게임

상된다. 미국 정부는 매년 8,000억~2조 달러 규모의 신규 국채를 발행해야 재정 균형을 유지할 수 있는 구조에 놓여 있다. 이런 대규모 국채 발행은 금리 상승을 부추기고, 결국 이자비용 부담과 공공부채 누적을 심화시킬 수밖에 없다.

하지만 만약 스테이블코인 시장이 2030년, 2조 달러 수준으로 커지고, 그 준비자산의 상당 부분이 미국 단기 국채로 운용된다면 이야기가 달라진다. 이 유동성만으로도 미국의 기초 재정적자뿐 아니라 총 재정적자의 일부를 흡수할 수 있는 새로운 순환 메커니즘이 형성되기 때문이다.

지니어스 법은 준비자산의 만기를 93일물, 즉 3개월물 단기 국채로 제한하고 있다. 따라서 이 자금은 지속적으로 순환하면서 민간 유동성 풀 **Liquidity Pool**의 역할을 한다. 결과적으로 약 2조 달러 규모의 민간 디지털 달러 유동성이 미국 재정적자를 안정적으로 흡수하는 새로운 재정 순환 구조를 만들어내는 셈이다. 다시 말해, 스테이블코인은 이제 단순한 결제수단이 아니라 미국 재정과 달러 패권을 동시에 지탱하는 디지털 국채 메커니즘으로 작동하고 있다.

2026년 현재, 시장점유율 1, 2위를 차지하는 테더와 서클의 미국 국채 보유액 합계는 약 1,685억 달러에 달한다. 이는 이미 대부분의 중견국가보다 많은 수준이다. 스테이블코인이 사실상 세계 20위권 미국 국채 보유 집단으로 성장한 셈이다.

결국 20세기의 달러 패권이 중앙은행을 중심으로 유지됐다면, 21세기의 달러 패권은 이제 스테이블코인 네트워크라는 민간 디지털 금융 생태계 위에서 재편되는 중이다. 더욱이 달러화 스테이블코인의 수요는 미국뿐 아니라 전 세계에서 발생하기 때문에, 이는 새로운 국채 수요를 창출하는 효과까지 낳고 있다.

물론 미국 재무부의 이러한 시장 성장 전망이 반드시 실현된다고 단정할 수는 없다. 그러나 달러화 스테이블코인이 지닌 재정적 의미를 감안하면, 미국이 민간 주도의 스테이블코인 시장 성장을 제도적으로 지원하는 것은 자연스러운 전략적 선택이라 할 수 있다.

달러화 스테이블코인이 갖는 통화적 의미

달러화 스테이블코인의 통화적 의미도 분명하다. 그것은 디지털 달러의 효율성과 확장성을 획기적으로 높일 수 있는 수단이 되는 것이다. 쉽게 말해, 스테이블코인이 빠르게 유통될수록 실물경제와 금융 활동을 지원하는 새로운 통화 인프라가 만들어진다.

2025년 하반기 기준 미국의 본원통화Monetary Base는 약 5조 6,135억 달러, 협의통화M1는 약 18조 4,226억 달러, 광의통화M2는 약 20조 7,731억 달러 수준이다. 이 통화량은 2008년 금융위기와 2020년 팬데믹을 거치며 급격히 팽창했다. 당시 연방준비제도Fed는 경기 침체를 막기 위해 대규모 양적완화QE, Quantitative Easing: 중앙은행이 금리인하를 통한 간접적인 방식으로 통화량을 늘리는 것이 아니라, 통화를 발행해 국채 등 자산을 매입하는 방식으로 시중에 통화량을 공급하는 방식를 실시했고, 그 결과 본원통화가 매우 많이 늘어나며, 순차적으로 지급결제성 예금M1과 저축성 예금M2도 함께 확대되게 된다.

문제는 이렇게 늘어난 돈이 실제 경제를 돌지 못한다는 점이다. 통화가 빠르게 순환하지 않으면 새로운 부가가치를 만들기보다 인플레이션이나 자산 버블로 이어진다. 돈은 많지만 생산은 늘지 않는 '비생산적 유동성'이 누적되는 구조가 된 것이다.

실제로 2025년 기준, 미국의 통화유통속도는 매우 낮다. 본원통화는 연간 약 5.5회전, M1은 1.7회전, M2는 1.5회전에 불과하다. 이는 명목 GDP를 만드는 데 필요한 통화의 회전 횟수를 의미하는데, 결국 막대한 유동성이 생산이나 소비로 이어지지 못한 채 금융 시스템 안에 머물러 있음을 보여준다.

이 지점에서 달러화 스테이블코인의 존재가 중요한 의미를 갖는다. 스테이블코인은 블록체인 기술을 기반으로 실시간 송금과 결제가 가능하기 때문에, 통화의 회전 속도를 높이고 정체된 유동성을 활성화할 수 있는 수단이다. 중개은행 없이 전 세계 어디서나 24시간 거래가 가능하다는 점에서, 스테이블코인은 사실상 순환형 통화로 기능한다.

실제 통계도 이를 뒷받침한다. 스테이블코인의 통화유통속도는 2020년 약 6.2배에서 2021년 43배, 2022년 53배, 2023년 46배, 2024년 35배로 기록됐다. 같은 기간 M1이나 M2의 회전율이 1~2배 수준에 머문 것을 고려하면, 디지털 통화 네트워크에서 스테이블코인이 얼마나 빠르게 순환하는지 단적으로 보여주는 수치다.

스테이블코인은 단순한 가치저장 수단이 아니라 거래·결제·정산이 동시에 이루어지는 네트워크형 통화Network Money다. 이는 정체된 달러 유동성을 디지털 결제망 위에서 실시간으로 순환시키는 새로운 형태의 화폐 경제가 이미 현실화되고 있음을 뜻한다.

현재 스테이블코인의 대부분은 비트코인 거래나 디파이DeFi, Decentralized Finance: 중개기관 없이 스마트컨트랙트로 구동되는 금융 서비스에서 사용되고 있다. 그러나 저비용·실시간·무중단 결제라는 특성 덕분에, 스테이블코인이 글로벌 지급결제 수단으로 확산될 가능성은 매우 높다.

미국의 입장에서 달러화 스테이블코인의 확산은 단순한 기술 혁신이 아니다. 그것은 달러 기축통화 체제의 디지털 전환Digital Transformation이다. 전 세계 금융 네트워크가 달러 연동형 스테이블코인을 결제 수단으로 사용하게 되면, 이는 달러의 네트워크 효과를 극대화한다. 스테이블코인은 달러의 지위를 위협하는 존재가 아니라, 오히려 달러 패권을 블록체인 위에서 재구축하는 도구로 작동한다.

디지털 형태의 스테이블코인은 글로벌 결제망 전반에 퍼지며, 달러의 도달 범위를 넓히고 결제 효율성과 속도를 비약적으로 높인다. 동시에 미국 외부에서 달러 수요를 자발적으로 창출하는 구조를 만들어낸다. 결국 이것이 바로 지니어스 법이 지향하는 핵심 통화 전략이다.

스테이블코인의 특별한 쓰임새

스테이블코인은 단순한 디지털화폐가 아니다. 암호자산 금융의 기반 통화이자 새로운 지급결제 구조의 핵심 인프라로 작동하고 있다. 그 쓰임새는 크게 두 가지로 구분된다.

첫째, 암호자산 금융 및 실물자산 토큰화 시장의 기축통화 역할이다.

둘째, 지급결제 구조의 단축과 프로그래머블머니 기능 구현이다.

1) 암호자산 금융과 실물자산 토큰화

스테이블코인은 이미 암호자산 생태계의 기축통화로 자리 잡았다. 달러화에 1:1로 연동된 스테이블코인은, 전통 금융시장에서 달러가 맡았던 기준통화Base Currency의 역할을 블록체인 네트워크 안에서 재현하고 있다.

특히 디파이 시장에서 스테이블코인은 거의 모든 거래의 기준이자 핵심 담보 자산으로 쓰인다. 디파이 플랫폼에서는 예금, 대출, 스왑, 파생상품 거래 등 모든 금융 행위가 스테이블코인을 중심으로 이루어진다. 사용자는 비트코인이나 이더리움처럼 변동성이 큰 자산을 스테이블코인으로 바꿔 리스크를 줄이거나, 스테이블코인을 담보로 새로운 유동성을 창출한다.

스테이블코인은 디파이 생태계에서 무위험 담보자산의 기능을 수행한다. 가치를 일정하게 유지하기 때문에, 대출 플랫폼^{Aave, Compound}이나 탈 중앙화 거래소^{Uniswap, Curve}에서 시스템 안정성과 거래 기반을 동시에 제공한다.

2026년 현재, 디파이 시장의 총 예치자산^{TVL, Total Value Locked}은 약 1,000억 달러 규모이며, 이는 전체 스테이블코인 시장의 3분의 1 이상 수준이다. 상당 비중의 스테이블코인이 디파이 시장의 금융수요로 구성되어 있다는 뜻이다. 이 구조는 달러 중심의 전통 결제 시스템이 디지털 공간에서 토큰 단위의 신용·결제·담보 시스템으로 복제되고 있음을 보여준다.

스테이블코인의 또 다른 중요한 역할은 실물자산 토큰화 시장^{Real World Asset, RWA}에서 나타난다. 토큰화란 부동산, 채권, 미술품, 심지어 국채 같은 실물 또는 금융자산을 블록체인 상의 토큰으로 전환해 거래 가능하게 만드는 과정을 말한다. 이 RWA 시장에서 스테이블코인은 결제자산이자 회계 단위로 기능한다.

실물자산이 디지털 토큰 형태로 바뀌더라도 그 가치를 측정하고 결제하는 기준은 여전히 달러화 스테이블코인이다. 예를 들어, 온체인 채권 플랫폼에서는 스테이블코인으로 미국 국채나 회사채를 매입할 수 있고, 토큰화된 부동산 수익증권도 스테이블코인을 통해 거래된다. 결국 스테이블코인은 실물자산의 디지털화를 가능하게 하는 결제 화폐가 된 셈이다.

2) 지급결제 구조의 단축과 프로그래머블머니

스테이블코인은 결제 인프라의 구조 자체를 바꾸고 있다. 블록체인 상에서 실시간 송금, 조건부 자동 지급, 세분화된 자금 흐름이 가능해지면서 화폐가 코드처럼 작동하기 시작했다. 이것이 바로 프로그래머블 머니 시대다.

기존 결제는 복잡한 중개 단계를 거쳤다. 예를 들어, 소비자가 국외 온라인 상점에서 결제하면 거래는 카드사 ⇨ 결제망 ⇨ 은행 ⇨ 중앙은행 계좌망을 순차적으로 통과한다. 이 과정에서 수수료가 붙고, 시간이 지연되며, 오류가 발생할 위험도 존재한다. 특히 국가 간 송금의 경우 SWIFT나 중개은행을 거쳐야 해 실제 자금이 도착하기까지 며칠이 걸리기도 한다.

하지만 스테이블코인은 결제 자체를 네트워크 기능 안으로 흡수한다. 블록체인에서는 거래가 즉시 기록되고, 스마트컨트랙트가 결제 조건을 자동으로 실행한다. 예를 들어, 구매자가 대금을 송금하면 상품 배송 확인 신호가 입력되는 즉시 결제가 완료되도록 설정할 수 있다. 결제의 승인, 정산, 송금이 하나의 블록 안에서 동시에 일어나는 구조다.

이 변화의 본질은 지급결제의 코드화다. 과거에는 사람과 기관이 신뢰를 보증했다면, 이제는 프로토콜과 코드가 그 역할을 대신한다. 결제는 단순한 돈의 이동이 아니라, 조건·시간·대상·용도를 사전에 지정할 수 있는 프로그래머블 자금 흐름으로 진화하고 있다.

예를 들어, 정부가 스테이블코인 형태로 기본소득을 지급할 경우, 스마트컨트랙트를 통해 '용도 제한', '기간 만료', '자동 회수' 같은 조건을 설정할 수 있다. 기업 간 거래**B2B**에서는 납품·검수·지급을 자동화할 수 있고, 개인 간 결제**P2P**에서도 실시간 정산과 투명한 기록이 가능하다. 이 모든 과정은 중앙 서버 없이 분산원장**Distributed Ledger** 위에서 이루어진다.

결국 스테이블코인은 지급결제의 효율성과 신뢰를 동시에 재설계한 화폐다. 속도는 카드 결제보다 빠르고, 수수료는 은행망보다 저렴하다. 무엇보다 거래 조건이 코드 수준에서 보장되기 때문에, 기존 금융 인프라가 구현하지 못했던 자동결제 환경을 만들어낼 수 있다.

스테이블코인 관련 생태계

미국이 지니어스 법을 통해 스테이블코인 시장의 제도화를 민간 중심으로 추진하는 이유는 전 세계 스테이블코인의 대부분이 달러화에 연동되어 것과 더불어 이미 미국의 민간 기업들을 중심으로 관련 생태계가 선제적으로 구축되어 왔다는 점이다.

2026년 현재, 전 세계 스테이블코인 시장은 미국 민간 금융 및 결제 기업들이 주도하고 있다. 스테이블코인 발해자의 절대 강자인 테더**Tether**는 명목상 미국 기업은 아니지만, 디지털 달러화를 매개로 전 세계 비즈니스 영역을 구축하기 위해, 결국 미국의 규제 체계 안으로 진입할 수밖에 없다. 미국의 규제 친화적 스테이블코인 발행사인 서클, 비자, 마스터카드 같은 결제 인프라 기업들도 마찬가지다. 이들은 각기 다른 방식으로 디지털 달러화 네트워크를 완성하고 있다. 미국의 주요 기업들의 스테이블코인 전략은 스테이블코인 발행, 결제 네트워크, 핀테크 영역으로 나뉜다.

1) 스테이블코인 발행

테더는 세계에서 가장 오래되고 규모가 큰 스테이블코인 발행사다. 달러화와 1대1로 연동된 USDT는 전통 금융 인프라가 부족하거나 자국 통화의 신뢰도가 낮은 국가에서는 사실상 디지털 달러로 기능한다. 아르헨티나, 튀르키예, 나이지리아처럼 인플레이션이 심한 국가에서는 USDT가 비공식 화폐 역할을 한다.

2026년 현재, 테더는 1,800억 달러 이상의 예치금을 기반으로 운영된다. 준비자산에는 달러화, 미국 국채뿐 아니라 금, 비트코인, 회사채 등 다양한 자산이 포함된다. 적절한 리스크 관리가 이루어진다면 수익성은 높지만, 미국과 유럽연합이 요구하는 공시 기준을 완전히 충족하지 못한 점은 여전히 과제로 남아 있다.

서클은 규제 친화성과 투명성을 내세운 대표적 스테이블코인 기업이다. 2025년 6월, 뉴욕증권거래소에 상장되며 제도권 금융기업으로 편입되었다. 2023년, 실리콘밸리은행**SVB** 사태 때 준비자산 일부가 예금 형태로 묶이며 일시적으로 디페깅**De-Pegging: 1달러 가치 붕괴**을 겪었지만, 이후 100% 현금 및 미국 국채로 구성된 안전한 자산운용 체계를 확립했다. 현재 서클은 코인베이스, 블랙록 등과 협업해 USDC를 글로벌 결제·송금·자산거래용 디지털 달러로 확장하고 있다.

2) 결제 네트워크

비자는 스테이블코인을 기존 결제망에 통합하는 전략을 추진 중이다. 소비자, 가맹점, 은행 간 거래가 스테이블코인으로 직접 이루어지도록 기존 인프라를 블록체인 네트워크와 연동하고 있다. 특히 국경 간 결제 효율성을 높이기 위해 비자 다이렉트**Visa Direct** 서비스에 스테이블코인 결제 기능을 추가했고, 비자 토크니제이션 플랫폼**Visa Tokenization Platform**을 기반으로 토큰화 자산 결제 생태계를 확장하고 있다.

마스터카드 역시 스테이블코인 결제를 공식 지원한다. 암호화폐 거래소 OKX와 제휴해 직불카드를 출시했고, 멀티토큰 네트워크**Multi-Token Network**를 런칭하여 토큰화 자산의 실시간 결제를 지원하고 있다. 마스터카드의 전략은 스테이블코인을 기존 결제망의 '보조 수단'이 아니라 핵심 인프라로 편입시키는 것이다.

페이팔^{PayPal}은 2023년 자체 스테이블코인 페이팔 유에스디^{PayPal USD PYUSD}를 출시했다. 사용자는 앱 안에서 PYUSD를 구매·보유하고, '페이 위드 크립토^{Pay with Crypto}' 기능을 통해 가맹점에서 직접 결제할 수 있다. 또한, 솔라나^{Solana}, 스텔라^{Stellar} 등 퍼블릭 블록체인을 활용해 국경 간 송금 및 소액금융 영역으로 사업을 확장하고 있다. 약 4억 명이 넘는 사용자 기반을 고려하면, 페이팔은 사실상 민간형 디지털 달러를 활용한 글로벌 핀테크 표준으로 자리 잡았다고 할 수 있다.

스트라이프는 암호화폐 결제의 진입 장벽을 낮추는 데 집중하고 있다. 웹사이트나 앱에 암호화폐 결제 기능을 쉽게 삽입할 수 있도록 크립토 온램^{Crypto On-Ramp} 서비스를 제공하며, 이 과정에서 발생하는 신원확인^{KYC}과 부정거래 방지 의무를 직접 부담한다. 더불어 전 세계 가맹점이 USDC로 결제받고 법정화폐로 정산할 수 있는 인프라를 구축해, 스테이블코인을 실생활 결제 영역에 통합하는 대표적 모델을 만들어가고 있다.

미국 지니어스 법의 주요 의미

지니어스 법은 단순히 스테이블코인을 제도화하는 법이 아니다. 이 법은 디지털 달러 체제를 국가와 민간이 함께 운영하는 새로운 통화 인프라로 확립하려는 시도다. 그 핵심 의미는 여섯 가지로 정리할 수 있다.

1) 완화된 규제 속 비은행형 은행업 허용

지니어스 법은 스테이블코인 발행사를 사실상 은행업의 일부로 편입시켰다. 발행사는 연방정부나 주정부의 인가를 받아야 하지만, 기존 은행처럼 예금보험 의무를 지지는 않는다. 기존 은행보다 완화된 규제 환경 안에서 디지털 자산을 기반으로 지급결제·자산보관 등 은행 유사 기능을 수행하는 기관으로 인정한 것이다. 이는 전통 금융권의 경계를 넘어서는 새로운 형태의 비은행형 은행업을 제도적으로 허용한 셈이다.

2) 감독 권한의 분산과 다원적 금융체계의 형성

그동안 통화와 결제 관련 감독 권한은 연방준비제도Fed에 집중되어 있었다. 하지만 지니어스 법은 이 권한을 연방정부와 주정부로 분산시켰다. 이제 뉴욕, 와이오밍, 텍사스 등 각 주의 금융감독청이 독자적으로 스테이블코인 인가를 발급할 수 있다. 그 결과, 중앙은행이 아닌 다중 행정체계에서 디지털 달러가 통용되는 환경이 조성되었다. 이는 중앙집중형 통화 구조에서 다원적 금융체계로의 전환을 의미한다.

3) 규제 차익Regulatory Arbitrage의 글로벌 확산

지니어스 법은 은행에 비해 스테이블코인 발행사에 훨씬 완화된 규제를 적용한다. 이로 인해 동일한 기능을 수행하는 기관이나 상품이 규제가 느슨한 지역으로 이동하는, 이른바 규제 차익**Regulatory Arbitrage** 현상이 글로벌 차원에서 확산될 가능성이 높다. 특히 아시아, 중남미, 중동 등 신흥국에서는 달러화 스테이블코인이 비공식 결제수단이나 외화저축 수단으로 빠르게 확산될 수 있다. 이는 단순한 핀테크 서비스의 확장에 그치지 않고, 디지털 달러의 영향권이 비공식적으로 확대되는 현상인 달러라이제이션**Dollarization**의 심화를 가져올 수 있다.

4) 자본시장 접근성의 확대

지니어스 법은 스테이블코인 발행사와 관련 인프라 기업의 공식 자본시장 진입을 촉진한다. 법적 제도화와 함께 사업성·증권성 요건이 명확해지면서, 스테이블코인 기업들이 자금을 조달하기가 한층 쉬워졌다. 예를 들어, USDC 발행사인 서클은 뉴욕증권거래소에 상장되며 제도권 핀테크 기업으로 편입되었다. 향후에는 더 많은 기업이 IPO**Initial Public Offering: 기업공개상장**나 SPAC**Special Purpose Acquisition Company: 기업인수목적회사** 합병을 통해 시장에 진입할 것으로 보인다. 이 과정에서 자금 조달이 활성화되고, 인수·합병**M&A**에 따른 산업 재편이 가속화될 것이다. 암호자산 산업이 벤처 단계를 넘어 전통 자본시장과 통합된 디지털 금융산업으로 진화할 수 있는 기반이 마련된 셈이다.

5) 지급결제·청산 인프라의 재구축

블록체인 기반 스테이블코인은 국내외 지급결제 및 청산 구조를 근본적으로 바꾸고 있다. 실시간 결제, 스마트컨트랙트 기반 자동 청산, 24시간 글로벌 송금 등이 기존 금융시스템의 시간적·공간적 제약을 허물기 때문이다. 지니어스 법은 이러한 온체인 결제망을 제도권 인프라로 공식 인정함으로써, 미국 금융시스템의 효율성과 확장성을 동시에 높이는 역할을 한다. 결제는 더 이상 중앙은행의 계좌망에 의존하지 않고, 민간 주도의 디지털 네트워크 위에서 이루어지는 구조로 옮겨가고 있다.

6) 디파이DeFi와 실물자산 토큰화 시장의 활성화

지니어스 법은 스테이블코인에 명확한 법적 지위를 부여함으로써 그동안 불확실성 속에 머물렀던 디파이DeFi와 실물자산 토큰화 시장에 새로운 길을 열었다. 스테이블코인을 기축으로 한 디지털 금융 생태계가 본격적으로 확장되면, 미국은 글로벌 자산운용과 결제, 투자까지 아우르는 디지털 금융 허브로 부상할 가능성이 크다.

디지털 달러화의 위험과 불가피성

물론 지니어스 법안으로 인한 스테이블코인 확산에는 명백한 우려가 존재한다. 이것은 비트코인이나 이더리움과 같은 암호화폐가 만들어낼 파급력과는 전혀 다르다. 비트코인과 이더리움은 투자자나 개발자, 혹은 탈 중앙 네트워크에 참여하려는 한정된 집단이 자발적으로 구매하고 사용하는 자산이었다. 그러나 스테이블코인은 실제 화폐처럼 일상적 거래와 결제에 사용될 수 있다는 점에서 훨씬 더 빠른 속도로 활용이 확대될 것이다. 아무리 준비자산에 대한 엄격한 기준이 마련되어 있다 하더라도, 시장 불안이나 준비자산 가치의 변동성이 커질 때는 언제든 디페깅De-Pegging과 코인런Coin Run이 생길 수 있다. 전통적인 금융시스템에서는 이러한 위기 상황에 중앙은행이 최종대부자Lender Of Last Resort로 개입해 신속히 유동성을 공급하지만, 스테이블코인 시스템에서는 그 대응 주체와 책임 범위가 명확하지 않다. 바로 이 지점이 디지털 금융질서의 가장 큰 구조적 리스크다.

그럼에도 불구하고 분명한 사실이 있다. 암호자산, 스테이블코인, 디파이 등으로 이어지는 탈 중앙화 금융 생태계는 이미 통제 불가능한 수준으로 확장되고 있다는 것이다. 그 흐름을 인위적으로 막기보다는 제도 안으로 편입시키려는 시도가 바로 트럼프 행정부의 전략이며, 그 구체적 해법이 지니어스 법안이다. 결국 미국은 스테이블코인을 단순한 결제수단이 아니라, 디지털 달러화 통화패권을 유지하기 위한 제도적 수단으로 선택했다. 이 선택은 리스크를 동반하지만, 동시에 21세기 디지털 금융질서에서 주도권을 유지하기 위한 불가피한 귀결이었다.

클러리티 법안:
미국 민간 주도의 크립토 자본주의 시대

트럼프 대통령이 지니어스 법안에 서명한 2025년 7월, 하원에서는 또 하나의 디지털 자산 핵심 법안이 통과되었다. 바로 〈디지털자산시장 명확화법Digital Asset Market Clarity Act, 이하 클러리티 법안〉이다. 클러리티 법안은 디지털 자산의 법적 지위를 명확히 구분해 미국의 암호자산 시장을 제도권 금융의 틀 안으로 편입하려는 시도다. 결과를 예단할 수는 없지만, 트럼프 2기의 우호적인 디지털 자산에 대한 정책기조로 볼 때, 2026년 11월, 중간선거 이전에 클러리티 법안은 상원 통과와 대통령 서명이 이루어질 가능성이 높다.

클러리티 법안의 구조와 목표

클러리티 법안은 디지털 자산Digital Asset의 개념과 규제 체계를 명확히 정립한다. 법안은 디지털 자산을 '분산원장 또는 블록체인 기술을 사용해 발행·기록되는 자산으로서, 가치, 권리, 또는 특정 서비스나 프로토콜에 대한 접근권을 의미한다'고 정의한다. 디지털 자산을 단순한 투자대상이 아니라 디지털 네트워크 상의 경제적 권리 단위로 규정한 것이다. 이 법안의 핵심은 디지털 자산을 네 가지 범주로 구분하고, 각 범주별로 규제 관할과 감독 체계를 명확히 한 데 있다.

1) 디지털 상품Digital Commodity

비트코인, 이더리움 등 탈 중앙 네트워크에서 운영되는 비증권형 자산으로, 상품선물거래위원회CFTC의 감독을 받으며 디지털 원자재로 간주된다. 탈 중앙화된 구조로 인해 발행자의 개념이 불명확한 자산군이 여기에 포함된다.

2) 제한된 디지털자산Restricted Digital Asset

특정 기업이나 프로젝트가 발행한 토큰으로, 투자계약 또는 수익참여형 토큰에 해당한다. 증권거래위원회SEC의 관할 하에 있으며, 발행 절차와 공시 의무를 명확히 규정한다. 이는 사실상 증권형 토큰Security Token

의 제도권 편입을 위한 법적 근거라 할 수 있다.

3) 인가된 지급결제 스테이블코인Permitted Payment Stablecoin

1:1 준비자산을 보유하고, 지니어스 법에 명시된 발행 기준을 충족하는 스테이블코인이다. 연방·주 금융당국의 인가를 받아야 하며, 준비자산의 안전성·투명성·감사 요건을 지속적으로 충족해야 한다. 이는 민간형 디지털 달러의 법적 지위를 확립하는 제도적 장치다.

4) 성숙한 블록체인 시스템Mature Blockchain System

특정 개인, 기업, 재단 등이 통제하지 않고 분산된 네트워크 구조에서 누구나 참여와 검증이 가능하며, 투명한 운영 기준을 충족하는 블록체인 네트워크는 성숙한 블록체인 시스템으로 분류되어 CFTC의 감독을 받는다. 이는 네트워크의 자율성과 공공성을 보장받는 디지털 인프라로서의 지위를 인정한 조항이다.

이 네 가지 구분을 통해 클러리티 법안은 그동안 디지털 자산이 '증권이냐, 상품이냐'의 경계에서 발생하던 규제 불확실성과 관할 중복 문제를 해소한다. 결국 이 법안은 디지털 자산을 단일한 금융상품이 아닌, 네트워크 기반의 경제 행위로 재정의한 첫 법적 시도라 할 수 있다.

구분	정의	관할권
디지털 상품 (Digital Commodities)	블록체인을 기반으로 만들어진 디지털 자산으로, 그 가치는 블록체인을 사용하거나 활용하면서 생기거나 생길 것으로 예상되는 자산	상품선물거래위원회 (CFTC)
제한된 디지털자산 (Restricted Digital Asset)	증권법에서 정한 '투자계약의 조건을 만족하고, 회사나 기관 등 에서 관리·운영되는 디지털 자산	증권거래위원회 (SEC)
인가된 결제 스테이블코인 (Permitted Payment Stablecoins)	법정화폐로 바꿀 수 있는 디지털 자산으로, 결제나 가치 저장에 쓰이도록 만들어졌으며, 미국 달러나 국채 같은 현금성 자산으로 1대1로 담보된 자산	지니어스법에 따른 관할 기관
성숙한 블록체인 시스템 (Mature Blockchain System)	충분히 분산되어 있어서, 어떤 개인이나 소수의 사람들이 실제로 지배하거나 통제하지 않는 블록체인과 그 블록체인에 연결된 디지털 자산	상품선물거래위원회 (CFTC)

자료 : KPMG[39]

클러리티 법안이 실행되면 크립토 자본주의는 확산될 것

클러리티 법안이 시행된다면, 그 효과는 단순히 규제의 명확화에 그치지 않는다. 이 법안은 크립토 자본주의Crypto Capitalism의 시대를 여는

---

39 삼정 KPMG, 달러 스테이블코인, 글로벌 금융시장을 흔든다 - 미국 디지털자산 3법을 중심으로, 2025년 7월

결정적 계기가 될 것이다. 크립토 자본주의란, 자금 조달과 지배구조, 경영 의사결정, 재무활동, 이해관계자 거버넌스 전반이 탈 중앙화된 방식으로 작동하는 새로운 경제 원리를 말한다. 자본과 경영, 신용과 의사결정이 더 이상 중앙기관이나 특정 이해집단에 의해 통제되지 않고, 블록체인 네트워크 위에서 코드와 합의에 따라 자율적으로 운영되는 시스템이다. 20세기의 시장경제와 자본주의를 상징하는 제도적 혁신이 주주 자본주의Shareholder Capitalism였다면, 21세기의 새로운 모델은 바로 크립토 자본주의가 될 가능성이 크다.

주주 자본주의는 자본조달과 기업경영, 지배구조를 제도화한 위대한 발명품이었다. 그 덕분에 세계는 전례 없는 기업혁신의 시대를 맞이했다. 오늘날 전 세계 최고의 기업으로 인정 받는 위대한 기업들, 엔비디아, 애플, 마이크로소프트, 구글, 아마존, 브로드컴, 메타, TSMC, 테슬라, 버크서 해서웨이, 이들은 모두가 주주 자본주의의 시스템 안에서 성장했다. 이들은 주식시장을 통한 자금조달, 이사회 중심의 경영통제, 주주이익 극대화를 목표로 한 투명한 거버넌스를 통해 20세기 자본주의의 황금기를 이끌었다.

하지만, 주주 자본주의에도 한계가 있다. 주주 자본주의에 따르면 기업경영의 목표는 기업의 주인인 주주가치 극대화다. 경영자의 책무는 단순하다. 매출은 늘리고, 비용은 줄여 이윤을 확대하는 것이다. 주주 자본주의의 강점은 기업의 의사결정, 경영활동, 거버넌스의 목적이 주주가치로 일원화되면서 빠르고 효율적인 경영을 할 수 있다는 점이다. 그러나 기업이 주주가치 극대화에만 초점을 맞추게 되면 임직원과 채권자 등 직접적 이해관계자, 고객, 협력사, 지역사회 및 국가 등 간접적 이해관계자들의 여건을 간과하게 된다. 이는 기업의 사회적 필요와 가치에 반할 뿐만 아니라 어떤 경우에는 기업에 대한 반감으로 나타나 경영성과를 악화시키는 요인이 되기도 한다.

크립토 자본주의는 이러한 구조적 문제를 정면으로 뒤집는다. 기업의 소유와 의결권이 블록체인 네트워크 상에서 토큰 단위로 분산 소유되고, 실시간 참여와 합의로 운영되는 시스템이 등장하기 때문이다. 의결권이 지분이 아니라 참여에 의해 배분되고, 경영정보는 블록체인 상에서 투명하게 공개되며, 의사결정은 스마트컨트랙트를 통해 자동화된다. 이는 자본주의의 민주화이자, 자본시장의 분권화라 할 수 있다. 클러리티 법안은 비트코인이나 스테이블코인 같은 자산을 제도화하는 것 이상으로, 미국식 자본주의의 구조를 근본적으로 재설계하는 법적 출발점이다. 주주 자본주의가 20세기의 아날로그 자본주의를 완성했다면, 크립토 자본주의는 21세기의 디지털 자본주의를 여는 헌정적 실험이 될 것이다.

새로운 표준:
디지털 자산이 재정의하는 금융의 미래

2025년은 여러모로 의미심장한 해였다. 21세기가 시작된 지 25년이 되었다. 이제 21세기가 본격적으로 시작되는 시기다. 2022년, 코로나19 팬데믹이 지나감과 동시에, 오픈 AI의 챗GPT가 세상에 공개되었다. 인공지능은 더 이상 연구실의 기술이 아니라, 모든 개인과 기업이 활용하는 대중적 인프라가 되었다. AI는 금융을 포함한 모든 산업의 생산성과 의사결정 구조를 재편하고 있다.

한편, 비트코인과 이더리움으로 대표되는 디지털 자산은 스테이블코인을 매개로 화폐기능과 금융 기능을 획기적으로 확장하며, 현실경제의 한 축으로 자리잡고 있다. 암호자산이 기술의 영역이었다면, 스테이블코인은 이제 정책과 금융의 영역으로 이동한 것이다.

2025년, 도널드 트럼프 대통령의 재집권은 세계 무역과 금융 질서를 또 한 번 흔들고 있다. 그의 행정부는 비트코인 전략비축, 지니어스 법, 클러리티 법안으로 이어지는 일련의 조치를 통해 미국의 디지털 자산 장기 전략을 구체화하고 있다. 그렇다면, 21세기 앞으로의 금융의 미래는 어디로 향할까? 그 변화의 네 가지 축을 살펴보겠다.

스테이블코인과 CBDC

CBDC(중앙은행 디지털화폐)는 중앙은행이 직접 발행하는 디지털 통화로, 민간이 발행하는 스테이블코인보다 절대적으로 안정적인 가치를 가진다. 그 이유는 명확하다. 법정화폐를 발행하는 중앙은행이 그 가치를 직접 담보하기 때문이다. 따라서 CBDC는 민간 스테이블코인보다 안전하며, 결제 효율성·보안성·통화정책 수행력 측면에서도 기능이 떨어지지 않는다..

특히 중국과 같은 중앙집권적 구조를 가진 국가에서는 CBDC가 단순한 통화를 넘어 정책 통제 수단으로 진화하고 있는 중이다. 디지털 위안화는 소액결제뿐만 아니라 국가 차원의 결제·세금·보조금 지급 시스템으로 확산을 실험하고 있다. 중국 인민은행은 거래 데이터, 위치 정보, 소비 패턴 등 개인과 기업의 경제 데이터를 실시간으로 수집·분석할 수 있는 세계 최초의 데이터 결합형 화폐 시스템을 구축하고 있다. 이 시스템은 국가가 자본의 흐름을 직접 설계할 수 있게 한다.

돈이 '어디로, 언제, 어떻게 사용되는지'를 코드로 제어할 수 있는 것이다. 만약 디지털 위안화가 국내 유통 단계를 넘어 일대일로一帶一路 참여국 간의 무역결제 시스템에 확산된다면, 이는 단순한 기술 혁신이 아니라 달러 패권에 대한 실질적 도전이 될 것이다.

2026년 현재, 미국의 달러화 결제는 여전히 SWIFT 및 국제 은행 간 복잡한 결제망에 의존하고 있으며, 시간과 비용이 많이 드는 구조적 한계를 안고 있다. 이로 인해 블록체인 기반의 실시간 결제 시스템에 대한 수요는 갈수록 높아질 수밖에 없다. 중국의 CBDC 국제화 시도가 본격화되는 시점이 바로 디지털 기축통화 경쟁의 점화 지점이 될 것이다.

유럽도 CBDC 도입의 당위성을 강하게 인식하고 있다. 크리스틴 라가르드Christine Lagarde 유럽중앙은행ECB 총재는 '디지털 유로는 유럽인의 공동운명에 대한 신뢰를 상징하는 프로젝트'라고 강조하며 조속한 도입을 추진하고 있다. 유럽은 미국이나 중국, 한국과 달리 글로벌 빅테크 기업이 부재한 지역이다. 따라서 달러화 및 미국 빅테크 기업에 대한 의존도를 낮추고, 역내 결제주권과 금융안정을 강화하기 위해 CBDC 도입은 단순한 기술적 선택이 아니라 정치경제적 필연이 되었다. 결국, 중국은 정책 통제형 CBDC, 유럽은 주권 방어형 CBDC, 미국은 시장 기반 스테이블코인으로 대응하고 있다. 이 세 축이 맞물리며, 세계는 이제 디지털 기축통화 시대의 패권 경쟁으로 진입하고 있다.

2) 스테이블코인과 빅테크 파이낸스

빅테크 기업이 블록체인 기술을 활용한 스테이블코인으로 금융업에 진출하려는 시도는 2019년, 페이스북(현 메타) 리브라가 이미 시도했었다. 24억 명의 액티브 유저를 거느린 페이스북이 달러화, 유로화, 엔화, 파운드화를 혼합한 스테이블코인 리브라와 이를 보관하는 디지털 지갑 칼리브바를 발표하고, 비영리 단체인 리브라 협회를 창립했었다. 당시 리브라 협회에는 현재 스테이블코인 지급결제 네트워크를 적극적으로 구축하고 있는 비자와 마스터카드도 속해 있었다.

2019년, 당시 페이스북의 CEO였던 마크 저커버그Mark Zuckerberg는 '누군가에게 돈을 보내는 것은 애플리케이션이나 메시지에서 사진을 보내는 것만큼 쉬워야 한다'는 직관적인 메시지로 리브라의 시작을 선언하면서 전세계에 은행계좌가 없는 17억 명의 인구가 스마트폰에서 페이스북, 인스타그램, 왓츠앱을 통해 간편하게 금융서비스에 접근할 수 있다는 자신감을 비치기도 했다. 당시에는 미국과 유럽의 통화주권 우려로 결국 페이스북 리브라의 시도는 좌절되었지만, 2026년 이후 스테이블코인이 재차 떠오르게 된다면, 메타를 비롯한 빅테크 기업들이 파이낸스 시도는 다시 시도될 것이 분명해 보인다. 테크 기업들과 전통 금융기업들의 경쟁과 공존이 발생할 것은 자명하다.

3) 스테이블코인과 디파이

스테이블코인과 디파이**DeFi, 탈중앙금융** 생태계도 새로운 도약기를 맞이하게 될 것이다. 스테이블코인은 본래 비트코인이나 이더리움과 같은 암호자산의 높은 변동성을 보완하고, 교환의 매개**Medium Of Exchange**, 가치의 저장**Store Of Value** 등 전통 화폐의 기능을 디지털 자산 영역에서 구현하기 위해 만들어졌다. 그러나 실제로 가장 빠르게 성장한 영역은 '투자'와 '금융서비스'가 결합된 디파이 시장이었다.

디파이는 중앙화된 금융기관의 개입 없이 스마트컨트랙트를 통해 대출, 예금, 파생상품 거래, 스왑**Swap** 등 모든 금융 행위를 자동으로 처리한다. 이 생태계에서 스테이블코인은 모든 거래의 기준 단위이자 담보자산으로 기능한다. 스테이블코인은 디파이의 기초통화**Base Currency**로서 자금의 안정성과 시스템의 신뢰성을 동시에 제공한다.

예를 들어, 사용자는 변동성이 큰 이더리움을 담보로 예치해 스테이블코인을 대출받을 수 있으며, 이를 다시 다른 플랫폼에 예치해 이자를 얻을 수 있다. 이처럼 스테이블코인은 디파이 생태계에서 유동성을 창출하는 엔진이자 금융 안정의 토대가 되는 기축통화로 작용한다. 경제활동은 금융활동이 수반된 유동성을 기반으로 작동한다. 암호자산 생태계에서 디파이 시장에서 창출되는 유동성을 바탕으로 새로운 암호자산 프로젝트나 디앱과 같은 블록체인 생태계의 자금조달이 전개될 것이다.

4) 토크나이제이션^{Tokenization}

마지막으로 주목해야 할 금융의 미래는 토크나이제이션이다. 토크나이제이션이란 자산을 디지털 토큰 형태로 전환해, 그 자산이 가진 다양한 권리와 가치를 분할·기록·이전할 수 있게 만드는 기술적·금융적 과정이다. 골드만삭스의 전 CEO 데이비드 솔로몬^{David Solomon}은 이렇게 말했다. "먼저 자산을 토큰화하고, 스테이블코인으로 거래하라."

이 한 문장은 2026년 현재, 펼쳐지고 있는 스테이블코인 성장과 자산 토크나이제이션의 결합적 흐름을 정확히 예견했다. 실제로 JP모건은 예금의 토큰화^{Deposit Token}를, 블랙록은 MMF^{머니마켓펀드}의 토큰화를 추진하고 있다. 두 금융 대기업의 실험은 단순한 기술적 시도가 아니라, 은행 시스템과 자산운용 시장 전체의 재구성으로 이어질 가능성이 크다.

예금이 토큰화되면, 돈은 더 이상 은행 장부에 기록된 숫자가 아니다. 블록체인 상에서 이동 가능한 디지털 예금 토큰^{Deposit Token}으로 전환된다. 고객은 은행 계좌를 거치지 않고도 자신의 예금 토큰을 실시간으로 송금하거나 결제할 수 있다. SWIFT나 페드웨어^{Fedwire}와 같은 은행 간 결제망을 통하지 않아도 되므로, 거래 속도는 초 단위로 단축되고 수수료는 사라진다. 이 변화는 결국, 은행의 지급결제 기능이 블록체인 위로 이식되는 구조적 혁신으로 이어진다.

한편 블랙록이 주도하는 MMF 토큰화는 단기금융시장과 자산운용의 디지털화를 의미한다. MMF는 단기 국채나 우량채권에 투자하는 대표적 현금성 자산으로, 전 세계 기관자금의 핵심 운용 수단이다. 이 MMF가 토큰화되면, 투자자는 펀드 지분을 실시간으로 사고팔고, 이자와 배당을 자동으로 블록체인 상에서 정산할 수 있다. 결과적으로, 유동성과 수익성이 결합된 디지털 머니마켓인 블록체인 기반의 새로운 현금 시장이 열리게 된다.

토크나이제이션의 가장 큰 특징은 대상의 무한 확장성이다. 주식, 채권, 원자재 같은 전통자산뿐 아니라, 비트코인과 이더리움 같은 암호자산, 부동산, 미술품 등 대체자산까지 모두 토큰화 대상이 될 수 있다. 경제적 가치가 존재하고 그 권리를 명확히 정의할 수 있다면, 토큰화하지 못할 자산은 없다.

인덱스펀드의 창시자인 존 보글John Bogle은 '모든 주식을 소유하라'고 말했다. 그것이 20세기 가장 안정적인 투자 전략이었다. 이제 블랙록이 ETF를 통해 모든 주식을 연결했던 것처럼, 토크나이제이션 시대에는 모든 자산을 디지털 형태로 소유할 수 있는 인덱스 토큰과 ETF 토큰의 시대가 도래할 것이다. 토크나이제이션은 단순히 자산의 디지털 전환을 넘어 소유의 민주화Democratization Of Ownership를 실현한다. 누구나, 어디서나, 어떤 자산이든, 1토큰 단위로 소유할 수 있는 세상, 이것이 토크나이제이션이 열어갈 금융의 미래다.

크립토 자본주의는 이러한 구조적 문제를 정면으로 뒤집는다. 기업의 소유와 의결권이 블록체인 네트워크 상에서 토큰 단위로 분산 소유되고, 실시간 참여와 합의로 운영되는 시스템이 등장하기 때문이다. 의결권이 지분이 아니라 참여에 의해 배분되고, 경영정보는 블록체인 상에서 투명하게 공개되며, 의사결정은 스마트컨트랙트를 통해 자동화된다. 이는 자본주의의 민주화이자, 자본시장의 분권화라 할 수 있다.

정책의 시각으로 들여다 본
스테이블코인

5장

디지털화폐의 두 축,
스테이블코인과 CBDC의
공존과 경쟁

스테이블코인과 중앙은행 디지털화폐Central Bank Digital Currency, CBDC 는 단순한 새로운 결제수단을 넘어 통화주권의 유지와 금융안정, 더 나아가 국제 금융질서의 재편과 직결되는 중대한 사안이다. 다만, 이 둘은 지급수단이라는 기능면에서는 유사하지만 발행주체나 구현방식, 가치보장 등에서 근본적으로 차이가 있다. 따라서 이들의 본질과 상호작용을 이해하는 것은 미래 금융시스템을 설계하는 데 있어 매우 중요하다.

본 장에서는 스테이블코인과 CBDC라는 두 가지 주요 디지털화폐를 다각도로 분석한다. 단순히 개념을 정의하는 데 그치지 않고, 화폐시스템Monetary System의 안정성, 두 디지털화폐의 상호 관계, 그리고 국제통화체계에 미칠 영향까지 고찰한다. 이를 통해 독자가 디지털화폐가 초래할 구조적 변화를 이해하고 향후 국내외 금융질서의 방향성을 전망하는 데 필요한 지식을 제공하는 것을 목표로 한다.

돈의 정의를 다시 쓰다: 디지털 시대의 화폐 재정의

우리가 '돈'이라 부르는 것의 진짜 의미

'돈이란 무엇인가'라는 질문에 다양한 관점에서 답이 제시되었지만 일반적으로 화폐는 '누구나 기꺼이 받아들이는 지급결제수단'으로 정의할 수 있다. 전통적인 경제에서는 화폐가 동전이나 지폐와 같은 물리적 형태로 존재했지만 그 본질적 기능은 형태와 무관하다. 어떤 형태이든 지급수단으로 널리 받아들여지면 화폐로서 기능할 수 있다.

화폐의 핵심적인 기능은 세 가지로 요약된다. 첫째, 재화와 서비스를 교환하는 '교환의 매개Medium Of Exchange' 기능이다. 화폐를 사용하면 물물교환의 불편이 해소되고 거래가 원활히 이루어진다. 둘째, 재화와 서비스의 가치를 일정한 단위로 측정하고 가격을 표시하는 '가치의 척도Unit Of Account' 기능이다. 셋째, 오늘의 구매력을 미래까지 보존하는 '가치저장수단Store Of Value' 역할이다. 특히 안정적인 화폐일수록 가치저장 기능을 충실히 수행할 수 있다.

화폐의 가장 큰 특징은 법과 사회적 합의에 기반한 '신뢰'이다. 현재 대부분의 화폐는 중앙은행이 발행한다. 이는 금이나 은과 같은 실물자산으로 뒷받침되지 않더라도 국가의 신용으로 가치를 보증받는다. 결국 화폐시스템은 특정 물질의 내재가치보다 구성원 모두가 이를 화폐로 받아들이기로 한 약속인 신뢰에 의해 작동한다. 이러한 신뢰가 유지되는 한 화폐는 물리적 형태뿐 아니라 숫자나 디지털 정보의 형태로도 기능할 수 있다. 현대의 화폐시스템은 중앙은행이 화폐의 발행과 가치를 책임지고 화폐에 대한 신뢰와 가치 안정성을 보장하는 것을 근간으로 삼고 있다.

화폐의 변천과 역사적 교훈

과거 19세기 미국의 자유은행 시대Free-Banking Era에는 중앙은행이 없는 상황에서 수많은 상업은행이 각자 지폐를 무분별하게 발행했다. 그 결과 화폐에 대한 신뢰가 붕괴하고 은행 파산과 금융 혼란이 발생하였다. 이러한 경험은 규제 받지 않은 화폐시스템이 쉽게 붕괴할 수 있음을 보여주었으며, 정부가 공신력 있는 화폐를 제공하는 것이 경제 안정을 위해 필수적이라는 교훈을 남겼다.

역사 속의 민간화폐 - 19C 미국 자유은행 시대의 교훈

미국의 자유은행 시대(1837~1863년)에는 연방 차원의 기준이 없고 연방 중앙은행도 없는 상황에서 은행 규제가 느슨했다. 각 주에서는 최소한의 자본만 있으면 은행을 설립할 수 있었고 은행들은 담보물만 보유하면 자체 지폐를 발행할 수 있었다. 이로 인해 미국 내 18개 주에서 은행들이 각기 다른 규제체계 아래 자체 은행권을 발행하면서 화폐의 단일성 **Singleness Of Money주**이 깨졌다. 은행의 신용도와 담보가치에 따라 화폐마다 가치가 들쭉날쭉했고 사람들은 자신이 받은 화폐의 실제 가치를 신뢰하지 못하게 되었다. 결국 은행권의 가치 폭락과 예금 인출 사태**Bank Run**로 이어지면서 화폐시스템은 큰 혼란에 빠졌다. 이후 연방 정부가 개입해 중앙은행을 설립하고 통일된 화폐 체계를 확립하면서 안정될 수 있었다.

이 사례는 화폐의 단일성과 안정성을 유지하는 것이 오늘날 디지털화폐 시대에도 여전히 핵심적인 과제임을 다시 확인시켜 준다.

주: 동일한 명목가치의 화폐가 발행 주체·형태·거래수단에 관계없이 언제나 동등하게 교환·수용될 수 있는 성질을 말한다.

이후 20세기 초중반까지 주요 국가들은 금으로 가치를 보장하는 금본위제를 채택하였으나, 경제 변화에 따라 결국 폐지되고 오늘날에는 정부 신용에 의해 가치가 보장되는 법정화폐 제도로 완전히 전환되었다. 이로써 화폐의 가치는 국가 경제와 통화정책에 의해 뒷받침되며 실물에

묶이지 않고 유연한 공급이 가능해졌다.

2026년 현재, 디지털 전환이 경제 활동 전반을 근본적으로 바꾸고 있다. 화폐와 지급결제시스템 역시 예외가 아니다. 〈그래프 5-1〉에서 보듯이 한국에서 현금 사용은 급격히 감소하고 있으며, 모바일 뱅킹이나 지급카드 등이 빠르게 그 자리를 대체하고 있다. 특히 코로나19 팬데믹 이후 비대면 온라인 거래가 폭발적으로 증가하면서 이러한 추세는 더욱 가속화되었다. 이러한 변화의 중심에는 전자화된 지급수단이 있다.

민간 디지털화폐는 전통적인 지급결제시스템의 경계를 허물며 금융의 편리성과 효율성을 높이고 있다. 그러나 이 과정에서 전통 화폐의 통합적 기능이 오히려 분화되는 현상이 나타났다. 과거에는 하나의 화폐가 교환의 매개, 가치저장 및 회계단위의 기능을 동시에 수행했지만 이제는

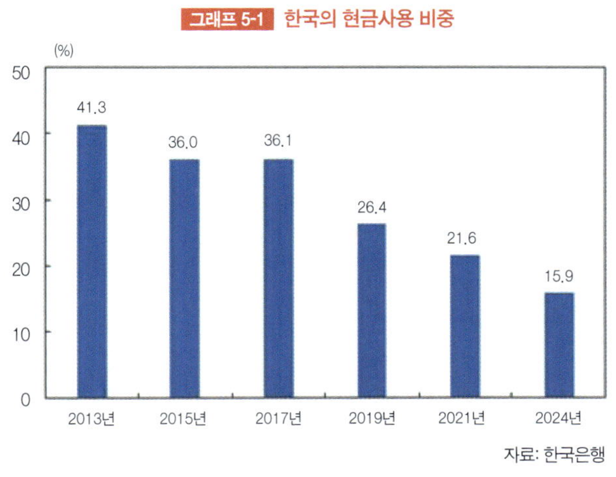

그래프 5-1 한국의 현금사용 비중

상황이 다르다. 예컨대 스마트폰 앱이나 QR코드 기반 지급수단의 경우 교환의 매개 기능은 탁월하지만 가치저장 수단으로는 활용되지 않는다. 반면 비트코인과 같은 암호자산은 가치저장이나 투자대상으로는 각광받지만 극심한 가격 변동성 탓에 교환수단으로는 거의 쓰이지 않는다.

2009년, 비트코인의 등장은 중개기관이 없는 디지털화폐의 가능성을 열었고 이후 수없이 많은 암호화폐가 등장했다. 일부는 가치 변동성과 법적 지위 논란에도 불구하고 디지털 시대의 새로운 자산으로 자리 잡았다. 이어 법정화폐와 암호자산을 연결하는 스테이블코인이 나타나면서 디지털 공간에서 법정화폐의 기능을 일부 대체하거나 보완하는 지급수단으로 활용되고 있다.

다른 한편으로 민간 디지털화폐의 확산은 금융의 편리성을 높였으나, 동시에 중앙은행의 통제 밖에서 독자적 생태계를 형성하며 기존 금융시스템의 안정성에 위협이 되는 과제로 부상하였다. 이에 각국 중앙은행은 공적 화폐의 신뢰와 안정성을 유지하기 위한 해법으로 CBDC를 연구하기 시작한 것이다.

결국 화폐는 끊임없이 진화해 왔으며 현재도 디지털화라는 거대한 흐름 속에서 형태와 운영 방식이 변화하고 있다. 민간 화폐는 '교환의 매개' 기능을 혁신했지만 '안전하고 신뢰받는 지급수단'을 제공하는 데는 한계가 있다. 이러한 공백을 메우기 위한 논의가 다양하게 진행되고 있으며 이는 다음 장에서 자세히 설명하겠다.

왜 CBDC인가:
중앙은행의 디지털 선택

중앙은행이 만드는 디지털 현금

CBDC^{Central Bank Digital Currency}는 중앙은행이 발행하고 보증하는 디지털화폐다. 다시 말해, 중앙은행이 직접 가치를 담보하는 전자적 화폐로서 전통적인 지폐와 동전의 디지털 버전이라고 할 수 있다. 전 세계 주요 중앙은행들이 CBDC 도입을 검토하는 이유는 결제와 거래가 빠르게 디지털화되는 상황 속에서 공적 화폐의 신뢰를 디지털 영역에서도 유지하기 위함이다. 돈이 민간 주도의 암호화폐나 외국 빅테크의 결제망에만 의존하게 두지 않고 자국 중앙은행이 공공재로서 관리하겠다는 것이다.

CBDC는 용도에 따라 두 가지로 나눌 수 있다.

기관용**Wholesale** CBDC는 중앙은행과 금융기관 간 거래에 활용되며 기존 중앙은행 준비금을 대체하는 개념이다.

범용**Retail** CBDC는 일반 국민과 기업이 현금처럼 사용 가능한 디지털 화폐로서 상업은행 계좌, 모바일 앱, 신용카드 등을 통해 접근할 수 있다. 디지털 형태의 현금을 발행하는 것과 같은 개념이다.

현재 우리가 쓰는 은행 예금이나 전자화폐**E-Money** 등은 모두 민간이 운영하는 것이지만 범용 CBDC는 중앙은행이 운영한다는 점에서 차이가 있다. 범용 CBDC의 핵심 특징을 살펴보면 다음과 같다.

첫째, 중앙은행이 직접 발행하고 보증하므로 높은 공신력과 신뢰도를 가진다.

둘째, 법정화폐와 1대 1로 가치가 고정되어 가격 변동이 없고 화폐의 단일성이 확보된다.

셋째, 기존 현금과 동일한 법적효력 및 강제통용력을 가진다. 마지막은 분산원장기술**Distributed Ledger Technology, DLT**을 활용하여 거래의 투명성과 안전성을 높이며 스마트계약으로 프로그래밍 가능한 화폐를 구현할 수 있다.

한편 현금과 범용 CBDC를 비교해 보면〈표 5-1〉참조 공통적으로 거래 익명성을 어느 정도 보장할 수 있다는 특징이 있다. 그러나 차이점도 뚜렷하다. 현금은 이자 지급이나 보유 한도 설정이 불가능하지만, CBDC는 정책 목적에 따라 이자 지급 여부나 보유 한도를 설정할 수 있다. 또한, 현금은 시간 제약 없이 사용 가능하나, CBDC는 시스템 설계에 따라 이용 가능 시간이 제한될 수도 있다.

표 5-1 현금과 범용 CBDC의 특성 비교

	현금	범용 CBDC
거래 익명성	완전 보장	설계에 따라 보장 여부 선택 가능
이자 지급	불가능	정책 목적에 따라 이자 지급 가능
보유한도	없음	시스템 설계에 따라 한도 설정 가능
이용 가능시간	제한 없음(항상 사용 가능)	시스템 운영에 따라 시간 제한 가능

중앙은행이 CBDC를 도입하려는 이유

중앙은행이 CBDC를 도입하려는 목적은 디지털 경제의 흐름에 대응하기 위한 것만은 아니다. 그 배경에는 민간 디지털화폐의 독점성 견제, 금융시스템의 안정성 확보, 통화주권 방어라는 전략적 의도가 자리한다. CBDC는 신용위험이 없는 공공재Public Good로서 '결제시스템의 안정화, 통화정책 전파력 강화 및 금융포용성Financial Inclusion 확대'라는 중앙은행의 핵심 책무를 디지털 시대에도 이행할 수 있게 한다. CBDC 도입 논의가 본격화된 배경에는 몇 가지 요인이 있다.

암호화폐의 등장: 비트코인 등 중앙은행 통제를 벗어난 여러 암호화폐가 확산되면서 기존 화폐시스템에 미칠 영향에 대한 우려가 커졌다.

리브라Libra **충격**: 2019년, 페이스북이 글로벌 스테이블코인 리브라를 발표하자 각국 중앙은행은 통화주권 침해 가능성을 매우 우려했다. 결국 미국과 EU 등 G20의 반대로 무산되었지만, 이 사건은 중국의 CBDC 개발을 가속화했고, 유럽중앙은행도 디지털 유로 논의를 본격화하는 계기가 되었다. 2025년 BIS가 전 세계 주요국 중앙은행을 대상으로 실시한 서베이[40] 〈그림 5-1〉에서도 암호자산의 출현이 CBDC 개발에 큰 영향(85개 중앙은행 중 35%가 범용 CBDC 개발에, 그리고 43%는 기관용 CBDC 개발에 영향을 미쳤다고 응답)을 미쳤음이 확인된다.

지급결제 인프라 안정성 확보: 디지털 시대에도 신뢰할 수 있는 공적 결제수단과 이들이 움직이는 통로인 결제 인프라를 안정적으로 확보할 필요성이 커졌다.

금융포용성 확대: 특히 개발도상국이나 신흥국에서 금융 소외계층을 포용하기 위한 수단이 필요했다.

국제결제 효율화 요구: 국경 간 송금에 있어 빠르고 저렴한 결제에 대한 사회적 수요가 커졌다.

---

40 BIS는 매년 전 세계 중앙은행을 대상으로 CBDC 개발 현황을 조사하고 그 결과를 발표한다.

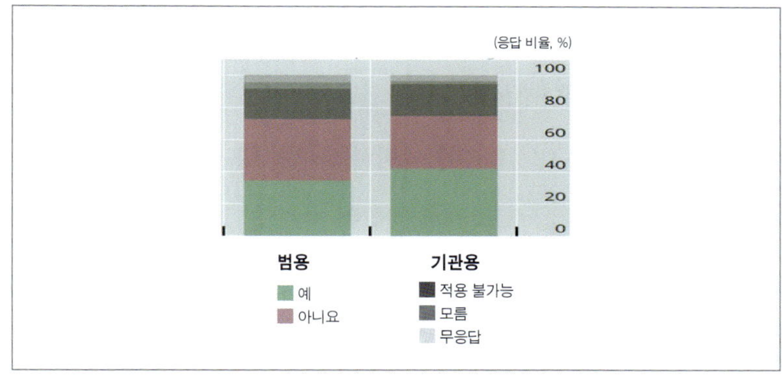

자료: BIS(2025.8)

요컨대, CBDC는 단순히 현금을 디지털로 전환한 것이 아니다. 그것은 디지털 경제하에서 국가의 통화주권을 방어하고, 금융안정을 강화하며, 금융포용성을 확대하는 전략적 도구다. 따라서 각국 중앙은행의 CBDC 연구는 디지털 시대에 화폐제도를 재정립하려는 정책적 대응으로 이해해야 한다.

기회와 위험, CBDC의 두 얼굴

CBDC는 디지털화폐로서 앞에서 설명하였듯이 국가의 금융 및 경제에 긍정적인 영향을 미치는 반면 리스크도 내포하고 있다.

우선 긍정적 효과를 살펴보면 다음과 같다.

첫째, 통화주권의 수호와 신뢰 유지 측면에서 중요하다. 민간 암호자산이나 외국 디지털화폐의 확산은 자국 통화주권을 위협할 수 있으나, CBDC는 법정화폐의 지위를 디지털 환경에서도 지속할 수 있게 한다. 더 나아가 CBDC는 프로그래머블Programmable 기능을 통해 재정정책과 통화정책의 효율성을 동시에 제고할 수 있다. 예컨대 재난지원금을 CBDC 형태로 지급하면서 사용처나 기간을 조건부로 제한하거나 스마트계약을 활용하여 자금 흐름을 자동화하는 방식이 가능하다.

둘째, 지급 및 결제의 효율성을 제고하여 사회적 비용 절감에 기여할 수 있다. 실물 화폐의 인쇄·운송·보관 과정에서 발생하는 비용을 줄이고 디지털 결제를 통해 거래 속도를 단축할 수 있다. 이 과정에서 수수료가 낮아져 이용자의 편익이 확대된다. 특히 국제송금의 경우, 기존의 다단계 중개기관을 거치는 SWIFT망 대신 직접 결제를 가능하게 함으로써 더 빠르고 저렴하며 투명한 거래가 가능하다.

셋째, 금융포용성을 강화할 수 있다. 은행 계좌를 보유하지 못하는 개인이라도 스마트폰의 디지털 지갑을 통해 안전한 금융 서비스에 접근할 수 있게 되며, 이는 금융 인프라가 취약한 저개발국이나 금융 소외지역에서 특히 유용하다.

마지막으로, 민간 디지털화폐의 위험을 완화할 수 있다. 규제 받지 않는 스테이블코인이나 암호화폐는 시장 불안정과 소비자 피해를 초래할 수 있다. 실제로 2022년, 테라USD와 같은 스테이블코인의 붕괴 사례는 민간 발행 화폐가 신뢰 상실과 함께 금융시장에 미치는 충격을 보여주었다. 반면에 다음과 같은 잠재적 리스크에 대한 고려도 필요하다.

첫째, 은행의 금융중개 기능 약화를 초래할 수 있다. 대규모 자금이 은행 예금에서 CBDC로 이동하면 은행의 대출 여력이 축소되고 금융 불안 시에는 뱅크런Bank Run을 가속화할 위험이 있다. 이에 따라 중앙은행은 CBDC에 보유 한도 설정이나 무이자 설계를 부과하는 등 안전장치를 모색 중이다.

둘째, 프라이버시 침해 우려가 존재한다. CBDC 거래 기록은 불가피하게 남게 되므로 정부나 중앙은행이 모든 거래를 추적할 수 있다는 우려가 제기된다. 이는 사회적 거부감을 유발할 수 있으며, 도입 자체가 좌절될 수도 있다. 따라서 개인정보 보호 수준과 범죄 대응 필요성 사이에서 균형 있는 설계가 요구된다.

셋째, 사이버 보안 및 운영 리스크가 크다. CBDC는 국가 금융 인프라의 핵심이 되는 만큼 해킹·시스템 장애·위조 및 이중지불 방지 등 고도의 보안 체계가 필수적이다. 만약 CBDC 시스템이 마비될 경우 경제 거래 자체가 중단되는 심각한 사태로 이어질 수 있다. 이는 중앙은행이 전례 없는 규모의 IT 인프라를 안정적으로 운영해야 한다는 부담으로 이어진다.

마지막으로, 국제적 파급 효과에 대한 우려도 있다. 미국 달러와 같은 기축통화 기반의 CBDC가 국외에서 광범위하게 사용될 경우 특정 국가

의 통화주권이 약화되는 디지털 달러라이제이션**Dollarization** 현상이 심화
될 수 있다.

　종합해 보면, CBDC는 금융 혁신과 공공 이익을 확대할 잠재력을 지니
지만 동시에 기존 금융 질서와 사회적 가치에 중대한 영향을 미칠 수 있
는 양면성을 갖는다. 따라서 CBDC의 도입은 단순한 기술적 결정이 아니
라 금융안정과 사회적 가치 간 균형을 모색하는 정책적 과제라 하겠다.
따라서 각국은 실험과 분석을 통해 긍정적 효과를 극대화하는 동시에 잠
재적 위험을 최소화하는 방향으로 제도 설계를 고민하고 있다.

주요국의 CBDC 개발 현황

　주요국 중앙은행의 경우 나라마다 열의와 접근법에 차이가 있다. 여
기에서는 미국, 유럽연합**EU**, 영국, 일본, 중국의 동향을 개괄해 보고 이
미 CBDC를 도입하여 운영하고 있는 소규모 국가들의 실제 사례를 알아
보겠다.

(1) 미국: 디지털달러 검토와 정책적 논쟁

　미국의 CBDC 논의는 비교적 늦게 출발하였다. 연방준비제도이사회
Fed가 국민 의견을 수렴하기 위해 2022년 1월, '디지털 달러' 토의 보고서

[41]를 발표하면서 공식적인 논의를 시작하였다. 같은 해 3월, 바이든 행정부는 디지털화폐 연구를 포함한 행정명령을 발표하여 정책적 검토를 본격화하였으며, 이어서 재무부는 2022년 7월, '디지털 자산의 책임 있는 개발을 위한 프레임워크'를 통해 후속 과제를 제시하였다. 2024년 10월에 발표된 연구 결과 보고서[42]에서는 미래 지급결제 인프라에서 중앙은행과 CBDC가 핵심적 역할을 수행해야 하며 스테이블코인은 점차 대체될 가능성이 있다는 점을 강조하였다.

그러나 트럼프 정부 출범 이후 스테이블코인과의 경합 및 프라이버시 이슈 등으로 CBDC에 대한 강한 회의론이 제기되었고, 2025년 1월, 대통령 행정명령을 통해 연준의 CBDC 연구와 발행이 전면 금지되었다. 같은 해 7월에는 의회가 CBDC 금지법안 Anti-CBDC Surveillance State Act을 발의하여 하원을 통과하였으며, 현재는 상원에서 논의 중이다.

이와 같은 미국의 정책 변화는 앞으로 설명하겠지만 기본적으로 민간 스테이블코인의 제도화 및 육성 전략과 밀접하게 연결되어 있다. 아울러 미국 내 주요 경제 주체들의 우려도 반영되었다. 금융 산업 위축, 사생활 침해, 중앙집중적 권한 강화에 대한 비판 등이 제기되면서 민간·학계·산업계 전반에서 CBDC 도입에 대해 신중하거나 부정적인 기류가 확

---

41 Fed (2022년, 1월), Money and Payments: The U.S. Dollar in the Age of Digital Transformation
42 미 재무부 (2024년, 10월), Digital Assets and the Treasury Market

산되었다. 결과적으로 미국은 현재 CBDC 개발을 중단한 상태에 있으며, 향후 정책 전환 여부는 정치적 환경 변화와 국제적 경쟁 구도 등에 달려 있다.

(2) 유럽연합^{EU}: 디지털유로 프로젝트의 진전

EU는 CBDC인 디지털유로^{Digital Euro} 프로젝트를 적극적으로 추진하고 있는 지역 중 하나다. 유럽중앙은행^{ECB}은 2020년부터 디지털유로 도입을 위한 여건을 검토하며 본격적인 조사 연구를 시작하였다.

2021년 10월부터 2년간의 조사단계^{Investigation Phase}와 2023년 10월부터 다시 2년간의 준비단계^{Preparation Phase} 연구를 진행하였으며, 2025년 10월에 완료하였다. 준비 단계에서는 플랫폼 개발, 규칙^{Rulebook} 초안 마련 등 제도적·기술적 기반 구축에 주력하였다. 그리고 그 동안의 연구결과와 함께 향후 계획을 담은 종합보고서[43]를 10월에 발표하였다. 향후 계획과 관련하여 ECB는 2026년 중 관련 법률이 의회에서 채택된다면 2027년 중에 파일럿 실험을 실시할 수 있고, 최초 발행은 2029년을 목표로 한다고 밝혔다. 한편 유럽집행위원회는 디지털유로 도입을 위한 법률안^{Digital Euro Package}[44]을 2023년 6월, 유럽의회에 제출한 바 있다.

---

43 ECB (2025년,10월), Progress on the preparation phase of a digital euro, Closing progress report
44 유럽집행위원회 (2023년 6월), *Proposal for a Regulation on the establishment of the digital euro* (COM/2023/369)

ECB는 현금 사용의 지속적 감소와 민간 빅테크 기업의 결제망 지배력 확대를 주요 위험 요인으로 인식하고, 이에 대응하기 위한 공공 차원의 디지털 지급수단으로서 디지털유로의 필요성을 강조한다. 동시에 미국이 달러화에 연동된 스테이블코인을 제도화하여 국제적 영향력을 확대하려는 움직임에 대응해 지급결제 자주권을 확보하려는 전략도 있다. 그러나 회원국 간 디지털 인프라 격차, 개인정보 보호와 프라이버시 논쟁, 현금 존치 여부에 대한 사회적 논의는 여전히 해결해야 할 과제로 남아 있다.

(3) 영국: 디지털파운드 가능성 탐색

영국은 재무부와 영국의 중앙은행인 영란은행英蘭銀行, Bank Of England이 공동으로 2021년 CBDC 전담팀을 꾸렸고 2023년 2월에는 디지털파운드 도입을 위한 공청 및 자문보고서를 발표[45]하여 국민 의견을 수렴한 바 있다. 동 보고서에서 영란은행은 '향후 10년내 디지털파운드가 필요해질 가능성이 높다'고 언급하였고, 대략 2030년쯤 도입을 목표로 한 청사진을 제시하였다. 현재 영국은 기술모형과 정책과제를 검토하는 초기 단계에 있다. 영국도 EU와 마찬가지로 법 개정이 필요한데, 의회 차원의 입법 논의는 속도가 느린 편이다. 정치권에서는 '굳이 CBDC가 필

---

45 BOE (2023년10월), The digital pound: A new form of money for households and businesses?

요한가?'라는 의문과 '미리 대비해야한다'는 견해가 맞서고 있다. 영국은 전통적으로 런던의 거대 금융산업이 중요하므로 은행시스템을 해치지 않는 범위에서 CBDC를 혁신적으로 설계하려는 것으로 보이며 아직은 신중한 검토 단계라 하겠다.

(4) 일본: CBDC 실험과 신중한 접근

일본은 오랫동안 현금선호가 강했으나 2026년 현재, 빠르게 결제의 디지털화가 이뤄지고 있다. 이에 맞춰 일본은행[BOJ]도 CBDC에 대한 연구와 실험을 진행하고 있다. 2021년부터 2년에 걸쳐 CBDC의 기초 기능에 대한 개념 실험 1단계와 2단계를 완료했고, 2023년 4월부터는 상업은행 등과 함께 파일럿 테스트를 시작하였다. 이 단계에서는 기술적 타당성 외에도 실제 운영 시 은행과의 역할 분담, 오프라인 결제, 시스템 연결 등이 테스트 대상이다. 2025년 5월에는 CBDC 파일럿 프로그램 진행 보고서[46]를 통해 연구를 계속 진행하겠다는 정책을 표명하였다. 일본의 경우 기술적 준비와 논의는 활발히 진행하는 단계이며 아직 일본정부와 BOJ 모두 CBDC 발행을 결정하지는 않은 상태다.

---

[46] 일본은행(2025년 5월), Central Bank Digital Currency Experiments: Progress on the Pilot Program

   스테이블코인 머니 게임

(5) 중국: e-CNY의 시범운영 확대와 국제화 전략

중국은 현재 주요국 중에서 가장 앞선 CBDC 추진 국가로 평가된다. 중국인민은행[PBoC]은 2014년에 전담팀을 구성하여 일찍이 디지털화폐 연구를 시작하였고, 2020년부터는 디지털위안[e-CNY]의 시범 운영을 본격적으로 시작하였다. 현재 e-CNY는 26개 이상의 도시와 지역에서 활용되고 있으며, 일반 시민들은 전용 모바일 앱을 통해 충전 및 결제를 할 수 있다.

중국 정부의 목표는 국내적으로는 현금 없는 사회를 안정적으로 구현하는 한편, 국제적으로는 무역과 금융 부문에서 위안화 사용을 확대하는 데 있다. 이를 위해 2022년, 베이징 동계올림픽에서는 외국인에게도 e-CNY 사용 경험을 제공하였으며, BIS가 주도하는 다국간 CBDC 프로젝트인 엠브릿지[mBridge 47]에도 참여하였다. 더 나아가 2025년 9월에는 e-CNY의 국제화를 본격적으로 추진하기 위해 '위안화 국제운영센터'를 설립하였다. 이러한 일련의 조치는 중국이 CBDC를 국가 전략의 핵심 수단으로 활용하고 있음을 보여준다.

다만, 중국 내 결제 시장에서는 여전히 알리페이와 위챗페이 등 민간 전자결제 플랫폼이 압도적인 점유율을 유지하고 있다. 이는 CBDC가 확

---

47 여러 국가의 개별 CBDC를 하나의 공유 플랫폼에서 연결하여 실시간 국제결제를 가능하게 하는 모델이다. 한국은행은 동 프로젝트에 옵저버로 참여하고 있다.

산되기 위해서는 단순한 국가 보증을 넘어 민간 플랫폼 수준의 편의성
과 부가가치를 제공해야 함을 시사한다.

한편 중국의 적극적인 CBDC 추진은 주요국들로 하여금 자국 CBDC
전략을 가속화하도록 자극하고 있으며, 이는 국제적 차원에서 디지털화
폐 패권 경쟁 구도를 한층 심화시키는 요인으로 작용하고 있다.

(6) CBDC 도입 국가들의 실제 경험

현재 바하마의 샌드 달러Sand Dollar, 나이지리아의 이-나이라e-Naira, 자
메이카의 자메이카 디지털 익스체인지JAM-DEX가 CBDC의 실제 도입 사
례로 대표된다. 이들 국가는 금융 포용성 확대와 화폐 유통비용 절감이
라는 목표를 가지고 CBDC를 도입했다. 그러나 시스템의 불안정성, 결
제인프라의 부족, 은행들의 반발 등으로 인해 낮은 사용률을 기록하며
아직까지 기대에 미치지 못하는 수준이다. 이는 CBDC의 도입이 반드시
성공을 담보하지 않는다는 점을 보여준다. 기술적 안정성과 제도적 설
계뿐 아니라 사용자의 신뢰와 편의성 확보가 성패를 좌우한다는 교훈을
남기고 있다.

국가/지역	CBDC 유형	추진 단계	주요과제 및 시사점
미국	디지털달러	2025년 대통령 행정명령으로 CBDC 연구·발행 금지	정치적 논쟁 심화, 민간 주도 스테이블코인의 결제망 확대
EU	디지털유로	조사단계 및 준비단계 완료, 파일럿 실험 준비중	회원국 간 인프라 격차, 프라이버시 논쟁 해결 필요
영국	디지털파운드	연구 중	발행 필요성에 대한 사회적 합의 부족
일본	디지털엔	2단계 개념 증명 후 파일럿 테스트 진행	현금 선호 문화, 수요 불확실
중국	e-CNY	대규모 시범사업 진행 중	민간 결제수단과 경쟁, 국제화 촉진
도입국가	바하마 (Sand Dollar) 나이지리아 (e-Naira) 자메이카 (JAM-DEX)	발행 및 유통 중	낮은 사용률, 결제 인프라 부족, 대중적 확산 과제

이처럼 주요국들의 CBDC 개발현황은 기술적·제도적 단계별로 차이를 보인다. 그러나 단순히 어느 나라가 '앞서 있다' 혹은 '뒤쳐져 있다'는 사실만으로는 각국의 접근 차이를 충분히 설명할 수 없다. CBDC 추진 배경에는 금융포용, 통화주권, 국제결제 경쟁력 강화 등 각국의 전략적 목표가 반영되어 있기 때문이다. 따라서 앞으로 이러한 현황을 토대로 주요국이 어떠한 정책적 동기와 전략을 가지고 디지털화폐를 추진하는지를 살펴볼 것이다.

한국: 한국형 CBDC의 실험 – 프로젝트 한강

한국은행은 현금 이용의 지속적 감소, 경제의 디지털 전환, 스테이블 코인 확산 가능성 등 금융환경의 구조적 변화에 대응하기 위해 2010년 대 후반부터 CBDC 연구를 꾸준히 진행해 왔다. 연구는 기술, 제도, 시장을 포괄하는 다각적 접근으로 전개되었으며, 2021년부터는 모의실험을 실시하였고 2023년에는 'CBDC 활용성 테스트'로 발전하였다. 또한, 국제협력 차원에서 BIS 주도의 국가 간 지급 개선 프로젝트에도 참여하고 있다. 〈BOX 5-2〉의 내용인 프로젝트 아고라^{Project Agorá}와 만달라^{Project Mandala}가 여기에 해당한다.

(모의실험)

2021년부터 2022년까지 모의실험을 1단계와 2단계로 나누어 진행하였다. 1단계에서는 제한된 가상환경에서 분산원장 기반 CBDC의 발행·유통·환수 기능을 시험하였으며, 2단계에서는 오프라인 결제, 디지털 자산 거래, 국가 간 송금 등 확장 기능을 실제에 가까운 환경에서 검증하였다. 그 이후 2022년 하반기의 금융기관 연계실험에서는 상업은행의 테스트 서버와 연계하여 모의시스템의 연계성과 성능을 확인하였고, 범용 CBDC 시스템의 구현 가능성도 점검하였다.

2023년 10월부터는 금융위원회 및 금융감독원과 공동으로 'CBDC 활용성 테스트(프로젝트 한강)'를 착수하였다. 이 프로젝트의 핵심은 기관용 CBDC 기반의 디지털화폐 네트워크를 구축하고, 실거래 테스트(예금토큰[48]과 디지털 바우처 거래)와 가상환경 기술 실험(토큰화 자산 및 증권 거래)을 병행하는 데 있다. 디지털화폐 네트워크는 중앙은행이 직접 운영하는 디지털화폐 시스템과 민간의 외부 연계 시스템으로 구성되며〈그림 5-3〉참고 기관용 CBDC, 은행이 발행하는 예금토큰 그리고 기관용 CBDC를 준비자산으로 한 이머니 토큰이 각각의 용도에 따라 거래된다. 이를 통해 CBDC와 민간 디지털화폐가 공존하며 상호 보완할 수 있는 가능성을 검증할 수 있다.

2025년 상반기에는 국민이 직접 참여하는 실거래 테스트를 실시하였다. 7개 상업은행이 고객 예금을 담보로 1:1 가치의 예금토큰을 발행하여 전자지갑을 통해 제공하고, 이를 실제 상점에서 결제하는 방식이다. 예금토큰은 발행 주체가 은행이라는 점에서 CBDC와 구별되지만 예금과의 1:1 교환 보장, 별도 예치 통한 파산 대비 안전장치 등으로 안정성을 확보하였다. 이어 2026년에는 정부와 협력하여 국고보조금을 예금

---

[48] 예금토큰Tokenized Deposit은 상업은행이 예금을 바탕으로 분산원장 기술 등을 이용하여 발행하는 디지털화폐다. '은행 예금이 토큰화되어 언제나 액면가로의 교환된다'는 점에서 안정성 측면에서 스테이블코인의 대체재로 주목받고 있다.

토큰 형태로 지급하는 2차 프로젝트가 계획되어 있다.

한국은행은 2025년 10월에 발표한 프로젝트 한강 1차 파일럿 결과보고서에서 주요 성과로 통합원장^{Unified Ledger 49} 개념을 토대로 분산원장 기술 기반의 디지털화폐 및 통화인프라를 실거래에 적용했으며, 이를 통해 새로운 디지털 지급수단의 활용 가능성을 제시했다고 밝히고 있다. 또한, 예금 토큰에 부여된 프로그래밍 기능을 디지털 바우처에 접목하여 대금 정산 절차를 간소화하고 사후 검증 부담을 경감함으로써 정부 보조금 집행방식의 개선 가능성도 모색할 수 있었다고 기술하고 있다. 프로젝트 한강은 범용 CBDC 도입이 아닌, 기관용 CBDC(최종결제 기능)와 민간 디지털화폐인 예금토큰의 공존 구조를 지향한다는 점에서 한국형 모델로서의 의의를 지닌다.

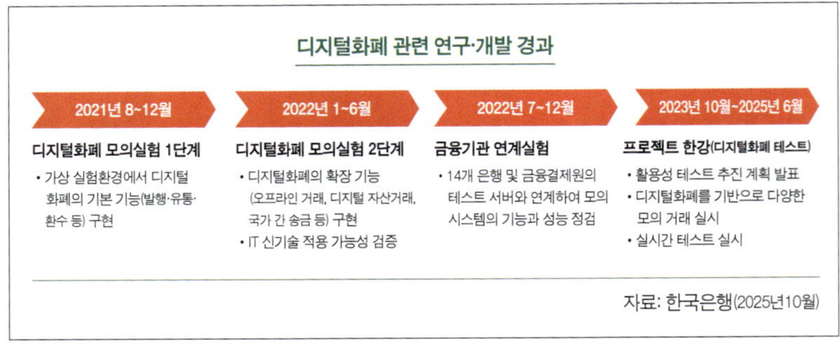

그림 5-2

---

49 통합원장은 토큰화된 화폐와 자산이 프로그래밍 가능한 공통 플랫폼 상에 발행 및 유통되는 새로운 금융시장 인프라다.

스테이블코인 머니 게임

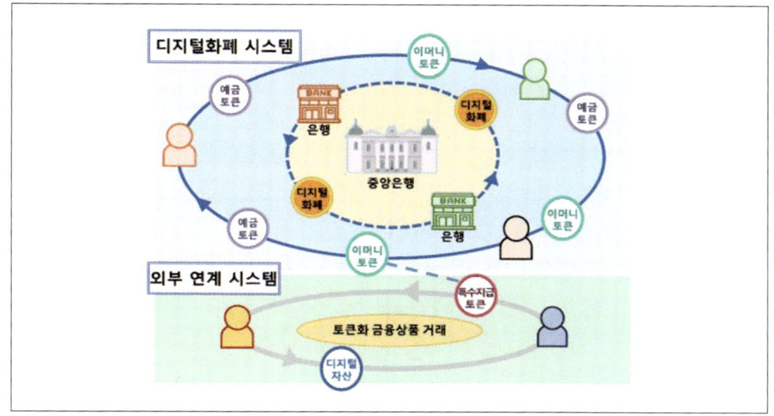

자료: 한국은행

CBDC, 미래 화폐의 새로운 표준이 될까?

CBDC는 향후 10년 안에는 여러 국가에서 현실화될 가능성이 크다. BIS의 2025년 서베이에 따르면, 전 세계 85개 중앙은행이 CBDC를 연구하고 있으며, 2030년경에는 여러 국가가 실제로 발행하여 유통할 것으로 전망된다. 2020년대 초반에는 바하마, 나이지리아, 자메이카 등 저개발 국가들이 먼저 도입에 나섰으나, 2020년대 후반에는 거대 경제권에서도 정식으로 선보일 가능성이 있다. 다만 각국의 경제 상황과 정책 목표가 다르므로 도입 양상은 많이 상이할 것으로 예상된다.

BIS의 CBDC를 활용한 국가간 지급개선 프로젝트

〈 프로젝트 아고라Agorá 〉

BIS가 주도하여 5개 기축통화국을 포함한 7개국 중앙은행(한국, 미국, 영국, 일본, 프랑스, 스위스, 멕시코)과 40여 개 글로벌 민간 금융기관이 함께하는 CBDC 프로젝트로서 한국은행도 직접 참여하고 있다. 기관용 CBDC와 예금토큰을 활용하여 화폐시스템의 개선 가능성을 모색하는 프로젝트로서 국가 간 지급서비스의 속도와 투명성을 제고하고 비용을 낮추는 연구를 우선 추진하고 있다. 2024년부터 설계 단계를 거쳐 현재는 파일럿 테스트를 진행하고 있으며 국제송금의 구조적 비효율(국가마다 다른 규제와 운영시간, 반복되는 고객신원확인 등)을 어떻게 극복할지, 민간 혁신과 공공화폐가 결합하면 어떤 편익이 있는지 등을 점검하는 것이 목표다.

〈 프로젝트 만달라Mandala 〉

BIS 주도하에 한국은행을 포함한 4개 중앙은행(한국, 호주, 말레이시아, 싱가포르)이 공동으로 CBDC를 활용하여 국가 간 지급 서비스를 개선하기 위한 프로젝트로 2023년에 시작하였다. 이는 국가 간 지급의 효율성과 투명성 제고 등을 목표로 개별 국가의 제도 및 규제 사항을 공통 플랫폼을 통해 자동화할 수 있는지를 개념증명PoC 방식으로 테스트하는 것이다. 2024년 10월에 발표한 최종 보고서[주]를 통해 국가 간 지급 관련 글로벌 규제와 국가별 정책을 반영한 모형을 활용해 규제 준수 절차의 자동화 및 간소화와 비용 절감 가능성을 확인하였다.

주: BIS(2024년 10월), Project Mandala: shaping the future of cross-border payments compliance

그럼 CBDC의 미래를 몇 가지 방향에서 조망해 보겠다.

첫째, 발행 형태 측면에서 기관용 CBDC가 국제협력 프로젝트의 실중 단계를 거쳐 국가 간 결제 분야에서 먼저 활용될 가능성이 높다. 범용 CBDC는 EU, 중국, 인도 등이 선도할 것으로 보인다. 모든 국가가 CBDC를 도입하지는 않더라도 세계 GDP의 큰 비중을 차지하는 주요 경제권이 도입하면 상대국들도 연계 수단으로 고려하게 되어 도미노 효과가 나타날 수 있다.

둘째, CBDC의 활용 영역은 초기 단계에서는 결제·송금 기능과 같은 기본적인 서비스에 초점이 맞추어질 것으로 보인다. 그러나 시간이 경과함에 따라 점차 고도화될 것이다. 예를 들어, 프로그래머블 머니를 활용한 조건부 지급, 사물인터넷IoT 기반 소액 자동결제, 자산의 토큰화Tokenization와 연계된 거래 등이 단계적으로 도입될 수 있다. 더 나아가 국경 간 결제 및 국제 금융 인프라 개선을 위한 CBDC 활용 역시 주요 발전 방향이 될 수 있다.

셋째, 제도 측면에서 CBDC는 각국의 통화정책 체계에 상당한 변화를 불러올 것이다. 예를 들어 은행들은 예금 감소를 어떻게 보완할지 고민해야 하고, CBDC에 이자 부과나 발행 한도 설정, 은행 간 경쟁 문제 등 새로운 환경 변화에 대한 대응도 해야 한다. 법적으로는 중앙은행법 개정이나 특별법 제정이 요구되며, 국제적으로도 다른 나라 CBDC의 자국 내 사용 허용 여부, 외환법 상 정의 등 새로운 규범 마련이 필요하다.

넷째, 금융산업에 미칠 영향도 크다. CBDC는 기존 은행, 비은행 결제 사업자, 카드사 등에 구조적 변화를 촉발할 수 있다. 은행들은 예금 일부가 CBDC로 전환되는 것을 우려하지만, 동시에 CBDC 지갑 운영사로서 수수료 수입을 얻거나 이를 활용한 금융서비스를 개발하는 등 새로운 역할을 모색할 것이다. 중앙은행 역시 민간과 연결된 오픈 플랫폼을 지향할 수 있고 이는 빅테크 기업들도 CBDC 결제망에 참여할 수 있음을 의미한다.

다섯째, 사용자의 수용성은 불확실성이 가장 큰 변수다. 정부가 추진하더라도 국민이 외면하면 성공하기 어렵다. 초기에는 호기심으로 이용자가 생기겠지만 민간 서비스보다 뚜렷한 편의성이나 혜택이 없으면 정착은 쉽지 않다. 이는 이미 CBDC를 도입하고 있는 저개발 3국이나 중국의 사례에서도 확인할 수 있다. 따라서 중앙은행은 사용자 친화적 환경을 조성하고, 인센티브를 제공하는 한편, 프라이버시 우려를 해소해야 한다. 정부가 모든 거래를 감시할 수 있다는 불안감을 줄이기 위해 익명성 보장 기술이나 법적 장치도 마련해야 한다.

마지막으로, 국가 간 사용과 환율 문제도 중요한 과제다. 장차 두 나라의 CBDC가 직접 교환되면서 환율이 실시간으로 형성되는 환경이 오면 외환시장 구조에도 변화가 예상된다. 장기적으로는 글로벌 차원의 CBDC 환전 플랫폼이 등장할 수 있으나, 그 전에 표준화와 국제적 외환 규범 마련이 선행되어야 한다.

종합하면, CBDC는 화폐의 디지털 형태로 점진적으로 자리 잡아 2030년대에는 현실화 단계에 들어설 가능성이 있다. 그러나 기존 금융

시스템과의 공존, 국민적 수용성 확보, 국제적 협력 체계 구축이 성공의 열쇠가 될 것이다. 일부 국가는 규제된 스테이블코인과 같은 민간 대안을 선택할 수도 있다. 그런데도 세계 주요 통화 발행국들이 이미 CBDC 경쟁에 뛰어든 만큼, 이를 외면하기는 쉽지 않다. 100여 년전 각국이 중앙은행을 설립하며 현대 통화제도가 정립된 것처럼, 향후 10~20년 안에는 CBDC를 포함한 새로운 화폐 인프라가 표준으로 자리잡을 수 있다.

스테이블코인과 CBDC 나란히 놓고 보기

닮은 듯 다른 두 화폐의 모습

스테이블코인과 CBDC는 모두 디지털 경제 시대에 안정적인 교환 수단을 지향하는 화폐의 진화 형태라는 점에서 출발점을 공유한다. 두 화폐 모두 블록체인 또는 분산원장기술[DLT]을 기반으로 하며 토큰 형태로 발행되고 프로그래밍 가능한 화폐의 성격을 가진다. 이를 통해 조건부 지급, 자동 결제, 자산 토큰화 등 다양한 혁신적 금융서비스를 구현할 수 있다. 더불어 '물리적 현금의 한계를 보완하면서 효율적이고 투명한 지급결제수단으로 기능한다'는 공통점을 가진다.

그러나 양자의 근본적 차이는 '신뢰 원천'과 '통제 구조'에서 나타난다.

스테이블코인은 민간 기업이나 금융기관이 발행하며 그 가치는 발행 사가 보유한 준비자산(예치금, 단기 국채 등)에 의해 담보된다. 이에 따라 발행기관의 신용이나 담보자산 운용의 투명성에 따라 가치 안정성이 흔들릴 수 있다. 반면 CBDC는 중앙은행이 직접 발행하는 공공 디지털화폐로서 국가의 신용이 곧 화폐 가치의 보증이 된다. 따라서 금융시스템의 위기나 시장 불안 시에도 지급결제가 중단될 위험이 매우 낮다.

기술적 구조에서도 차이가 분명하다. 스테이블코인은 개방형 네트워크 위에서 누구나 자유롭게 전자지갑을 개설하고 P2P 거래를 수행할 수 있는 반면, CBDC는 보안과 데이터 보호를 위해 허가형 네트워크 또는 중앙은행 전용 인프라에서 운영될 가능성이 높다. 이는 접근성과 혁신성 측면에서는 스테이블코인이 우위에 있지만, 규제 신뢰성과 법적 확실성 측면에서는 CBDC가 우세하다는 점을 의미한다.

규제 체계 역시 다르다. 스테이블코인은 각국 금융당국의 감독 아래 준비자산 요건, 상환의무, 회계공시 등 전통 금융기관과 비슷한 수준의 규율이 적용되고 있다. 반면 CBDC는 국가가 직접 발행·관리하기 때문에 별도의 인가 절차나 외부감사가 필요하지 않다.

구분	스테이블코인	CBDC
발행 주체	민간기업(상업은행, 빅테크, 컨소시엄 등)	중앙은행
가치 보장	준비자산(예: 예치금, 단기국채 등)에 의존	국가의 신용으로 보장, 법정화폐로서 최종 가치 뒷받침
가치 변동성	가치고정 의도이지만 발행 사 부도, 담보자산 가치하락 시 흔들릴 수 있음	중앙은행이 가치 안정 유지 명목가치 1:1로 고정
유통망	퍼블릭 블록체인 등 개방형, 지갑 간 자유로운 P2P 전송	중앙은행망 또는 허가망 기반의 폐쇄형 네트워크
거래 익명성	대부분 익명 지갑 규제 따라 신원확인(KYC) 적용	완전 익명은 아님(설계에 따라 부분 허용) 유통기관이 규제에 따라 KYC 적용
이용 범위	암호자산 거래 및 국가 간 송금	자국 내 지급결제(범용) 국제 결제 협약 시 국가 간 결제 활용 가능
규제 상황	주요국이 규제 시행 중 미국(GENIUS Act), EU(MiCA), 일본(자금결제법) 등	중앙은행이 직접 발행 및 관리, 별도 법령 필요
대표 사례	테더(USDT), USD코인(USDC), DAI, PYUSD, JPM Coin 등	중국 e-CNY, 바하마 샌드 달러 등

한편 〈그림 5-4〉는 스테이블코인과 CBDC의 개념적 특성을 네 가지 지표로 비교한 것이다. 스테이블코인은 CBDC 보다 높은 지급결제 효율성**Payment Efficiency**을 가졌다고 할 수 있다. 이는 민간시스템이 더 빠르고 낮은 비용으로 결제서비스를 제공할 수 있는데 기인한다. 아울러 프로그래밍 기능**Programmability** 측면에서 더 높은 잠재력을 가진 것으로 평가된다. 민간 스테이블코인은 스마트계약을 통해 자동화된 지급결제 등 다양한 기능을 제약 없이 구현할 수 있기 때문이다. 반대로 CBDC는 스

테이블코인에 비해 규제 신뢰성Regulatory Trust이 훨씬 높다. 중앙은행이 발행하고 관리하기 때문이다. 게다가 화폐의 단일성과 최종성Singleness/ Finality 측면에서 우수하다. 중앙은행 시스템 내에서 거래가 이루어져 최종 결제에 대한 법적 보증이 명확하기 때문이다.

결국 두 화폐는 형태와 기술은 유사하지만, 지향점과 책임의 주체가 다르다. 스테이블코인은 시장의 효율성과 혁신을 기반으로 성장한 민간형 디지털화폐이고, CBDC는 공공성과 금융안정을 우선시하는 중앙은행 화폐다. 그러나 디지털 경제가 확장될수록 이 두 화폐는 경쟁하기보다는 상호보완적으로 작동할 가능성이 크다. 스테이블코인은 혁신과 효율성의 영역에서, CBDC는 신뢰와 제도적 안정성의 영역에서 각각 중요한 역할을 수행할 것이다. 이러한 가능성에 관해서는 다음 섹션에서 더자세히 설명하겠다.

그림 5-4 스테이블코인과 CBDC의 특성 비교

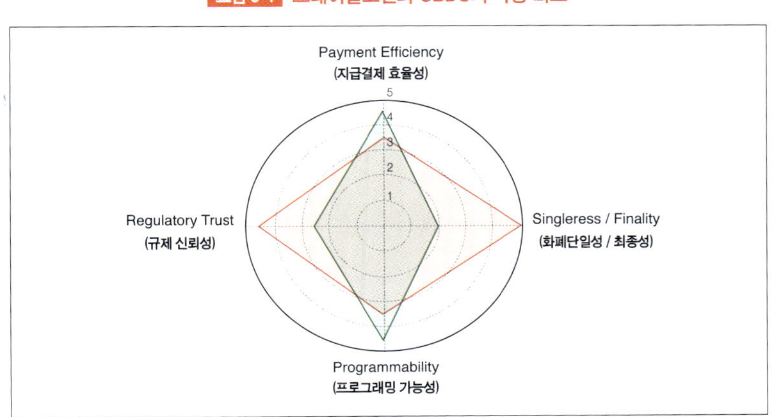

화폐대용재로서 스테이블코인의 문제

지금부터는 스테이블코인이 화폐대용재로 기능하는데 있어 어떠한 문제가 있는지 살펴보겠다.

우선 중앙은행 통화정책의 유효성을 저하시킬 가능성이 크다. 민간이 발행하는 스테이블코인이 광범위하게 사용될 경우, 중앙은행의 통화 공급 조절 기능은 약화된다. 특히 달러 기반 스테이블코인이 대규모로 확산되면, 통화가치가 불안정한 저개발국 중심으로 '디지털 달러화' 현상이 나타나 통화주권 훼손 가능성도 있다.

둘째, 스테이블코인의 발행 과정에서 발생하는 시뇨리지Seigniorage가 민간기업에 귀속된다는 점도 문제다. 화폐 발행의 공공 이익이 민간의 수익원으로 전환될 경우 이는 '공공재의 사유화'로 이어지게 된다.

셋째, 금융안정성의 훼손 위험이 있다. 스테이블코인이 예금 대체수단으로 확산되면 은행의 예금 기반이 약화되고 대출 여력이 줄어든다. 더불어 위기 시 중앙은행의 유동성 지원을 받지 못하므로 대규모 환매 요구나 '디지털 뱅크런'이 발생할 수 있다. 실제로 2022년의 테라·루나 사태는 이러한 신뢰 붕괴가 어떻게 시장 전반의 혼란으로 이어질 수 있는지를 보여주었다.

넷째, 스테이블코인의 광범위한 사용은 지급결제 인프라의 불안정을 초래할 가능성이 있다. 빅테크 기업이 발행·운영하는 스테이블코인은 결제 데이터를 독점하고 자체 플랫폼 중심의 폐쇄적 생태계를 형성할 수 있다. 이는 공공 인프라의 투명성과 접근성을 저해하고 중앙은행의 시스템 리스크 통제력을 약화시킨다.

마지막으로, 자금세탁 및 외환관리의 어려움도 무시할 수 없다. 블록체인의 익명성은 불법 자금 이동에 악용될 수 있다. 특히 비기축통화국의 경우 스테이블코인의 확산은 외화 유출과 자본시장 불안을 가중시킬 수 있다.

결국 스테이블코인이 화폐대용재로 기능하기 위해서는 기술적 혁신뿐 아니라 공공 신뢰를 확보할 제도적 기반이 필요하다. 준비자산 관리, 발행기관 인가, 자금세탁방지 등 명확한 규율이 마련되어야만 시장의 안정성이 보장될 것이다. 현재로서는 스테이블코인이 결제 효율성과 포용성 측면에서는 유용하지만, 공공성과 통화안정성 측면에서는 '보조적 지급수단'의 수준에 머물 가능성이 있다.

두 화폐의 관계: 경쟁인가, 공존인가?

스테이블코인과 CBDC의 관계는 미묘하면서도 역동적이다. 때로는 한쪽이 다른 쪽의 등장을 촉발하고, 때로는 한쪽의 움직임이 다른 쪽의 전략을 바꾸게 한다.

우선 스테이블코인의 부상은 분명히 CBDC 논의를 촉발했다. 2010년대 후반, 달러 연동 스테이블코인이 암호화폐 시장에서 폭발적으로 성장하자 중앙은행들은 법정통화가 민간 발행 토큰에 의해 대체될 가능성을 심각하게 인식하게 되었다. 특히 2019년, 당시 페이스북이 주도한 '리브라Libra' 프로젝트는 20억 명이 넘는 인구에 영향을 미칠 수 있는 글로벌 스테이블코인이었다. 이 사건은 각국 중앙은행이 CBDC 착수를 서두르는 직접적인 계기가 되었다. 비록 리브라는 무산되었지만, 그 충격파로 중국은 디지털 위안 실험을 앞당겼고, 유럽도 디지털 유로 개발을 본격화하게 되었다. 이처럼 스테이블코인은 CBDC 개발의 촉매 역할을 한 셈이다.

반대로, CBDC의 진전은 스테이블코인의 입지를 좁힐 수 있다. 주요국 중앙은행이 편리하고 안정적인 CBDC를 공급하게 되면 민간 스테이블코인의 필요성이 줄어들 수 있기 때문이다. 나아가 CBDC가 조건부 자동 결제와 같은 프로그래밍 기능까지 제공한다면 스테이블코인이 지녔던 탈 중앙 금융 연계의 장점도 희석될 수 있다.

그렇다고 두 화폐가 반드시 대체 관계에 있는 것은 아니다. 〈그림 5-5〉에서 보듯이 스테이블코인과 CBDC는 상호 배타적이지 않으며, 서로 다른 영역에서 역할을 나눠 가질 수 있다.

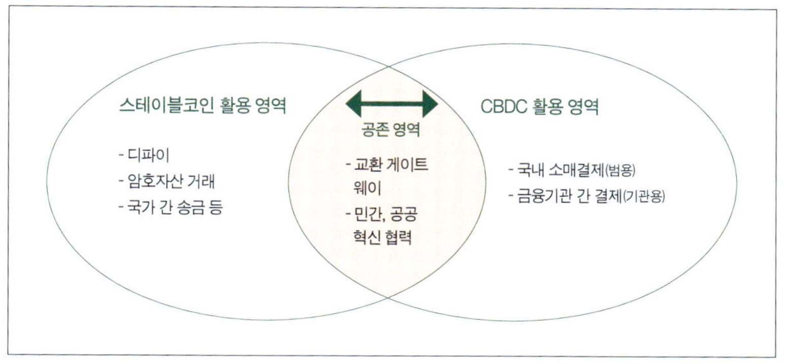

예를 들어, 스테이블코인은 탈 중앙화 금융DeFi 생태계에서 사실상 기축통화 역할을 수행한다. 변동성이 큰 암호자산을 거래하거나 대출할 때 중간 매개로 활용되며, 암호자산형 머니마켓펀드MMF처럼 시장의 안전자산으로 기능한다. 투자자들도 코인 가격 변동성이 커지면 법정화폐로 곧장 인출하기보다 스테이블코인에 머무르며 시장에 잔류하곤 한다. 이러한 기능은 CBDC로 대체하기 어렵다. 중앙은행이 발행하는 화폐는 단일성과 무결성을 지켜야 하므로 DeFi 플랫폼에서 무제한적으로 사용되도록 허용하지 않을 가능성이 높기 때문이다. 실제로 앞에서 설명한 엠브리지mBridge나 아고라 DMLAgoráDML 같은 BIS 프로젝트들은 모두 허가형·규칙 기반 플랫폼으로 설계되고 있다. CBDC는 보안상 폐쇄망에서 운영될 수밖에 없어 개방적 접근성이 제한되지만, 스테이블코인은 스마트 계약을 통해 DeFi 환경에서 자유롭게 활용될 수 있다. 따라서 디지털 혁신의 최전선에서는 민간 스테이블코인이 계속 중요한 역할을 맡을 여지가 있다.

한편 글로벌 화폐 경쟁 측면에서 두 화폐의 관계는 국가별 전략에 따라 달라진다. 미국은 자국 CBDC 발행을 금지하면서도 달러화 스테이블코인의 국제적 활용을 전략적으로 육성하고 있다. 이는 USDT, USDC 같은 스테이블코인이 사실상 '달러의 대리인'으로서 전 세계 결제에서 달러 사용을 늘리고 규제를 통해 통제 가능하다는 계산 때문이다. 반대로 EU는 민간 스테이블코인이 유로화 시스템을 교란할 가능성을 우려하며 CBDC 중심의 대응을 선호하고 있다. 이와 같이 국가별 정책 차이도 두 화폐의 관계를 규정하는 중요한 요소다.

결국 스테이블코인과 CBDC는 경쟁과 공존이 뒤섞인 관계다. 현재로서는 민간 스테이블코인이 시장을 선도하고 중앙은행이 이를 추격하는 형국이다. 실제로 2025년 말 기준, 스테이블코인의 시가총액은 약 3천 1백억 달러로 2019년에 비해 50배 이상 성장했다. 이미 강력한 네트워크 효과를 확보한 스테이블코인의 위치를 넘어 CBDC가 자리잡으려면 중앙은행은 더 큰 매력과 편의성을 제공해야 한다. 반대로 정부가 스테이블코인에 대한 규제를 강화하면 수요는 위축되고 CBDC 수요가 반사적으로 늘어날 수도 있다. 이와 같이 스테이블코인과 CBDC는 단순한 경쟁 구도를 넘어 각국의 정책 선택과 기술 환경에 따라 다양한 양상으로 얽히는 중이다.

스테이블코인과 CBDC 관계의 시나리오 분석

스테이블코인과 CBDC의 상호 관계는 각국의 정책과 제도의 선택에 따라 다양한 시나리오로 전개될 수 있다.

〈시나리오 1〉 민간 스테이블코인 중심 + CBDC는 제한적 역할

미국의 경우가 가까운 사례다. 달러라는 기축통화를 기반으로 민간이 '비공식 디지털 달러'인 스테이블코인을 발행하고 CBDC는 기관 간 결제 등 제한된 영역에만 머무른다. 이 방식은 민간의 혁신을 극대화할 수 있지만 금융시스템 리스크를 관리하기 위한 강력한 규제가 뒷받침되어야 한다.

〈시나리오 2〉 스테이블코인과 CBDC 병행, 상호보완적 활용

CBDC는 금융기관 간 거액결제의 최종 정산과 국경 간 결제와 같은 금융 인프라 역할을 맡는다. 그 위에서 예금토큰이나 스테이블코인 같은 민간 디지털화폐가 경쟁하며 혁신 서비스를 제공한다. 이는 공공의 안정성과 민간의 혁신을 동시에 추구하는 '경쟁적 공존' 모델이다.

〈시나리오 3〉 CBDC 중심 + 스테이블코인 강력 규제

중국이 대표적이다. 중앙은행이 통화 주권을 직접 행사하며 민간 암호자산 플랫폼을 강하게 규제하는 중앙집중형 모델이다. 통화정책의 효율성과 금융 안정성 확보에는 유리하지만 민간 혁신 위축과 개인정보 통제력 강화에 대한 우려가 따른다.

CBDC 도입이 스테이블코인 시장에 미칠 영향

CBDC의 도입은 스테이블코인 시장 전반에 적지 않은 영향을 미칠 것으로 예상된다. 앞서 〈BOX 5-3〉에서 살펴본 것처럼, CBDC와 스테이블코인의 관계는 각국의 정책 및 제도의 선택에 따라 많이 달라질 수 있다. 이제 CBDC의 발행이 실제 스테이블코인 시장과 경제에 어떤 파급효과를 낳을 수 있는지를 구체적으로 살펴보겠다.

첫째, CBDC의 본격적 도입은 스테이블코인의 지급결제수단으로서의 필요성을 약화시킬 수 있다. 중앙은행이 고도화된 기능을 갖춘 CBDC를 발행하고 국민이 이를 적극적으로 수용한다면, 위험성을 내포한 민간 토큰보다는 국가가 보증하는 디지털 버전을 더 선호하게 될 것이다. 중앙은행의 입장에서도 CBDC 도입 이후에는 유사한 형태의 민간 디지털화폐 발행을 규제할 동인이 생긴다. 실제로 중국은 e-CNY를 추진하면서 모든 스테이블코인의 발행 및 사용을 금지하였고, EU[MiCA]와 일본(자금결제법) 역시 외국 발행 스테이블코인의 유통을 허용하면서도 발행자 요건, 상환 보장, 준비자산 보호, 트레블 룰[Travel Rule 50] 등 엄격한 규제를 부과하고 있다. 이는 CBDC 발행 과정에서 스테이블코인을 견제하려는 정책적 흐름으로 이해할 수 있다.

둘째, CBDC와 스테이블코인이 상호보완적 관계로 공존할 수도 있다. 중앙은행이 CBDC를 발행하더라도 스테이블코인의 병존을 인정하는

---

50 암호자산 서비스 제공자가 고객의 자산을 송금할 때, 송·수신자 정보(이름, 지갑 주소, 계정 번호 등)를 함께 전송(travel)해야 한다는 의무인, 자금세탁(AML)이나 테러자금조달(CFT) 방지 목적을 위해 거래 정보가 반드시 전달되어야 한다는 원칙을 말한다.

  스테이블코인 머니 게임

접근이다. 이 경우 스테이블코인 발행사는 CBDC를 준비자산으로 활용하여 보다 안정적이고 효율적인 토큰을 발행할 수 있다. 예컨대 CBDC를 기반으로 1:1로 대응되는 민간 스테이블코인, 다시 말해 'CBDC 연계형 토큰'이 등장할 수도 있으며, 이는 CBDC를 다양한 블록체인 네트워크와 연결해주는 매개 역할을 할 수 있다.

또 다른 형태의 공존은 용도별 분화다. 국내 일상 거래에서는 국민이 신뢰할 수 있는 CBDC를 사용하고, 암호자산 거래, 탈 중앙화 금융^{DeFi}이나 크로스체인^{Cross Chain} 거래와 같은 영역에서는 스테이블코인을 사용하는 방식이다. 이때 사용자는 CBDC를 스테이블코인으로 전환하거나 다시 환원할 수 있어, CBDC가 법정화폐와 민간 화폐를 연결하는 교량 역할을 수행하게 된다.

셋째, 국가별로 영향은 상이하게 나타날 것이다. 주요 기축통화권에서는 CBDC가 자국통화 기반 스테이블코인을 일부 대체할 수 있지만, 통화 신뢰도가 낮은 신흥국에서는 오히려 기축통화 기반 스테이블코인이나 CBDC가 디지털 달러화 현상을 심화시킬 수 있다. 반대로 중국처럼 CBDC를 강력히 추진하는 국가는 스테이블코인 사용을 제한하고 CBDC를 유일한 합법적 디지털화폐로 규정할 수 있다. 이처럼 CBDC 발행은 각국 통화정책 방향과 금융 인프라 수준에 따라 스테이블코인 시장에 미치는 영향이 다르게 나타날 것이다.

마지막으로, 스테이블코인 발행사의 대응 전략도 CBDC의 영향력을 좌우하는 중요한 요소다. 발행사들이 규제 준수와 투명성 제고를 통해 안정성을 강화하고 중앙은행과 협력한다면 CBDC 시대에도 일정한 역할을 지속할 수 있다. 실제로 일부 상업은행은 기관용 CBDC를 기반으로 자체 예금토큰을 발행하여 시장 선점을 시도하고 있는데, 이는 CBDC와 스테이블코인 양자가 혼합된 형태로 진화할 가능성을 시사한다.

결론적으로, CBDC 발행은 스테이블코인에 위협이자 기회가 될 수 있다. 중앙은행이 공공성을 중심으로 CBDC를 설계하고, 민간이 혁신성과 접근성을 제공하는 역할을 맡는다면 두 디지털화폐는 경쟁을 넘어 상호 보완적 생태계를 형성할 것이다. 특히 스테이블코인은 이미 24시간 결제, 저비용 송금, 암호자산 거래의 기축통화 역할, 디파이 등에서 이용자에게 편리함을 제공해 왔다. 이러한 사용자 경험은 중앙은행이 CBDC를 성공적으로 안착시키기 위해 충족해야 할 기준이 될 것이다. 향후에는 하나의 전자지갑 안에서 CBDC와 스테이블코인이 함께 존재하며 사용자가 필요에 따라 선택적으로 사용하는 혼합형 디지털화폐 체제가 현실화될 가능성이 높다.

주요국들은 어디로 가는가:
디지털화폐 전략 지도

미국: CBDC 금지, 민간 스테이블코인 제도화

미국은 앞서 살펴본 현황과 같이 트럼프 정부의 CBDC 연구 및 발행 금지 조치와 함께 하원도 CBDC 금지 법안Anti-CBDC Surveillance State Act을 2025년 7월에 의결(상원에서 논의 중)하였다.

반면, 민간 스테이블코인의 제도화를 위해 연방 차원의 기본법인 지니어스 법[51]을 2025년 7월에 제정하였다. 현재 재무부가 세부 규정을 마련 중이며, 이를 통해 민간 달러 기반 스테이블코인을 안전하고 투명한

---

[51] 정식 명칭은 Guiding and Establishing National Innovation for U.S. Stablecoins Act이다.

규제 틀 안에서 육성하려는 것이다. 이러한 전략을 택한 이유는 글로벌 결제 시장에서 이미 중요한 역할을 수행하고 있는 민간 달러 스테이블코인의 법적 지위를 확립함과 동시에, 미 국채 수요를 확대하는 효과를 기대할 수 있기 때문이다. 전 세계 스테이블코인 거래의 99%가 달러와 연동되어 있다는 점에서, CBDC 발행이라는 직접적 부담 없이도 중국 등의 CBDC에 대응하는 민간 발행 디지털 달러 전략이라 할 수 있다.

유럽연합: CBDC 추진과 MiCA를 통한 균형 잡기

유럽연합**EU**은 디지털화폐 시대를 대비하여 '민간 주도 혁신'과 '공공 주도 금융안정'을 동시에 추구하는 혼합 모델을 모색하고 있다. 이를 위해 암호자산시장법**MiCA**을 제정(2024년 6월 시행)하여 스테이블코인 발행을 신용기관으로 제한하는 한편, 디지털유로 프로젝트를 적극적으로 추진하고 있다.

EU의 접근은 CBDC 도입을 위한 연구를 적극 추진하면서 혁신 기업이 빠른 속도로 성장할 수 있는 제도적 기반을 제공하되, 동시에 엄격한 규제를 통해 금융시스템의 건전성을 확보하고자 하는 것이다. 다만, CBDC의 최종 도입은 관련 입법 절차가 완료된 이후에 가능하며, 회원국 간 디지털 인프라 격차는 여전히 중요한 해결 과제로 남아 있다.

일본: CBDC 및 스테이블코인 모두에 신중한 접근

일본은 CBDC에 대해 신중한 태도를 유지하면서 동시에 제도권 중심의 보수적인 스테이블코인 전략을 취하고 있다. 일본은행**BOJ**은 2023년부터 CBDC 파일럿 테스트를 진행하고 있다. 그러나 CBDC 발행 여부는 정부 차원에서 결정할 사안이라는 입장을 분명히 하며 당장은 발행 계획이 없다고 밝혔다.

한편 일본 정부는 2023년 6월 개정된 자금결제법을 통해 스테이블코인을 허용하였으나, 발행 주체를 은행·신탁회사·자금이체업 등으로 제한하고 상환 의무, 준비자산의 100% 요구불예금 보유,[52] 외부 감사 등 엄격한 요건을 부과하였다. 이러한 규제 환경 속에서 한동안 민간 발행이 지연되었으나, 2025년에는 첫 엔화 스테이블코인이 승인되어 10월에 JPYC가 출시되었다. 이는 일본이 디지털화폐 영역에서 금융안정과 이용자 보호를 최우선시하면서도 점진적으로 민간 혁신을 수용하는 모습이다.

---

[52] 일본의 스테이블코인 준비자산 요건은 당초에는 100% 요구불예금으로만 한정하였는데, 2025년 6월, 자금결제법 개정(시행일자는 아직 미정)을 통해 요구불예금 50~100%, 단기국채 최대 50%, 중도 해약가능 정기예금 최대 50% 등으로 담보 규정을 완화하였다.

중국: e-CNY를 통한 패권 실험과 강력한 스테이블코인 규제

중국은 중앙집중형 모델의 CBDC, 즉 e-CNY를 강력히 추진하고 있다. 그 목적은 크게 두 가지다. 국내적으로 알리페이와 위챗페이 등 민간 빅테크 기업이 지배하는 결제 시장을 견제하고 금융 안정성을 확보하기 위함이다. 다만, 현재까지 e-CNY의 자국 내 거래 규모가 적은 것은 편의성 측면에서 민간 결제 플랫폼을 충분히 대체하지 못하고 있음을 시사한다. 국제적으로는 일대일로 프로젝트 등 대외 경제협력을 통해 e-CNY를 활용함으로써 위안화의 국제적 위상을 제고하려는 전략이다. 이를 위해 중국인민은행은 2025년 9월, 상하이에 e-CNY 국제운영센터를 설립하였다.

한편 중국 정부는 홍콩에 한정하여 스테이블코인을 허용하면서도, 본토에서는 모든 암호화폐의 발행과 유통을 금지하고 있다. 스테이블코인에 대해서도 자본유출 및 자금세탁 위험 등을 이유로 엄격한 규제를 유지한다. 이는 중국이 금융·통화 주권을 강화하면서 e-CNY를 전략적 도구로 활용하고자 함을 보여준다.

한국: CBDC 개발과 원화 스테이블코인 도입 논의 병존

한국은 CBDC와 민간 스테이블코인 간의 균형을 모색하는 실용적 접근을 취하고 있다. 한국은행은 CBDC 모의실험을 통해 디지털화폐의 기본 기능을 검증하였으며, 2025년에는 기관용 CBDC를 활용해 예금토큰을 실험하는 '프로젝트 한강'을 실행하였다.

한편, 민간 스테이블코인의 제도화 논의도 진행되고 있다. 2025년 들어 국회에서 스테이블코인 관련 법안이 연이어 발의되었으며, 정부 역시 발행 요건, 담보 관리, 내부 통제 등을 포함한 법률안을 마련할 계획이다. 현재 논의의 핵심 쟁점은 핀테크 기업에 발행 자격을 부여할 것인지 여부다. 한국은행은 통화정책의 유효성과 금융안정 리스크를 고려하여 초기 단계에서는 은행 중심으로 발행을 허용하는 것이 바람직하다는 입장을 견지하고 있다. 아울러 거버넌스 설계 역시 주요한 논의 대상이다. 금융안정 위기 시 중앙은행이 통화정책과 금융안정의 책임자로서 어떠한 역할을 제도적으로 수행할 것인지가 향후 정책 설계의 관건이 될 것이다.

국가	CBDC 추진 현황	주요 목표	스테이블코인 전략	주요 쟁점
미국	CBDC 연구 및 발행 전면 금지	달러의 디지털 패권 유지와 미 국채 수요 확대	지니어스 법안을 통해 민간 달러 기반 스테이블코인 제도화 및 육성	공적 화폐(CBDC) 없이 디지털 패권 유지 가능 여부
EU	디지털유로 입법 준비 및 기술 실험 진행	통화 주권 확보, 금융 안정성 강화, 결제 인프라 현대화	MiCA를 통해 스테이블코인 발행을 제한적으로 허용, 위험은 엄격히 통제	입법 지연과 회원국 간 디지털 인프라 격차 해소
일본	CBDC 파일럿 실험 단계, 발행 여부 미정	필요 시 신속한 도입 대비, 현금 없는 사회 전환 준비	자금결제법을 통해 은행·신탁회사 등 중심의 발행만 허용	CBDC 발행 여부 결정에 필요한 사회적 합의와 법적 정비
중국	e-CNY 시범 사업 및 국제운영 센터 설립	민간 빅테크 결제망 견제, 위안화 국제화 추진	본토 내 암호화폐 전면 금지, 홍콩에서만 제한적 허용	낮은 이용률, 개인정보 감시 우려
한국	기관용 CBDC 활용성 테스트 진행, 범용 CBDC 는 준비 단계	디지털 금융 혁신과 통화정책 안정의 균형 모색	원화 스테이블코인 제도화 법안 논의, 발행자 요건 중심 규율	예금토큰 실험과 입법 병행으로 정책 방향의 불확실성

금융의 판도를 바꾸다: 디지털화폐가 여는 새 질서

디지털화폐 전쟁은 어떻게 전개되고 있는가?

'디지털화폐 전쟁'이라는 표현이 등장할 만큼, 화폐의 디지털화는 국가 간 패권 경쟁의 새로운 무대가 되고 있다. 과거에 기축통화 지위를 둘러싼 경쟁의 핵심 요소는 주로 경제력과 거시정책이었다. 그러나 이제는 누가 더 편리하고 신뢰성 있는 인프라를 구축하고 국제사회에 제공할 수 있는지가 중요한 쟁점으로 부상하고 있다.

중국은 가장 앞서 CBDC인 e-CNY을 추진하며 자국 내 사용을 확대하고 있다. 동시에 '일대일로' 참여국을 대상으로 e-CNY 결제망을 보급해 위안화의 국제화를 가속화하려 하고 있다. BIS 주도의 다국간 CBDC 프로젝트**mBridge**에 참여하여 위안화를 중심으로 한 국제결제 생태계도 실험 중이다. 이러한 전략은 달러 중심의 글로벌 결제체계 의존도를 줄이고 기술표준과 결제 인프라 주도권을 확보하려는 시도로 해석된다.

미국은 CBDC 발행을 금지하면서 대신 민간 달러 스테이블코인을 제도권으로 편입시키며 '디지털 달러' 체제를 구축하고 있다. 이를 통해 글로벌 달러 네트워크를 확장하려는 전략을 선택했다. 미국은 공공 부문보다 민간 주도의 디지털화폐 생태계를 통해 글로벌 통화 패권을 강화하고 있다.

유럽연합은 디지털유로**Digital Euro** 발행을 통해 역내 통합 결제 인프라를 구축하고 유로화의 국제적 위상을 높이려 하고 있다. 공공 주도의 안정적인 디지털화폐 도입으로 빅테크 중심의 민간 독점을 방지하고 유럽형 금융주권을 지키려는 의도가 크다.

인도 역시 늦지만 디지털화폐 경쟁에 가세하고 있다. 방대한 내수시장과 풍부한 IT 인력을 기반으로 디지털루피**e-Rupee**를 빠르게 진척시키고 있다. 2024년부터 시범 사업을 확장하며 자국 결제망의 국제화를 통해 루피의 위상을 강화하려는 의도를 보여준다. 반면 일본은 여전히 보수적인 태도를 유지하며 경쟁에는 신중하게 접근하는 모습이다. 이처럼 각국의 지정학적 이해와 통화적 야망은 디지털화폐 전략 전반에 깊이 반영되어 있다.

이러한 디지털화폐 전쟁의 핵심 전선은 국제결제의 표준화와 인프라 경쟁으로 요약된다. 각국이 상호 경쟁적인 시스템을 구축할 경우 특정 국가가 기술·결제 표준을 선점한 플랫폼이 곧 통화 영향권을 결정하게 된다. 이에 따라 중국은 개발도상국에 디지털위안 솔루션을 제공하며 영향력을 확장하려 하고 있다.

향후 5~10년은 이러한 디지털화폐 전쟁의 핵심기가 될 것으로 보인다. 초기에는 각국이 제각기 실험적 단계를 거쳤지만 이제는 본격적인 정책 경쟁의 국면으로 전환되고 있다. 다만 미국 달러의 기존 패권이 단기간에 흔들릴 가능성은 낮다. 달러는 이미 글로벌 금융시장에서 확고한 네트워크를 구축하고 있으며, 민간 스테이블코인을 통해 디지털 영역에서도 영향력을 유지하고 있기 때문이다. 그럼에도 중국의 부상을 과소평가할 수는 없다. 중국은 대규모 내수시장과 강력한 정책 추진력을 바탕으로 위안화권 내에서 디지털위안을 표준으로 자리매김하면서 이를 주변국으로 확산시키려 하고 있다.

결론적으로, 디지털화폐를 둘러싼 국제 규범과 플랫폼 경쟁은 이미 진행 중이다. 궁극적으로는 어느 한쪽의 절대적 패권보다는 다자적 협력 틀 속에서 상호 운용되는 다극 체제로 귀결될 가능성이 크다. 예컨대 민간 영역에서는 미국 달러 기반 스테이블코인이, 공공 영역에서는 중국의 e-CNY가, 규범 영역에서는 EU의 MiCA가 각각 주도권을 행사하면서 세 축이 상호 균형을 이루는 다극적 질서가 형성될 수 있다.

디지털금융 시대: 혁신과 도전

　CBDC와 스테이블코인의 등장은 기존의 미국 달러 중심 국제통화질서에 큰 변화를 가져오는 계기가 되고 있다. 디지털 전환이 가속화되면서 현금과 같은 전통적 법정화폐의 수요는 점차 감소할 것이며, 이에 따라 기존 법정화폐의 지위와 역할 재정립이 불가피하다. 특히 비 기축통화국의 경우 자국 통화보다 달러와 같은 강력한 통화의 디지털 형태-예컨대 달러 연동 스테이블코인-를 선호하는 경향이 확대될 수 있으며, 이러한 현상은 통화주권의 위험을 가중시킬 수 있다.

　전통적 금융시장의 구조도 재편될 확률이 높다. 은행의 기존 역할은 축소되거나 변화할 것이며 경쟁 역시 심화될 것이다. 이용자는 은행 앱 대신 플랫폼, 전자지갑, 또는 토큰을 통해 금융서비스에 접근할 수 있다. 이에 따라 은행은 예금과 대출 중심의 전통적 역할에서 벗어나 디지털 인프라 제공자, 혹은 토큰화된 예금 발행 등 새로운 기능을 병행하게 될 것이다.

　동시에 증권 및 실물자산의 토큰화도 빠르게 확산될 전망이다. 주식, 채권, 국채, 부동산 등 자산을 프로그램 가능한 토큰Real-World Assets으로 전환하면 담보 관리, 자산대금 동시결제와 같은 후선 업무가 자동화된 흐름으로 통합될 수 있다. 이는 비용과 시간을 매우 절감하는 효과를 가져올 것이다. 청산·결제 시스템 역시 보다 효율적인 분산형 기술로 발전할 것으로 예상된다. 통합 원장 기반의 플랫폼에서 거래와 결제가 동시에 실행되는 원자적 결제^{Atomic Settlement}가 가능해지면 시간과 비용이 줄어들고, CBDC와 결합할 경우 결제의 최종성과 화폐의 단일성도 확보할 수 있다.

CBDC와 스테이블코인의 확산은 암호자산 시장과 탈 중앙화 금융^{DeFi}의 성장도 촉진할 것으로 전망된다. 디지털자산 생태계의 유동성과 활용성이 확대되면 스테이블코인과 같은 가격안정 토큰은 결제, 송금, 담보 등 다양한 영역에서 사용될 수 있다. 이로 인해 블록체인 기반의 디파이 시장은 더욱 크고 정교한 유동성 풀을 형성하게 되며 전통 금융의 상품과 전략이 온체인^{On-Chain}으로 이식되는 경로도 넓어지게 된다.

가장 큰 혁신은 국가 간 송금과 결제에서 가장 먼저 나타날 것으로 보인다. 24시간 실시간 결제, 외환 동시결제, 자동 환전 등이 구현되면 수수료와 대기시간이 많이 단축될 수 있다. 이는 금융포용성에도 크게 기여할 것이다. 더불어 정책지원금이나 바우처 지급 역시 정밀하게 수행할 수 있으며, 특정 용도·기간·상한을 지정한 조건부 지급 기능이 구현되면 공공 및 민간의 지급 업무가 한층 효율화될 것으로 전망한다.

그러나 이러한 디지털화는 새로운 유형의 리스크를 필연적으로 수반한다. 대규모 해킹, 스마트계약의 결함, 네트워크 장애 등은 전통 금융과는 다른 방식으로 리스크가 전파될 수 있다. 스테이블코인이나 기타 토큰 발행자가 준비자산 관리나 거버넌스에 실패할 경우 코인런^{Coin Run}

현상이 발생해 시장 충격으로 이어질 수도 있다. 더불어 규제의 사각지대가 확대될 경우 그림자 금융이 성장하여 시스템 리스크를 증폭시킬 수 있을 것이다. 결론적으로 디지털금융의 미래는 혁신성과 포용성이라는 잠재력과 동시에 리스크 관리라는 도전을 함께 내포한다. 결국 핵심은 혁신을 촉진하면서도 리스크를 잘 관리할 수 있는 균형을 어떻게 제도적·기술적으로 확보할 것인지에 달려 있다.

신뢰와 혁신의 균형:
미래 화폐 질서의 설계

스테이블코인과 CBDC는 단순히 경쟁하거나 대체하는 관계가 아니다. 이 둘은 화폐의 진화가 신뢰의 형태를 어떻게 재구성할 것인가라는 동일한 문제의식 속에서 출발한다. 스테이블코인은 민간이 주도하는 기술혁신을 통해 결제 효율성과 금융 접근성을 비약적으로 높였지만, 그 기반은 여전히 시장의 신뢰와 준비자산의 투명성에 의존한다. 반면 CBDC는 국가가 보증하는 공공 신뢰의 화폐로서, 금융안정과 통화정책의 일관성을 담보한다. 결국 두 디지털화폐는 혁신과 신뢰라는 상호보완적 축을 중심으로 공존해야 한다. 이를 위해서는 다양한 디지털화폐 간 표준화 또는 상호호환성 확보가 필요하다. 앞으로의 과제는 이 두 축을 어떻게 조화시킬 것인가에 달려 있다. 중앙은행은 기술 발전을 저해하지 않으면서도 금융안정이라는 공공 목표를 지켜야 한다. 민간은 공공 인프라를 기반으로 혁신적 서비스와 사용자 경험을 확장해야 한다. 이러한 구조적 조합은 단순한 기술적 선택을 넘어, 디지털 시대의 화폐 거버넌스를 새롭게 설계하는 일이다.

궁극적으로 스테이블코인과 CBDC의 병존은 '화폐의 본질적 질문인 누가, 어떤 방식으로 신뢰를 만든 화폐를 공급할 것인가'에 대한 새로운 해답을 요구한다. 앞으로의 디지털화폐 체계는 국가의 신뢰와 민간의 혁신이 균형을 이루는 혼합형 화폐 질서로 진화할 것이다. 이 과정에서 정부와 중앙은행의 역할은 단순한 감독자가 아니라, 디지털금융 생태계의 설계자이자 조정자로 변화해야 한다. 이는 21세기 글로벌 경제질서를 새롭게 정의하는 화폐 철학의 문제이기도 하다.

가장 큰 혁신은 국가 간 송금과 결제에서 가장 먼저 나타날 것으로 보인다. 24시간 실시간 결제, 외환 동시 결제, 자동 환전 등이 구현되면 수수료와 대기시간이 크게 단축될 수 있다. 이는 금융포용성에도 매우 기여할 것이다. 또한, 정책지원금이나 바우처 지급 역시 정밀하게 수행할 수 있으며, 특정 용도·기간·상한을 지정한 조건부 지급 기능이 구현되면 공공 및 민간의 지급 업무가 한층 효율화될 것이다.

6장

스테이블코인,
규제와 혁신의 뜨거운 대결!

제도 설계의 미래

스테이블코인의 등장으로 우리는 디지털자산의 새로운 가능성을 목격하고 있다. 하지만 기존의 법 제도나 금융 시스템이 규제해오던 전통자산과 다른 이 새로운 형태의 자산을 앞으로 어떻게 규제해야 할지는 여전히 풀어야 할 숙제다. 이번 장에서는 우선 스테이블코인을 둘러싼 법적 규제 및 감독의 현주소를 살펴보겠다. 국내법상 현재 어떻게 취급받고 있고, 국외에서는 이를 어떻게 다루고 있는지, 규제 측면에서 어떤 문제점이 있는지, 앞으로 어떻게 규제 및 감독을 해 나가야 할지에 대해 차례로 알아보겠다.

스테이블코인,
그 법적 정체

가상자산의 다양성과 분류의 필요성

비트코인 등 디지털자산이 등장한 이후 이를 설명하기 위해 암호화폐, 가상화폐, 가상자산 등 다양한 용어가 사용되었다. 그 과정에서 이것이 과연 화폐인지, 자산인지, 또는 증권인지 등에 대한 논쟁이 있었고, 법적으로 어떻게 다뤄야 하는지가 중요한 문제로 대두되었다. 이후 국내에서는 특정 금융거래정보의 보고 및 이용 등에 관한 법률(이하 특금법), 가상자산이용자보호법 등이 제정되면서 '가상자산'이라는 개념이 정의되었고, 이에 따른 여러 규제들이 생겨났다.

그런데 가상자산이라고 분류되는 것들이 모두 성질이 같은 것은 아니

다. 증권이라는 개념 하에도 채무증권(국채, 지방채, 회사채 등), 지분증권
(주식, 신주인수권), 수익증권(투자신탁 등 자산운용을 맡기고 수익을 받을 권
리), 투자계약증권, 파생결합증권, 증권예탁증권 등 여러 종류가 있고 각
각 다른 규제를 받고 있다.

마찬가지로 가상자산에도 여러 종류가 있는 것인데, 비트코인, 이더
리움, 도지코인과 스테이블코인 등은 성격이나 기능, 역할이 다르기 때
문에 다른 취급이 필요하다. 그런데 아직 이에 대한 세분화된 규제는 이
뤄지지 않고 있고, 따라서 스테이블코인을 법적으로 어떻게 취급해야
할지도 정해지지 않았다.

기존 법률의 적용

스테이블코인에 대한 법이 아직 없다고 하여 아무런 규제를 받지 않
는 것은 아니다. 정부는 일단 기존 법률 중에 적용 가능한 것을 찾아 스
테이블코인을 규제한다. 스테이블코인이 법적으로 무엇인지에 따라 다
른 법률이 적용된다. 스테이블코인에 증권성이 있다고 본다면 자본시장
과 금융투자업에 관한 법률(이하 자본시장법)을 적용하고, 스테이블코인
이 예금이라면 은행법이나 예금자보호법 등을 적용할 것이다. 스테이블
코인은 법적 성격은 과연 무엇일지 지금부터 하나하나 살펴보겠다.

스테이블코인은 화폐 또는 통화일까

한국은행법 제47조에는 화폐의 발행권은 한국은행만이 가진다고 되어 있다. 따라서 한국은행이 스테이블코인을 발행하는 것이 아니라면 국내에서 발행될 스테이블코인은 화폐라고 할 수 없다.

외국환거래법 제3조 제1항 제1호도 '내국통화'란 한국의 법정통화인 원화를 말한다고 규정한다. 제2호는 '외국통화'란 내국통화 외의 통화를 말한다고 하고 있는데, 달러 스테이블코인은 외국에서 발행되는 것이니 외국통화로 볼 수는 없을까? 그러나 보통 통화라고 하면 이는 각국의 중앙은행이 발행하는 것만을 말하므로 스테이블코인을 외국통화라고 보기도 어렵다. 결국 스테이블코인은 화폐도 통화도 아님이 명백하다. 한국은행은 스테이블코인을 화폐의 대체재 중 하나로 간주하며, 민간이 발행하는 스테이블코인이 확산될 경우 통화정책의 유효성을 저해할 수 있다고 우려하고 있는 것으로 보인다.

스테이블코인은 증권일까

증권이라고 하려면 일반적으로 사람들이 돈을 투자한 다음, 투자의 결과를 타인의 노력에 의존하면서 이익을 기대할 수 있어야 한다. 스테이블코인은 대부분 가격의 안정만 약속한다. 다시 말해 1달러=1코인을 유지하는 것이 목표일 뿐 이익을 약속하지는 않는다. 이러한 경우에는 증권이 아니므로 자본시장법의 규제 대상이 아니다.

다만 스테이블코인을 보유하기만 해도 이자를 준다는 방식으로 설계되었다면 증권으로 분류될 수도 있다. 자본시장법상 투자계약증권에 해당하기 위해서는 '금전 등의 투자, 공동사업, 타인의 노력, 손익을 귀속받는 계약상의 권리' 등 네 가지 요건이 인정되어야 하는데, 이자 제공형 스테이블코인은 이러한 요건을 충족할 가능성이 높다. 자본시장법이 적용된다면 스테이블코인의 발행, 유통, 공시 등에 대해 증권과 동일한 규제를 받게 된다.

스테이블코인은 예금일까

예금이란 금융기관에 일정한 계약에 따라 금전 등의 금융자산을 맡기는 행위 또는 그 자산을 의미한다. 예금에는 예금자보호법에 따른 원금 보장과 이자가 따른다. 예금자보호법은 금융기관만을 대상으로 하고 있는데, 대부분의 스테이블코인은 금융기관이 발행한 것이 아니고 이자를 주지도 않는다. 따라서 예금으로 보기 어렵다. 다만 은행 등 금융기관이 발행하는 스테이블코인의 경우에는 예금성이 인정될 여지가 있고, 이에 따라 기존의 예금 보호 체계도 달라져야 할 수 있다.

스테이블코인은 지급수단인가

레닷페이**Redotpay**와 같은 서비스를 통해 스테이블코인을 물건 등을 구입하는데 사용할 수 있다면, 전자금융거래법상의 전자지급수단으로 볼 수 있다.

전자금융거래법 제2조는 다음과 같이 규정하므로 직불전자지급수단, 선불전자지급수단 또는 전자화폐로 볼 여지가 있을 것이다.

직불전자지급수단: 이용자와 가맹점간에 전자적 방법에 따라 금융회사의 계좌에서 자금을 이체하는 등의 방법으로 재화 또는 용역의 제공과 그 대가의 지급을 동시에 이행할 수 있도록 금융회사 또는 전자금융업자가 발행한 증표

선불전자지급수단: 이전 가능한 금전적 가치가 전자적 방법으로 저장되어 발행된 증표로서 발행인 외의 제3자로부터 재화 또는 용역을 구입하고 그 대가를 지급하는데 사용되는 것

전자화폐: 이전 가능한 금전적 가치가 전자적 방법으로 저장되어 발행된 증표 또는 그 증표에 관한 정보

스테이블코인이 금전적 가치를 전자적으로 저장하고 이전한다는 점에서 선불전자지급수단 등과 유사한 기능을 가지는 것은 맞지만, 분산원장 기반의 특성과 현금 교환성 등의 차이로 인해 기존 규제 틀로 완전히 포섭하기는 어려운 상황이다. 선불전자지급수단 등으로 명확히 분류되면 발행자는 고객 예치금 보호(별도 예치, 신탁 등), 이용한도 설정, 금융감독원 감독 등의 규제를 받게 하나, 스테이블코인은 그 지위가 불분명하여 적용 여부에 논란이 있다. 2026년 현재, 스테이블코인 기반 결제 서비스를 제공하고 있는 레닷페이 등은 대부분 국외 기반 서비스라서 국내 자금세탁방지 규제나 금융감독원의 감독, 제재를 받는지, 외국환거래법이 적용되는지 여부 등도 불분명하다.

결국 현행법 하에서 스테이블코인의 법적 지위는 발행 주체(은행, 비은행, 국외 대기업, 한국 스타트업), 담보 구조(현금 담보, 다른 가상자산 담보, 알고리즘 방식), 사용 목적(결제, 투자, 단순 보관) 등 여러 요소에 따라 달라질 수밖에 없다. 이러한 다양한 변수로 인해 스테이블코인은 회색지대 **Gray Zone**에 놓여 있다. 증권 같으면서도 아니고, 예금 같으면서도 아닌 모순적 상황이 발생하고 있어 새로운 법적 틀이 필요한 시점이다.

우리 나라의 스테이블코인
규제 실태 해부

국내 가상자산 관련 법령 현황

그렇다면 스테이블코인에 대한 법률이 따로 제정되어 있지 않은 현재 실제 주로 어떤 법률들이 적용되고 있을까? 가상자산을 규제하는 특별법으로는 특금법과 가상자산이용자보호법이 있다.

가상자산이용자보호법은 2023년 7월 제정되어 2024년 7월부터 시행되고 있는데, 가상자산 관련 입법을 두 단계로 나누어 구축하고자 하였다. 2026년 현재는 이용자보호와 불공정거래행위(시세조종, 미공개정보 이용, 부정거래) 방지에 초점을 맞춘 1단계 입법만 시행되었고, 향후 2단계 입법으로는 가상자산업의 제도화 관련 부분을 규제하고자 하였다.

따라서 현재 기준으로는 이 법은 스테이블코인을 별도로 규제하고 있지 않다. 그나마 스테이블코인과 좀더 관련 있는 것은 특금법이다. 특금법에 따르면 스테이블코인을 거래, 중개하려는 경우 금융감독당국에 가상자산사업자^{VASP}로 등록해야 한다. 스테이블코인을 다루는 거래소는 은행을 통해 본인 확인이 가능한 실명계좌를 연결해야 하며, 자금세탁방지를 위해 거래를 모니터링해야 한다.

그러나 더 중요한 부분인 스테이블코인의 담보를 어떻게 관리하는지, 누가 발행할 수 있는지, 현금 상환을 언제든지 할 수 있는지 여부 등에 대해서는 규율이 아직 없다. 이는 스테이블코인의 핵심적인 안전성과 직결되는 문제임에도 불구하고 현재는 법적 공백 상태로 남아 있다.

금융감독당국과 한국은행 등 대응 현황

금융감독당국은 스테이블코인을 투자상품의 일종으로 보는 관점에서 이용자 보호와 금융시장 안정성을 중시하고 있으며, 대형거래소를 대상으로 현장검사 등을 실시하면서 스테이블코인을 어떻게 취급하고 있는지 집중 점검한다. 특히 국외 발행 스테이블코인의 담보자산 구성, 상환 절차, 리스크 관리 체계 등을 면밀히 살펴보고 있다. 또한, 금융회사들이 스테이블코인 관련 상품에 투자할 경우 담보자산 투명성 등을 확인하여 리스크를 관리하여야 할 의무를 강제할 것임을 시사하기도 했다. 이는 스테이블코인의 급격한 상환 요구(코인런) 시 금융회사가 받을 수 있는 충격을 최소화하기 위한 조치다.

국제기구 차원에서도 스테이블코인 리스크에 대한 협력을 강화하고 있다. 금융안정위원회FSB, 국제결제은행BIS 등과의 공조를 통해 글로벌 스테이블코인의 시스템 리스크를 모니터링하고, 국제 공조 체계를 구축하고 있다.[53]

한편 준비자산 관리, 발행자 요건, 상환 의무 등에 대한 구체적인 규제 방안을 검토하고 있다. 정부(금융위원회)는 스테이블코인 규율을 포함한 디지털자산기본법 정부안을 가상자산위원회를 통해 사실상 확정하고 여당을 통한 의원입법 형태로 국회에 제출하는 절차를 밟고 있다. 다만 '은행 지분 51% 룰' 등 원화 스테이블코인 발행 주체를 둘러싼 쟁점이 정리되지 않아 실제 입법은 더 늦어질 수 있다는 우려가 제기된다.

한국은행은 스테이블코인을 화폐의 대체재로 보며, 통화정책 유효성 저해, 금융안정 위험, 코인런 가능성, 자본유출 우려 등 4대 리스크를 제기하고 있다.[54] 이창용 총재는 '원화 스테이블코인 도입은 필요하지만 은행부터 점진적으로 도입해야 한다'는 신중론을 제시한 바 있다.[55]

---

[53] 예금보험공사, "IMF-FSB의 가상자산 규제 로드맵 이행 현황", 2024년 11월 25일

[54] 한국은행, "금융안정보고서", 2025년 6월

[55] "한은총재 원화스테이블코인, 은행부터 점진적 도입해야", 연합뉴스, 2025년 8월 19일

문제점

현행 규제 체계에서 가장 큰 문제점은 규제의 공백이다. 스테이블코인의 핵심 요소인 발행자 요건, 담보자산 관리, 상환 의무에 대한 명확한 기준이 없어 이용자 보호와 시스템 안전성 확보에 한계가 있다.

규제 일관성 부족도 문제다. 같은 스테이블코인이라도 사용 목적(결제/투자/저장)이나 발행 주체(은행/비은행/국외)에 따라 적용되는 규제가 달라질 수 있어 시장 참여자들이 혼란을 겪고 있다.

감독 체계의 분산도 우려 요인이다. 금융위원회, 금융감독원, 한국은행이 각기 다른 관점에서 스테이블코인을 바라보고 있어 일관된 정책 방향을 제시하지 못하고 있다. 특히 한국은행의 은행 발행 선호와 정부의 민간 발행 허용 검토 사이에 극명한 입장 차이가 존재한다.

국제 경쟁력 저하 위험도 크다. 미국의 지니어스법 통과, 일본과 EU의 스테이블코인 제도화가 진행되는 동안 한국은 여전히 규제 방향을 정하지 못해 디지털 금융 혁신에서 뒤처질 가능성이 높아지는 중이다.

글로벌 규제 흐름,
주요국의 선택을 추적한다

전 세계 주요국들은 스테이블코인이 결제 시스템과 금융시장에 미칠 영향을 고려하여, 빠른 속도로 규제 체계를 갖춰가고 있다. 흥미로운 점은 나라마다 접근 방식은 조금씩 다르지만, 핵심 원칙은 놀랍도록 비슷하다는 점이다.

규제의 공통 원칙: 다섯 가지 핵심축

세계 각국의 스테이블코인 규제를 들여다보면, 다섯 가지 공통된 축을 발견할 수 있다.

첫째, 발행 주체의 인가와 적격성이다. 아무나 스테이블코인을 만들 수 없다. 정부의 인가를 받은 금융기관이나 특정 요건을 충족한 기업만이 발행할 수 있도록 제한하고 있다.

둘째, 준비자산의 1:1 보유와 공시다. 발행된 스테이블코인 1달러당 실제로 1달러 이상의 자산을 보유하고 있어야 하며, 이를 정기적으로 투명하게 공개해야 한다.

셋째, 상환권 보장이다. 사용자가 원할 때 스테이블코인을 다시 법정화폐로 바꿀 수 있는 권리를 명확히 보장한다.

넷째, 유통과 중개에 대한 제한이다. 스테이블코인을 거래하거나 보관하는 서비스도 등록된 사업자만 할 수 있도록 규제한다.

다섯째, 비적격 토큰의 시장 퇴출 관리다. 규제 요건을 충족하지 못한 스테이블코인은 시장에서 단계적으로 퇴출시키는 것이다.

이러한 공통 원칙을 바탕으로, 주요국들은 각자의 금융 환경과 정책 목표에 맞게 세부 규제를 설계하고 있다.

미국: 연방과 주의 이원 체계

미국은 2025년 7월, Guaranteeing Essential National Infrastructure for U.S. Stablecoins Act**GENIUS Act, 지니어스법**'라는 이름의 연방 차원 스테이블코인 법을 처음으로 제정했다. 이 법은 결제용 스테이블코인 발행을 인가받은 발행자에게만 허용하며, 매우 엄격한 요건을 부과한다. 구체적으로 살펴보면, 발행자는 1:1 준비자산을 보유해야 하고, 매월 이를 공시해야 한다. 더불어 명확한 상환 정책을 수립하고, 건전한 운영 체계를 갖춰야 하며, 허위나 과장된 표시를 해서는 안 된다.

미국 규제의 독특한 점은 연방과 주의 이원 구조를 채택했다는 것이다. 통화감독청**OCC**이 연방 차원의 주요 감독기관으로 자리잡았지만, 발행 규모가 100억 달러 미만인 비은행 기업은 각 주의 규제 체계를 선택할 수도 있다. 미국의 전통적인 연방제 특성이 스테이블코인 규제에도 반영된 셈이다.

국외 발행자에 대해서는 '동등성**Equivalence** 인증 제도'를 운영한다. 국외에서 발행된 스테이블코인이 미국 시장에 진입하려면, 재무부가 그 나라의 규제가 미국과 동등한 수준이라고 인정해야 한다.

2026년 현재, 재무부는 법 시행과 관련하여 효과성, 비용, 프라이버시, 사이버보안 등 다양한 주제에 대해 의견을 수렴하고 있으며, 세부 규정과 인증 체계를 설계하는 작업이 진행 중이다.

EU: MiCA를 통한 단일 규제 체계

유럽연합**EU**은 'Markets in Crypto-Assets Regulation**MiCA**'라는 통합 규제 프레임워크를 통해 스테이블코인을 규율한다. EU의 접근 방식은 매우 체계적이며 스테이블코인을 두 가지 유형으로 구분한다. 먼저 자산연동토큰**ART, Asset-Referenced Token**은 여러 통화나 원자재 등에 연동된 스테이블코인을 말하며, 다음으로 전자화폐토큰**EMT, E-Money Token**은 단일 법정화폐에 연동된 스테이블코인을 의미한다.

2024년 6월 30일부터 발행자는 인가를 받아야 하며, 화이트페이퍼(백서) 작성, 준비자산 보유, 정기 공시, 거버넌스 구조 구축 등의 의무를 준수해야 한다. 특히 시장에서 '중대한**Significant**' 영향력을 가진 대형 스테이블코인은 유럽은행청**EBA**의 추가 감독을 받는다.

EU 규제의 핵심 중 하나는 비준수 토큰의 단계적 퇴출이다. 2025년 1월, 집행위원회의 Q&A와 유럽증권시장청**ESMA**의 공개 성명을 통해, MiCA 요건을 충족하지 않는 스테이블코인의 취급을 단계적으로 제한하겠다는 방침을 명확히 했다. 2025년 1월 말까지 서비스를 제한하고, 1분기 말까지는 보유자들이 매도만 할 수 있는 정리 기간을 두었다.[56]

결과적으로 유럽 시장에서는 인가받은 EMT와 ART를 중심으로 거래소 상장과 결제 활용이 재편되고 있으며, 인가받지 않은 국외 스테이블코인의 신규 유통과 마케팅이 광범위하게 차단되고 있다. EU 역내 단일 시장의 특성을 살려, 한 번의 인가로 전체 회원국에서 활동할 수 있다는 점도 특징이다.

---

56 European Securities and Markets Authority (ESMA), "Public Statement on the Provision of Certain Crypto-Asset Services in Relation to Non-MiCA Compliant ARTs and EMTs", ESMA75-223375936-6099, 17 January 2025.

일본은 2023년 6월 1일, 개정 자금결제법^{資金決済に関する法律}을 전면 시행하며 스테이블코인 규제에 나섰다. 일본의 접근은 매우 보수적이다. 법정화폐 연동형만을 '전자지급수단^{EPI, Electronic Payment Instrument}'으로 정의하고, 암호화폐나 금 등에 연동된 토큰은 아예 스테이블코인으로 인정하지 않는다.

발행 주체도 크게 제한된다. 은행, 신탁은행, 등록된 자금이전업자만이 스테이블코인을 발행할 수 있다. 사실상 전통 금융기관 중심으로 시장을 설계한 것이다.

이용자 보호를 위한 장치도 철저하다. 준비자산은 발행자의 다른 자산과 분리하여 보관해야 하며, 신탁 구조를 활용하여 안전성을 높인다. 사용자의 상환권도 법적으로 명확히 보장된다.

스테이블코인의 유통, 보관, 중개 서비스도 함부로 할 수 없다. 'EPI 거래서비스 제공자'로 별도 등록한 사업자만이 이러한 서비스를 제공할 수 있다.

2025년 개정[57]을 통해서는 약간의 유연성이 더해졌다. 신탁형 스테이블코인의 준비자산 중 최대 50%까지는 단기 국채 등 저위험 자산에 투

---

[57] 令和 7년(2025년) 6월 6일 법안이 통과된 후 6월 13일 공포되었고, 1년 이내의 범위에서 별도의 정령(政令, 한국의 시행령에 해당)이 정하는 날짜에 시행될 예정이다.

자할 수 있도록 허용한 것이다. 안정성을 해치지 않는 범위에서 운용 재량을 확대한 셈이다.

싱가포르: 라벨링 중심의 유연한 체계

싱가포르 통화청MAS, Monetary Authority Of Singapore은 2023년 8월, 최종 프레임워크Stablecoin Regulatory Framework를 발표하며 독특한 접근 방식을 선보였다. 규제 대상을 〈싱가포르 달러SGD 또는 G10 통화에 연동되고, 싱가포르에서 발행되는 단일통화 스테이블코인SCS, Single-Currency Stablecoin〉으로 한정했다.

일정 규모 이상의 발행자, 예를 들어 500만 싱가포르 달러를 초과하여 발행하는 비은행 발행자는 '스테이블코인 발행 서비스'로 인가를 받고 감독 대상에 편입된다.

요건은 다른 국가들과 유사하다. 1:1 고품질 준비자산 보유, 상환권 보장, 유동성 및 리스크 관리, 공시와 감사 등이 포함된다. 특이한 점은 표시 규제이다. MAS의 규제를 받지 않는 스테이블코인이 'MAS-규제 스테이블코인MAS-Regulated Stablecoin'이라고 오표시하는 것 등을 금지한다.

싱가포르 규제의 핵심은 라벨링을 통한 시장 구분이다. 규제 범위에 들어오지 않는 토큰, 예를 들어 국외에서 발행되었거나 SGD나 G10 통화가 아닌 다른 자산에 연동된 토큰은 기존의 디지털지급토큰DPT, Digital Payment Token 체계로 계속 취급된다. 다만 'MAS-규제' 명칭은 사용할 수 없다. 이러한 접근은 결제나 유틸리티 용도의 스테이블코인 사용에 있어 규제 명확성을 제공하면서도, 시장의 혁신을 과도하게 제한하지 않으려는 싱가포르의 철학을 반영한다.

같은 듯 다른 네 가지 모델

주요 4개국의 규제를 비교해보면, 공통점과 차이점이 명확히 드러난다. 공통점은 앞서 언급한 다섯 가지 핵심축이다. 모든 국가가 인가된 발행자에게만 발행을 허용하고, 1:1 준비자산 보유, 상환권 보장, 공시와 거버넌스, 위험 관리, 오표시 금지를 요구한다. 이는 사실상 국제적 합의가 형성되고 있다는 신호이기도 하다.

차이점은 각국의 금융 시스템 특성과 정책 우선순위를 반영한다. 미국은 전통적인 연방제 구조를 살려 연방과 주의 이원 체계를 구축했고, 국외 발행자에게는 동등성 인증을 요구하여 자국 기준을 글로벌 스탠다드로 만들려는 의도를 보인다.

EU는 단일시장의 강점을 살려 MiCA라는 통합 규제를 만들고, 비준수 토큰을 단계적으로 퇴출시키는 강력한 집행력을 보여준다. 역내에서는 한 번의 인가로 모든 회원국에서 활동할 수 있다는 점도 큰 장점이다.

일본은 가장 보수적인 접근을 선택했다. 법정화폐 연동형만을 인정하고, 은행권을 중심으로 한 엄격한 발행 구조를 고수한다. 이는 금융 안정성을 최우선으로 하는 일본의 전통적 규제 철학을 반영한다.

싱가포르는 가장 유연하고 실용적이다. SGD와 G10 통화 연동 스테이블코인에 초점을 맞추되, 라벨링을 통해 규제 대상과 비대상을 명확히 구분한다. 금융 허브로서 혁신과 규제의 균형을 추구하는 싱가포르다운 접근이다.

이처럼 스테이블코인 규제는 이제 전 세계적 흐름이 되었다. 각국이 서로 다른 방식으로 구현하고 있지만, 핵심 원칙에서는 놀라운 일치를 보이고 있다. 앞으로 이러한 규제들이 실제로 어떻게 작동하고, 시장에 어떤 영향을 미칠지 지켜보는 것은 매우 흥미로운 일이 될 것이다.

규제의 칼날, 집행과 감독을 들여다본다

1) 금융감독적 대응

가) 현행 금융감독 체계의 한계

원화 스테이블코인: 감독 공백의 문제

현재 한국은 민간 원화 스테이블코인 발행을 사실상 금지하고 있어 감독 체계 자체가 부재한 상태다. 이는 두 가지 문제를 동시에 발생시킨다.

첫째, 국내 블록체인 및 핀테크 산업의 혁신을 저해한다. 국외에서는 원화 스테이블코인에 대한 수요가 존재하지만 합법적으로 발행할 수 없어, 한국 기업들이 글로벌 시장 기회를 상실하고 있다. 동시에 국내 가상자산 시장은 외화 스테이블코인, 특히 달러 기반 코인에 대한 의존도가 지나치게 높아지고 있다.

둘째, 발행이 금지된 상황에서도 불법적으로 원화 스테이블코인을 발행하려는 시도가 나타날 경우 이를 사전에 차단하거나 감독할 법적 근거가 명확하지 않다. 규제 공백은 오히려 더 큰 위험을 초래할 수 있다.

만약 원화 스테이블코인 발행이 허용된다면, 발행사가 국내에 위치하므로 금융위원회와 금융감독원의 직접 감독이 가능해진다. 사전 인가 요건 설정, 준비자산 예치 의무화, 정기 검사 실시, 재무제표 및 감사보고서 제출 의무 등 전통적 금융감독 기법을 적용할 수 있다. 담보 자산의 구성과 운용 현황을 실시간으로 모니터링할 수 있고, 문제 발생 시 즉각적인 시정명령이나 제재가 가능하다. 원화 스테이블코인은 한국은행의 통화정책 및 외환정책과 직접 연결된다. 발행량 증가는 실질적인 화폐 공급 확대 효과를 가져올 수 있어, 중앙은행이 통화량 조절과 금융 안정성 모니터링에 직접 개입할 필요가 있다. 원화 표시 금융상품과의 연계성이 높아 시스템 리스크 평가도 상대적으로 용이하다.

외화 스테이블코인: 권한의 제약

현재 금융위원회와 금융감독원은 가상자산 거래소 등 국내 가상자산 사업자를 검사할 권한을 가지고 있지만, 테더나 서클 같은 주요 스테이블코인은 국외에서 발행되기 때문에 스테이블코인 발행사를 직접 감독할 권한은 없다.

정보 접근이 제한적이다. 발행사들이 국내 당국의 관할권 밖에 있으므로 발행사의 재무상태, 담보 자산의 종류·운용 현황에 대해 직접 자료 요청을 하기도 어렵고 강제적으로 정보를 받을 법적 근거가 부족하다. 발행사가 자발적으로 공개하는 정보에만 의존할 수밖에 없어 정보의 완전성과 정확성을 담보하기 어렵다. 일부 발행사는 월 1회 감사 보고서를 공개하지만, 감사 기준이나 공시 주기가 제각각이어서 비교·분석이 힘들다.

제재 수단도 부족하다. 문제가 생겨도 법적 제재 수단(경고·과징금·업무정지 등)을 활용하는 데 한계가 있다. 국내거래소를 통한 상장 제한 등 간접 규제가 유일한 수단이지만, 이는 근본적인 해결책이 되지 못한다. 테더처럼 이미 시장에 깊숙이 자리 잡은 외화 스테이블코인의 경우 국내거래소에서 퇴출시킨다 해도 국외거래소나 P2P 거래를 통해 계속 유통될 가능성이 높다.

발행 단계 사전 승인·신고가 없고, 담보 자산 검증 수단이 부족하며, 상환 체계 감독이 미비한 점은 원화와 외화 스테이블코인 모두에 해당하는 문제지만, 외화 스테이블코인의 경우 국외 관할권 문제로 인해 이러한 감독 공백이 더욱 심각하다.

리스크 관리의 어려움

외화 스테이블코인의 시스템 리스크는 국제 금융시장 변동에 직접 노출된다. 테더나 USDC가 미국 국채나 달러 MMF에 담보를 보유하는 경우, 미국 금융시장의 충격이 즉각 전이될 수 있지만 한국 당국은 이를 통제할 수단이 없다. 국내거래소에서 테더가 압도적인 비중을 차지하는 상황에서 테더에 문제가 생기면 국내 가상자산 시장 전체가 마비될 수 있지만, 이러한 집중 위험을 측정하고 관리하는 시스템이 없다. 달러 스테이블코인 의존도가 높아지면 사실상 달러화가 국내 가상자산 시장의 기축통화 역할을 하게 되어, 통화주권과 외환관리 측면에서도 우려된다.

뱅크런 가능성도 문제다. 외화 스테이블코인에 신뢰가 깨지면 투자자들이 일시에 대량 상환을 요구할 수 있는데, 이에 대응할 방안이 불충분하다. 2022년, 테라-루나 사태에서 보듯이 코인런이 발생하면 담보 자산을 급매각해야 하고, 이는 금융시장 전체에 충격을 줄 수 있다. 전통 금융에서는 중앙은행이 최종 대부자 역할을 하지만, 국외 발행 스테이블코인 시장에는 한국 당국이 개입할 수 있는 안전판이 없다.

반면 원화 스테이블코인이 도입된다면, 국내 금융시장과의 연계성을 파악하기 쉽고 위기 시 한국은행이나 예금보험공사 같은 안전장치를 활용할 여지가 있다.

원화 스테이블코인: 감독 기법 적용 가능성

만약 원화 스테이블코인 발행이 허용된다면, 전통적 금융감독 기법을 비교적 수월하게 적용할 수 있다. 현장 검사, 서면 조사, 정기 보고 의무 등 기존 금융회사에 적용하던 방식을 발행사에 요구할 수 있다. 물론 블록체인 기반 스테이블코인의 특성상 24시간 멈추지 않고 거래되므로, 실시간 모니터링 시스템 구축, 블록체인 분석 전문 인력 양성, 스마트 계약 검증 기법 개발 등 새로운 감독 역량이 필요하다. 그러나 발행사가 국내에 있고 협조 의무를 부과할 수 있다면, 이러한 새로운 기법을 개발하고 적용하는 것이 충분히 가능하다.

외화 스테이블코인: 전통적 감독 기법의 부적합성

국외 발행사에 대해서는 전통적 감독 기법을 적용하기 어렵다. 현장 검사를 갈 수도 없고, 서면 자료 제출을 강제할 수도 없다. 24시간 국경 없이 거래되는 외화 스테이블코인을 기존 방식으로 감독하기에는 한계가 명확하다. 블록체인 분석, 온체인 데이터 해석, 스마트 계약 검증 등 새로운 감독 기법이 필요하지만, 발행사의 협조 없이는 불완전한 정보에 의존할 수밖에 없다. 각 발행사와 거래소가 제공하는 정보의 형식과 품질이 제각각이라 비교·분석이 힘들고, 표준화된 공시 체계가 없어 종합적 리스크 평가가 어렵다. 실시간 거래량, 발행량, 담보 현황 데이터를 체계적으로 모으는 체계가 마련되지 않았고, 수집된 정보의 정확성을 검증하는 절차도 부족하다. 발행사가 제출한 자료를 독립적으로 검증할 수단이 없어 허위 정보나 조작된 데이터를 걸러내기 어렵다.

다) 국제 공조의 중요성과 한계

외화 스테이블코인과 국제 협력의 필요성

글로벌하게 운영되는 스테이블코인은 각국 규제를 따르지 않고 자유롭게 이동한다. 따라서 각국 감독당국 간 정보 공유와 공동 대응이 필수적이다. 특히 시스템 리스크가 생겼을 때 국제 협력을 통해 대응하는 것이 효과적일 수밖에 없다. 한 나라만의 노력으로는 글로벌 스테이블코인 시장의 위기를 막을 수 없다. 또한, 다양한 규제 차이를 악용한 규제 회피를 방지하기 위해 글로벌 규제 조화가 필요하다. 발행사들이 규제가 느슨한 국가에서 사업을 등록하고 전 세계에 서비스하는 것을 막으려면 국제적 공조는 반드시 해야 한다.

공조 관련 문제점

국가 간 금융주권 문제와 법적 절차 차이가 깊어 국제 협력에 선결과제가 많다. 각국이 자국의 금융 시스템을 보호하려는 이해관계가 상충하면서 협력이 지연되는 경우가 많다. 규제철학, 문화가 달라서 '한 목소리를 내기' 어렵고, 서로 속도를 맞추기도 힘들다. 미국은 혁신 중심, 유럽은 소비자 보호 중심, 아시아는 금융안정 중심으로 접근하는 등 각국의 우선순위가 다르다. 정보 공유의 법적 근거가 명확하지 않아 신속한 자료 요청이 어려울 때도 많다. 양자 또는 다자간 협정이 없으면 다른 나라 감독당국에 정보를 요청하는 것 자체가 불가능한 상황도 있다.

원화 스테이블코인의 상대적 이점

원화 스테이블코인은 국내 감독 체계만으로 상당 부분 관리가 가능하다. 물론 원화 스테이블코인이 국외로 유통되는 경우 국제 협력이 필요하지만, 최소한 발행사에 대한 직접 감독과 통제는 가능하다. 이는 외화 스테이블코인에 비해 명확한 장점이다.

라) 감독 역량 강화 방안

원화 스테이블코인 도입을 위한 제도 정비

원화 스테이블코인 발행을 허용하되 엄격한 감독 체계를 구축해야 한다. 금융위원회의 인가제를 도입하여 발행사의 재무 건전성, 기술 역량, 내부 통제 체계를 사전 심사해야 한다. 준비자산은 안전자산(국채, 예금 등)으로 100% 이상 예치하도록 의무화하고, 독립된 보관기관을 통해 분리 보관하며, 정기적으로 외부 감사를 받도록 해야 한다.

금융감독원에 정기 검사권을 부여하고, 한국은행에 통화정책 목적의 자료 요구권을 부여해야 한다. 발행량, 준비자산 현황, 거래 데이터를 실시간으로 당국에 보고하는 시스템을 구축하고, 문제 발생 시 경고, 시정 명령, 과징금, 업무정지 등 다양한 제재 수단을 법령에 명시해야 한다.

원화 스테이블코인 발행사에 대해서는 자금세탁방지, 고객확인의무, 트래블룰 준수를 엄격히 적용하고, 의심거래 보고 체계를 구축해야 한다. 이를 통해 범죄 예방과 수사 협력 기반도 마련할 수 있다.

외화 스테이블코인에 대한 간접 규제 강화

국외 발행사를 직접 감독할 수는 없지만, 국내 거래소를 통한 간접 규제를 강화할 수 있다. 거래소가 외화 스테이블코인을 상장할 때 일정 기준을 충족하도록 의무화해야 한다. 발행사의 정기 감사보고서 제출, 준비자산 공시, 국내 대리인 지정 등을 요구할 수 있다.

국제 협력을 통해 주요 발행사와 정보 공유 체계를 구축해야 한다. 양자 또는 다자간 양해각서MOU를 체결하여 긴급 상황 시 신속한 정보 교환과 공동 대응이 가능하도록 해야 한다.

트래블룰 적용을 강화하여 외화 스테이블코인 거래 시에도 송금인과 수취인 정보를 명확히 파악할 수 있도록 해야 한다. 일정 금액 이상 거래 시 신고 의무를 부과하고, 의심거래를 모니터링하는 시스템의 구축이 절실하다.

감독 시스템 고도화

원화와 외화 스테이블코인 모두에 대해 발행량·거래량·가격 변동을 실시간 모니터링하는 시스템 구축이 시급하다. 주요 거래소와 블록체인 네트워크의 데이터를 실시간으로 수집·분석하여 이상 징후를 조기에 포착할 수 있어야 한다.

스테이블코인 위험을 수치로 평가하는 모델을 개발해야 한다. 담보 비율, 유동성 지표, 집중도, 디페깅 빈도 등을 종합적으로 평가하는 리스크 스코어링 시스템이 필요하다. 외화 스테이블코인의 경우 국외 금융 시장 변동과의 연계성도 평가 지표에 포함해야 한다.

위기징후를 빠르게 감지할 수 있는 조기경보시스템도 필요하다. 대량 상환 요청, 가격 급락, 거래량 급증 등 위험 신호를 자동으로 탐지하고 담당자에게 경보를 발령하는 시스템을 구축해야 한다.

전문성 강화

블록체인 및 가상자산 관련 전문 감독 인력 양성이 중요하다. 금융감독원과 한국은행 임직원 등에 대한 체계적인 기술 교육 프로그램을 운영하고, 필요시 외부 전문가를 영입해야 한다. 학계, 업계 전문가와 협력해 감독 역량도 키워야 한다. 블록체인 분석 전문 기업, 학계 연구진, 업계 실무자들과 정기적으로 교류하며 최신 동향과 리스크를 파악해야 한다. 국외 감독당국과도 지속 교류하며 모범 사례를 공유할 필요가 있다. 미국 연방준비제도**Fed**, 유럽중앙은행**ECB**, 일본 금융청 등 선진국 감독 당국과의 협력을 통해 효과적인 감독 기법을 학습하고 적용해야 한다.

2) 형사사법적 대응: 범죄와 수사

스테이블코인 규제에 대해 이야기할 때 빠질 수 없는 것이 바로 범죄 수사와의 연결고리다. 앞서 살펴본 바와 같이 스테이블코인은 현행법상 명확한 법적 지위를 갖지 못한 채 규제 사각지대에 놓여 있으며, 이러한 법적 불확실성은 범죄자들에게 악용의 여지를 제공하고 있다. 특히 2024년 기준 가상자산 범죄의 63%가 스테이블코인과 연루되어 있다는 블록체인 데이터 플랫폼 체이널리시스**Chainalysis**의 통계는 단순한 우연이 아니다.[58] 스테이블코인이 갖는 가격 안정성, 빠른 전송 속도, 국경 초월적 특성은 합법적 사용자에게는 편의를 제공하지만, 동시에 자금세탁, 제재 회피, 불법 자금 이동을 위한 도구로도 작용하고 있다.

더욱 심각한 문제는 현재 한국이 민간 원화 스테이블코인 발행을 사실상 금지하고 있음에도 불구하고, 달러 기반 스테이블코인**USDT, USDC 등**은 국내 거래소 등에서 자유롭게 거래되고 있다는 점이다. 이는 규제의 일

58　https://www.chainalysis.com/blog/2025-crypto-crime-report-introduction/

관성 부족을 드러낼 뿐만 아니라, 범죄 수사 당국이 국외 발행사와의 협력 없이는 효과적인 추적과 동결 조치를 취하기 어려운 구조적 한계를 만들어내고 있다.

국회에 계류 중인 여러 스테이블코인 법안들이 발행자 인가, 준비자산 예치, 감독 기관 지정 등 규제의 틀을 짜고 있지만, 범죄 예방과 수사 협력에 대한 구체적 방안은 여전히 부족한 상황이다. 국외 주요국들이 스테이블코인 규제에서 자금세탁방지/테러자금조달방지 의무, 트래블룰 준수, 발행사의 동결 권한 등을 핵심 요소로 다루고 있는 것과 대조적이다.

이러한 맥락에서 스테이블코인과 범죄수사의 관계를 살펴보는 것은 단순히 부작용을 다루는 것이 아니라, 건전한 스테이블코인 생태계 구축을 위한 필수 조건을 모색하는 과정이다. 블록체인의 투명성이라는 양날의 검을 어떻게 범죄 척결의 도구로 활용할 것인지, 이를 위해 어떤 제도적 장치가 필요한지 살펴보겠다.

가) 가상자산 범죄 유형

가상자산 범죄에는 가상자산투자 사기, 유사수신(불법다단계), 가상자산 탈취(해킹), 가상자산거래소 관련 범죄, 불공정거래행위(시세조종) 등 다양한 유형이 있고 그 밖의 범죄에 있어서도 가상자산이 범죄 대가 지급수단으로 사용되는 경우가 많다. 특히 스테이블코인은 가격 변동성이 없는 특성상 자금세탁 등 범죄의 수단으로 악용되기 쉬워 큰 문제다.

자금세탁

국경 없는 디지털 금융 특성상, 스테이블코인은 불법 자금 세탁에 편리한 수단으로 변질될 수 있다. 범죄자들은 불법으로 획득한 자금을 스테이블코인으로 바꾸고, 여러 지갑을 거쳐 흐름을 은닉하며, 국외 거래소와 다른 가상자산으로 전환한 뒤, 다시 현금으로 바꾸며 불법성을 감춘다.

외화 스테이블코인, 특히 테더USDT가 자금세탁의 주요 수단으로 악용되고 있다. 블록체인 거래 기록은 공개되어 있어 추적 가능성은 높으나, 지갑 소유자를 특정하는 데 한계가 크고 믹싱 서비스,[59] 프라이버시 코인 전환 시 추적이 더욱 어렵다.[60] 특히 2024년 데이터에 따르면, 트론 블록체인에서 불법 거래량의 58%가 발생했으며, 주로 테더와 같은 스테

---

[59] 믹싱 서비스는 블록체인상에서 가상자산 거래 추적을 어렵게 만들기 위해 여러 사용자의 코인을 섞어주는 서비스다.

[60] 프라이버시 코인 전환이란 블록체인상에서 거래 내역이 공개되는 일반적인 코인(예: 비트코인, 이더리움 등)을 프라이버시 기능이 매우 강화된 암호화폐(예: 모네로, 지캐시 등)로 교환하는 것을 의미한다. 프라이버시 코인은 거래의 발신자, 수신자, 금액 등의 정보를 고도의 암호학적 기법(링 서명, 스텔스 주소, 영지식 증명 등)으로 은폐하여, 누구도 거래 내역을 추적하거나 거래 당사자를 식별하기 매우 어렵게 만든다.

이블코인이 활용되었다.[61] 실제로 보이스피싱 피해금을 테더^{USDT} 등으로 바꿔 국외로 송금하려던 사건이 검찰에 수차례 적발된 바 있다.[62] 국외 발행 스테이블코인의 경우 발행사가 한국 당국의 관할권 밖에 있어 지갑 소유자 정보 확보나 자산 동결 요청이 쉽지 않다.

만약 원화 스테이블코인이 도입되고 발행사에 엄격한 KYC 의무가 부과된다면, 최소한 국내 발행 원화 스테이블코인을 통한 자금세탁은 훨씬 추적하기 쉬워진다. 발행사가 모든 지갑 소유자 정보를 파악하고 있고, 당국의 요청 시 즉각 제공할 의무를 지기 때문이다.

외국환거래법 위반

스테이블코인을 통한 국외 송금은 외국환거래법상의 신고의무 회피 수단으로도 악용될 수 있다. 국민이 신고 없이 국외 거래소 지갑으로 스테이블코인을 이동시키는 사례가 대표적이다.

관세청 자료에 따르면 최근 5년간 관세청에서 수사한 외환범죄 중 77%가 가상자산과 관련되어 있을 정도로 가상자산은 국제범죄의 주요 수단이 되고 있다. 러시아 제재로 은행송금이 어려워지자, 국내의 러시아인 환전상 A가 러시아의 중고차 수입자 등으로부터 수입대금을 현금

---

61 https://www.chainalysis.com/blog/2025-crypto-crime-report-introduction/

62 스테이블코인 1위 '테더'로 한국↔러시아 580억 원 '환치기' 적발", 2023년 10월 23일, 연합뉴스
"보이스피싱 175억 '코인 환치기'로 국외 빼돌린 조직 적발(종합)', KBS뉴스, 2025년 5월 22일

루블으로 받아 테더를 구매한 뒤 이를 국내로 전송하여 국내거래소에서 현금화 후 한국의 수출자에게 수출대금을 현금(한화)으로 전달하는 방법으로 571억 원을 불법 영수 대행한 환치기 사건 등이 대표적이다.[63] 이러한 사건들은 대부분 외화 스테이블코인을 이용한 것이다. 만약 원화 스테이블코인이 활성화되고 적절한 모니터링 체계가 갖춰진다면, 최소한 원화 스테이블코인을 통한 외환거래법 위반은 실시간 탐지가 가능해진다.

스테이블코인 이동이 '지급' 행위에 해당하는지 여부가 법적 쟁점이 되기도 했는데, 법원은 대만 보이스피싱 조직원으로부터 테더를 받고, 국내 보이스피싱 조직원으로부터 원화를 받아 이를 서로 환전해준 경우 기획재정부장관에게 등록하지 아니하고 한국과 외국 간의 지급·추심 및 수령 등 외국환업무를 한 것이고, 금융정보분석원장FIU에게 신고하지 아니하고 가상자산거래를 영업으로 한 것으로 보아 특금법위반, 외국환거래법위반을 인정하였다.[64]

한국인 A가 베트남인 B로부터 가상자산을 수령한 다음, B가 지정한 C 명의의 국내 계좌로 원화를 이체해 준 경우 이는 외국 자금으로 국내 수취인에게 원화를 지급하는 외국환은행의 업무와 실질적으로 같다고

---

[63] "관세청, 가상자산거래소와 손잡고 건전한 시장 구축 나선다", 관세청 보도자료, 2025년 9월 2일
[64] 서울북부지방법원 2024년 9월 25일 선고 2023고단4232, 2023고단4908(병합) 판결

보아 외국환거래법위반을 인정하였다. [65]

가상자산 발행 관련 범죄

스테이블코인 발행사가 허위로 홍보하여 투자자를 속이는 등의 사기 유형도 문제가 될 수 있다. 담보형은 아니었지만 알고리즘이 안정적이라고 홍보했다가 실제로는 실패해 투자자의 대규모 손실을 초래했던 2022년, 테라USD 사건이 대표적이다. 권도형 테라폼랩스 대표 등은 투자자들에 대한 사기 등 혐의로 기소되었다.

담보형도 마찬가지 문제가 생길 수 있다. 완전한 담보를 안전하게 보관한다고 했지만 실제로 보관이 되지 않았거나 부족한 경우, 보관기관에 대한 해킹, 보관기관 직원의 범죄 등으로 인해 담보가 훼손되어 원금 보장이 되지 않는다면 문제될 수 있다. 안정성 보장의 약속이 사기죄의 기망행위에 해당하는지, 스테이블코인의 가격 하락이 단순한 시세 변동인지 아니면 고의적인 사기에 의한 가격하락인지, 범죄 피해금액의 입증은 어떻게 정할 것인지 등의 문제가 법적 쟁점이 될 수 있을 것으로 보인다.

가상자산 편취(사기)

과거에는 가상자산을 편취, 갈취하는 범죄에 있어 그 대상물은 주로

---

65 대법원 2025년 9월 4일 선고 2024도16540 판결

비트코인, 이더리움이었지만, 이제는 가격안정성과 환전의 용이성 등 때문에 스테이블코인이 범죄의 주된 대상(목적)이 된 것으로 보인다.[66] 2024년, 사기로 인해 송금된 가상자산은 107억 달러 이상으로 파악되었다.[67]

시세조종 등 불공정거래

스테이블코인 시장에서 대량 거래를 통해 가격을 조작하거나, 같은 주체가 여러 계정을 이용해 가상 거래량을 만들어 내는 워시트레이딩 등의 방법으로 가격을 인위적으로 움직일 수 있다. 그러나 안정적 가격을 특징으로 하는 스테이블코인의 특성상 가격 변동이 있더라도 가격은 다시 제자리로 돌아올 것이라고 사람들이 생각하므로 스테이블코인 가격 조작 자체만으로 큰 범죄수익을 얻기는 쉽지 않을 것이다.

그러나 스테이블코인 가격 조작을 통해 거래소의 스테이블코인 마켓(예를 들어 테더마켓)에서 표시된 다른 가상자산가격을 일시적으로 왜곡하여 이득을 취할 우려는 있다. 2025년, 거래량이 많지 않은 국내 소형 거래소의 테더마켓에서 자전거래를 반복해 인위적으로 비트코인 가격을 끌어올린 다음, 이처럼 조작된 비트코인 시세가 그대로 원화 환산가

---

66 https://www.chainalysis.com/blog/2025-crypto-crime-report-introduction/
67 TRM Labs, "2025년 가상자산 범죄 보고서"

격에 반영됨으로써 비트코인 마켓에서 거래되는 다른 코인들의 원화 기준 가격에 급격한 변동이 있다고 착각하게 만든 다음 이를 이용하여 이익을 취했다가 과징금을 부과받은 사례가 있었는데,[68] 스테이블코인 가격 조작을 통한 유사 범행도 가능해 보인다.

나) 수사기관의 대응 체계

검찰은 2023년, 서울남부지검에 가상자산범죄합동수사단을 신설하여 가상자산 범죄 수사를 전담하고 있다. 블록체인 분석, 추적 전문 수사관을 양성하고 있으며, 금융위원회, 금융감독원, 한국거래소, 예금보험공사, 국세청, 관세청 등에서 파견된 인원들과 함께 협조하여 수사를 진행한다. 정부기관들은 물론 블록체인 분석업체 등 외부 전문기관들과도 협력체계를 구축하고 있으며, 국제공조 수사 역량도 강화하고 있다. 2023년 7월 출범 이후 약 1년 7개월(2025년 2월 기준)간 총 74명을 입건(25명 구속)하고, 범죄수익 약 849억 원 상당을 압수하는 등 상당한 성과를 보이고 있다.[69]

경찰의 가상자산 수사는 주로 경찰청 국가수사본부 사이버수사국과 시·도경찰청 사이버범죄수사대 등을 중심으로 이루어진다. 2025년

---

68 "금융위, 가상자산 불공정거래 첫 고발·과징금 조치", SBS 뉴스, 2025년 9월 3일
69 "서울남부지검, 가상자산범죄합동수사부 정식 출범", KBS뉴스, 2025년 2월 27일

  스테이블코인 머니 게임

8월, 경찰은 5개 지방경찰청에 41명 규모의 가상자산 전담 추적·수사팀도 신설했다. 이는 마약류 거래와 자금세탁 수단으로 자리잡은 가상자산 흐름을 추적하고 불법 자금 환수를 전담하기 위한 조치다.[70] 검찰이 유관기관과의 협업 및 대규모 복잡한 사건의 심층 분석에 강점을 보인다면, 경찰은 전국 조직망을 통한 초동수사 및 광범위한 단속, 거래소 직통 회선 등을 통한 실시간 대응체계 구축에서 뛰어나며, 풍부한 전문인력을 바탕으로 개인 계정이나 가상자산거래소에 대한 해킹 등 사이버범죄사건 수사에 강점을 보인다. 2025년 9월에는 390억 원 규모의 국제 해킹 조직을 검거하는 등 실전 성과를 거두고 있다.[71]

원화 스테이블코인과 외화 스테이블코인에 따른 수사 전략의 차이

원화 스테이블코인 관련 범죄의 경우라면 발행사가 국내에 있어 국내 수사 역량만으로 대응이 가능하다. 발행사 압수수색, 관계자 소환, 거래 기록 확보 등이 비교적 수월하다. 블록체인 상 거래 기록과 발행사의 내부 기록을 대조하여 범죄 입증의 정확도를 높일 수 있다.

반면 외화 스테이블코인 관련 범죄는 국제 공조가 필수적이다. 2026년 현재, 대다수의 가상자산 발행은 국외에서 이뤄지고 있고 내국인이 국외

---

70 "경찰, 하반기 충원 마약수사관 전원 '가상자산 추적'에 투입", 뉴스1, 2025년 9월 22일
71 "390억 원 빼돌린 국제 해킹 조직 검거한 경찰관, 1계급 특진", 조선일보, 2025년 9월 30일

거래소를 이용하는 상황도 많기 때문에, 이와 관련하여 국내 수사당국이 관여할 수 있는 범위에 한계가 있다. 그래서 검찰과 경찰은 FBI, SEC, 인터폴 등 국외 당국과 정보를 공유하며 국제 사법공조 체계를 활용하고 있다. 다만 이와 같은 국제적인 범죄는 관할권 충돌, 법체계 차이, 증거 확보 제약 등으로 인해 한계가 존재할 수밖에 없다.

다) 가상자산 수사 실무상 어려움

원화 스테이블코인 관련 수사의 상대적 용이성

만약 원화 스테이블코인이 도입되고 발행사에 대한 감독 체계가 갖춰진다면, 수사 실무상 많은 부분이 개선될 수 있다. 증거 수집이 용이해진다. 발행사가 국내에 있어 압수수색이 가능하고, 관계자 소환과 진술 확보도 쉽다. 발행사의 내부 자료(거래 기록, 지갑 정보, 고객 데이터)에 접근하기 쉽고, 블록체인 상 거래 기록과 발행사 기록을 대조 분석할 수 있다. 지갑 소유자 특정이 가능하여 익명성 문제를 상당 부분 해소할 수 있게 된다. 법적 쟁점도 단순해진다. 범죄 발생지가 명확하고 한국 법을 적용하면 되므로 관할권 문제가 발생하지 않는다. 피해액 산정도 원화 기준이라 환율 변동이나 가격 변동성 문제가 적다. 피해 회복도 수월해진다. 국내 법원의 가압류·가처분 결정을 즉시 집행할 수 있고, 발행사에 계정 동결이나 상환 중지를 명령할 수 있다. 몰수·추징 판결의 집행도 상대적으로 용이하다.

외화 스테이블코인 관련 수사의 어려움

외화 스테이블코인 관련 범죄 수사는 여러 구조적 한계에 직면한다. 먼저 증거 수집이 어렵다. 블록체인 분석 전문 인력과 도구가 부족하고, 데이터 신뢰성 확보가 어렵다. 믹싱 서비스나 프라이버시 코인으로 전환하면 추적이 힘들 수 있다. 북한은 2024년, 도난 자금을 세탁하기 위해 사용해오던 사무라이 월렛과 와사비 같은 주요 믹싱 서비스가 중단되자 조인마켓, 믹세로 등 소규모 서비스로 눈을 돌렸다.[72]

국외 거래소 또는 발행사의 협조를 받기도 쉽지 않다. 국제 사법공조 절차를 거쳐야 하므로 시간이 오래 걸리고, 상대국이 협조하지 않으면 증거 확보 자체가 불가능하다. 분산 프로토콜이라 증거 대상이 명확하지 않을 때도 있다. 지갑 암호화, 프라이빗 키 분실 등으로 증거 접근이 어려운 경우도 많다.

법적 쟁점이 복잡하다. 범죄 발생지 특정이 어렵고, 다국적 거래에서는 어느 나라 법을 적용할지 논란이 된다. 전통 범죄 구성 요건에 스테이블코인을 어떻게 포함시킬지 해석이 필요한 부분이 많다. 피해액 산정 시 가격 변동성을 고려해야 하는 문제도 있다. 스테이블코인의 경우 가격 변동성은 낮지만, 디페깅 발생 시 손해액 산정이 복잡해진다.

피해 회복이 매우 어렵다. 디지털 자산은 실시간 이동하므로 자산 보

존과 동결이 쉽지 않다. 국외 거래소에 자산 동결 요청 시 국가 간 협조 절차가 복잡하다. 발행사가 한국 당국의 요청에 응하지 않으면 강제할 수단이 없다. 분산 거래소**DEX**에서 자산 회수는 더욱 어려운 문제다. 몰수·배상 시에도 자산 가치 변동과 제3자 취득 문제 등이 제기된다. 피해자가 다수일 경우 집단 소송이나 분쟁조정 활용이 검토된다.

라) 형사사법적 규제 역량 강화 방안

원화 스테이블코인 도입에 따른 범죄 예방 체계 구축

원화 스테이블코인 도입에 따라 자금세탁, 사기, 시세조종 등 범죄 발생 가능성이 높아질 수 있다. 이에 따라, 수사기관 중심의 범죄 예방 및 대응 체계를 구축해야 한다. FIU는 스테이블코인 관련 거래 데이터를 다른 수사기관과 실시간으로 공유할 수 있도록 시스템을 정비해야 하며, 검찰과 경찰은 데이터 분석을 통해 범죄 징후를 조기 포착할 수 있어야 한다. 고위험 거래(고액·빈번 거래, 익명성 강화형 지갑 이용 등) 유형을 표준화하여 위험도 기반의 수사 우선순위를 설정하고, 수사기관 내 가상자산 전문 분석센터를 운영해야 한다.

스테이블코인 발행사와 거래소는 수사 당국에 대해 계좌 동결 · 거래 내역 제출 등에 협조하도록 의무 규정을 명확히 법제화해야 한다. 다만, 이러한 조치는 법원의 통제를 전제로 하여 수사 절차상의 남용 가능성을 방지해야 할 것이다.

국제 형사 공조 강화

국내법상 직접 감독이 어려운 외화 스테이블코인에 대해서는 앞서 살펴봤던 국내 거래소를 통한 간접 규제와 더불어 국외 기관들과의 국제 공조를 강화해야 한다. 인터폴 및 에그몬트 그룹Egmont Group을 통한 국제 의심거래 정보 공유 체계를 활성화하고, 사법기관 간 정보 교류 표준을 마련해야 한다. 주요 외화 스테이블코인 발행사(테더, 서클 등)와도 정보 공유 체계를 구축하고, 긴급 상황 시 자산 동결 협조를 받을 수 있도록 양해각서MOU 등의 체결이 필요하다.

제도 개선 및 전문 수사인력 양성

스테이블코인 관련 처벌 조항 등이 포함된 법안을 조속히 마련하고, 수사 권한과 절차도 명확하게 해야 한다. 피해자 구제 방안을 수립하고 국제 공동 수사 협정을 확대하며 정보 공유 플랫폼도 구축해야 한다. FIU, 관세청이나 가상자산거래소 등과의 협력을 강화하여 의심거래보고STR, Suspicious Transaction Report를 적극적으로 탐지·보고하는 체계도 필요하다. 수사인력에 대해서는 블록체인 기술 교육과 국외 기관과의 교류를 확대해야 한다. 민간 전문가와 협력 체계를 구축하고, AI 기반 의심 거래 탐지 등을 통해 실시간 모니터링을 강화해야 한다. 금융감독원 특별사법경찰(특사경)은 현재 자본시장법위반 범죄만 수사가 가능하도록 되어 있는데, 비슷한 성격인 스테이블코인 등 가상자산범죄까지 수사 범위의 확대가 필요해 보인다.

마) 결론 - 규제적 관점의 균형: 투명성과 추적가능성

스테이블코인이 자금세탁이나 범죄 대가 지급수단으로 악용될 수 있다는 우려는 분명히 존재한다. 하지만 이러한 우려만으로 현재와 같이 스테이블코인 도입을 주저하거나 전면 차단하는 것이 과연 바람직한 해법인지는 신중하게 고려해 보아야 한다.

원화 스테이블코인과 외화 스테이블코인의 차별적 접근

현재 한국의 규제 체계는 원화 스테이블코인은 금지하면서 외화 스테이블코인은 사실상 방치하는 이중적 구조다. 이는 역설적으로 범죄 대응을 더욱 어렵게 만든다. 외화 스테이블코인만 사용되는 상황에서는 발행사가 국외에 있어 수사 협력이 어렵고, 자산 동결이나 피해 회복이 쉽지 않다. 반면 원화 스테이블코인이 도입되고 적절한 규제 체계가 갖춰진다면, 발행사에 대한 직접 감독이 가능하고 범죄 예방과 수사가 훨씬 수월해진다. 따라서 '범죄 우려 때문에 원화 스테이블코인을 금지한다'는 현재 접근은 오히려 범죄를 더 추적하기 어렵게 만드는 역효과를 낳고 있다. 원화 스테이블코인을 허용하되 엄격한 KYC/AML 체계를 갖추도록 하는 것이 범죄 대응에 더 효과적이다.

대체재의 문제

스테이블코인 사용을 국내에서 규제로 막는다고 해서 범죄자들이 기존 금융 시스템 안으로 돌아오는 것은 아니다. 규제가 없는 지금도 이미 범죄자들은 국외발행 스테이블코인을 이용하고 있다. 또한, 스테이블코인을 사용하지 못하게 한다면 오히려 비트코인이나 이더리움 같은 다른 가상자산을 이용하거나, 추적이 더욱 어려운 지하경제로 숨어들 가능성이 높다.

추적 가능성 측면

스테이블코인은 현금보다 훨씬 투명하다. 블록체인에 모든 거래 기록이 영구적으로 남기 때문에 수사기관이 전문 분석 도구를 활용하면 자금 흐름을 추적할 수 있다. 반면 현금은 일단 손을 떠나면 추적이 사실상 불가능하다. 특히 원화 스테이블코인의 경우 발행사가 국내에 있고 KYC가 철저히 이뤄진다면, 블록체인의 투명성과 발행사의 고객 정보를 결합하여 현금이나 외화 스테이블코인보다 훨씬 추적하기 쉬운 수단이 될 수 있다.

규제 틀 안으로 편입

규제 없이 방치할 것이 아니라, 스테이블코인을 적절한 규제 체계 안으로 끌어들여 KYC(고객확인), AML(자금세탁방지), 트래블룰 등을 적용하면 오히려 현금이나 규제 밖 가상자산보다 더 투명하게 관리코할 수 있다. 실제로 블록체인 분석 툴 개발·제공 업체인 티알엠 랩스**TRM Labs** 자료에 따르면, 티알엠 랩스가 2024년 트론, 테더와 함께 설립한 T3 금융범죄 부서는 출범 후 1년 동안 법 집행 기관과의 협력을 통해 2억 5천만 달러 이상의 불법 수익금을 동결하는 성과를 거뒀다. 이는 적절한 규제와 협력 체계가 갖춰진다면, 스테이블코인이 오히려 범죄 수사에 더 유리한 수단이 될 수 있음을 보여준다.

국제 경쟁력 관점

미국의 지니어스법, EU의 MiCA, 일본의 개정 자금결제법 등을 보면, 주요국들은 스테이블코인을 금지하는 것이 아니라 규제 틀 안으로 편입시키는 방향으로 가고 있다. 범죄 우려만을 이유로 도입을 지연하면 한국의 블록체인산업 및 금융산업의 혁신과 경쟁력은 뒤처질 수밖에 없다.

국내 법안 현황,
향후 규제 방향을 전망한다

입법 논의의 시작: 왜 지금인가?

2025년은 한국 스테이블코인 규제의 원년이 될 가능성이 크다. 2025년 11월 초 기준으로 국회에는 스테이블코인 관련 법안이 7건 제출되어 있다. 미국의 지니어스법 제정, EU의 MiCA 본격 시행, 일본과 싱가포르의 규제 안착 등 글로벌 흐름에 한국도 더 이상 뒤처질 수 없다는 인식이 확산된 결과다. 더욱이 국내 가상자산 시장 규모와 거래량을 고려하면, 스테이블코인 규제는 단순히 새로운 자산을 관리하는 차원을 넘어 결제 시스템의 혁신과 금융 안정성을 동시에 고려해야 하는 복잡한 과제다.

두 갈래 길: 포괄법 vs. 전용법

현재 국회에 제출된 법안들은 크게 두 가지 접근 방식으로 나뉜다.

첫 번째는 포괄 기본법 방식이다. 디지털자산 전체를 아우르는 기본법 안에 스테이블코인을 하나의 장章으로 포함시키는 것이다. 현행 가상자산이용자보호법의 2단계 입법을 통해 이를 달성할 수도 있고, 또는 디지털자산기본법 등의 포괄입법을 하고 기존 가상자산이용자보호법을 흡수하는 방식도 가능하다. 이러한 방식들은 디지털자산 생태계 전체를 조망하면서 일관된 규제 원칙을 적용할 수 있다는 장점이 있다.

두 번째는 스테이블코인 전용법 제정 방식이다. 스테이블코인만을 위한 별도의 법을 만드는 것으로, '가치안정형디지털자산' 또는 '가치고정형 디지털자산' 관련 법안들이 현재 제출되어 있다. 이 방식은 스테이블코인의 특수성, 특히 결제 수단으로서의 성격을 집중적으로 규율할 수 있다는 강점이 있다.

어느 쪽이 정답이라고 단정하기는 어렵다. 국외 사례를 보면 EU는 MiCA라는 포괄법 안에 스테이블코인을 포함시켰고, 일본은 자금결제법이라는 기존 법 체계 안에서 다루었으며, 미국은 스테이블코인만을 위한 지니어스법을 제정했다. 결국 각국의 법 체계와 정책 우선순위에 따라 선택이 달라질 수 있는 문제다.

<h1 align="center">주요 법안 들여다보기</h1>

1) 민병덕 의원안: 디지털자산기본법안(2025년 6월)

가장 먼저 제출된 이 법안은 포괄 기본법 방식을 채택했다. 발행 인가제를 도입하되, 은행뿐 아니라 비은행 기업도 스테이블코인을 발행할 수 있도록 문호를 열었다는 점이 특징이다. 자기자본 요건은 최소 5억 원으로 제시했다. 이는 진입장벽을 너무 높이지 않으면서도 일정 수준의 재무 건전성을 확보하려는 절충안으로 보인다. 하지만 이후 제출된 법안들이 자기자본 요건을 대폭 상향하면서, 5억 원은 사실상 출발점에 불과했다는 평가를 받고 있다. 대통령 직속 디지털자산위원회 설치를 명문화하여 정부 차원의 종합적인 디지털자산 정책 수립 체계를 마련했다.

2) 안도걸 의원안: 가치안정형 디지털자산의 발행 및 유통에 관한 법률안 (2025년 7월)

전용법 방식을 택한 이 법안은 자기자본 요건을 무려 50억 원으로 상향했다. 민병덕안의 10배에 달하는 수준이다. 여기에 전산설비와 전담 인력 요건까지 추가하여, 사실상 상당한 규모의 기업만 스테이블코인 발행에 참여할 수 있도록 설계했다. 준비자산 구성도 구체적으로 명시했다. 현금, 요구불예금, 만기 1년 이하의 국채나 지방채 등 고유동성 자산으로만 구성하도록 한 것이다. 이는 준비자산의 안정성을 최대한 확보하려는 의도로 해석된다. 사전 인가와 백서 신고 의무도 도입했다. 스테이블코인을 발행하기 전에 금융위원회의 인가를 받고, 그 내용을 담은 백서를 제출해야 한다. 이자 지급을 명시적으로 금지하여 스테이블코인을 지급결제 수단으로 한정했다는 점도 특징이다.

3) 김은혜 의원안: 가치고정형 디지털자산을 활용한 지급 혁신에 관한 법률안(2025년 7월)

이 법안은 법 제목에서부터 '지급 혁신'을 전면에 내세웠다. 스테이블코인을 단순히 규제 대상으로만 보는 것이 아니라, 결제 시스템 혁신의 도구로 활용하겠다는 의지를 담은 것이다. 자기자본 요건은 안도걸안과 동일하게 50억 원으로 설정했다. 특징적인 것은 10일 이내 상환 의무를 명시한 점이다. 이용자가 스테이블코인을 법정화폐로 되돌려달라고 요청하면, 늦어도 10일 안에는 돌려줘야 한다는 것이다. 결제 중심의 이용자 보호 장치를 강화한 셈이다. 안도걸안과 달리 이자 지급 금지 조항을 배제하여 스테이블코인이 향후 수익형 금융상품으로 진화할 가능성을 열어두었다.

4) 김현정 의원안: 가치안정형 디지털자산 발행업 등에 관한 법률안(2025년 8월)

스테이블코인을 국내 제도권 안으로 편입시키는 최초의 포괄적 입법안이다. 발행사에 대한 규제는 물론 이전 법안들과 달리 국외 발행 스테이블코인의 국내 등록 절차 및 유통업자 등에 대해 모두 규율한다. 발행사는 최소 50억 원 이상의 자기자본과 건전한 사업계획, 인력 및 물적 설비 등 엄격한 요건을 갖춰 금융위원회 인가를 받아야 한다. 준비자산은 총 발행량의 100% 이상을 현금, 국채 등 고유동성 자산으로 확보하고 발행사 고유재산과 완전히 분리해 신탁·예치해야 한다. 발행사가 파산하더라도 이용자는 준비자산에 대해 다른 채권자보다 우선 변제받을 권리를 가진다. 테더, 서클 등 국외 발행 스테이블코인을 국내에서 유통하려면 금융위원회에 등록하고 보호기금을 마련해야 한다는 점이 특징이다.

5) 이강일 의원안: 디지털자산산업의 혁신과 성장에 관한 법률(디지털자산 혁신법) (2025년 9월)

디지털자산 사업자에 세분화된 인가 체계를 적용하며, 국외 발행 스테이블코인에 대한 별도 규율체계를 명시했다. 스테이블코인 발행인 자본금 요건은 10억 원으로 설정했으며, ICO 전면 허용을 포함한다. 투자형 토큰 발행도 허용하되 체계적인 공시와 사후관리 시스템을 구축하여 투자자 보호와 산업 육성을 병행하는 모델을 제시했다.

6) 김재섭 의원안: 디지털자산시장통합법(2025년 9월)

국민의힘이 디지털자산 관련 내용을 통합한 최초의 종합 입법으로, 스테이블코인 사업자 자본금 기준을 50억 원으로 상향하고 대기업 수준의 보안 시스템을 요구한다. 디지털자산 산업 전반을 포괄적으로 규율하며 금융소비자보호 강화와 시장 안정을 추진한다. 코인 사업자 난립을 막기 위해 엄격한 진입 요건과 감독체계를 마련했으며, 시장의 질서 있는 발전을 도모한다.

7) 최보윤 의원안: 디지털자산 육성 기본법안(2025년 10월)

이는 가장 최근에 발의된 법안으로, 산업 육성·투자자 보호·글로벌 경쟁력 강화를 핵심으로 한다. 국가의 디지털자산 산업 육성 책무를 명시하고 기술개발·전문인력 양성·연구개발 지원·규제 혁신·국제 표준 대응을 종합적으로 추진하도록 했다. 스테이블코인 등 가치연계형 디지털자산에 대한 제도적 기반을 마련하며, 디지털자산위원회 설치를 명문화했다. 업자 유형별 인가·등록·신고제 도입, 대주주 변경 승인, 임원 자격 요건, 감사위원회 설치, 내부통제 기준 마련 등 상세한 거버넌스와 위험 관리 체계를 규정했다. 미공개정보 이용·시세조종·부정거래 행위를 금지하고, 가치연계형 디지털자산 발행인 인가제와 환불준비금 유지, 상환 책임 등을 통해 국제 기준에 부합하는 관리체계를 반영했다.

8) 박상혁 의원안: 디지털자산의 시장 및 산업에 관한 법률안(2025년 11월)

디지털자산을 시장(상품)·산업(업자)·이용자 보호 측면에서 포괄적으로 규율하는 통합법안이다. 스테이블코인을 '가치안정형 디지털자산'으로 정의하고 별도 특례를 두어 관리한다. 발행은 금융위원회 인가제로 운영하되, 은행은 리스크 분리를 위해 자회사를 통해서만 발행하도록 제한하고, 비은행 기업에게도 문호를 개방했다. '중요가치안정형 디지털자산' 지정 제도를 도입해 영향력이 큰 코인에 대해서는 자본금 확충 등 더 강화된 건전성 규제를 적용할 수 있도록 했다. 이자 지급은 금지되며, 국외 발행 스테이블코인은 국내와 동등한 규제 수준을 갖추거나 국내에 준비자산을 보관하는 경우에 한해 예외적으로 유통을 허용하는 '원칙 금지·예외 허용' 방식을 택했다.

향후 전망

이후 최대 변수는 금융위원회의 정부안(2단계 로드맵)과의 정합성이다. 국회 의원들의 발의안과 정부안이 어떻게 조율될지가 입법 과정의 핵심 관건이 될 것이다. 금융위원회는 의원입법 형식으로 발의하여 규제영향분석이나 부처 간 이견 조정 절차를 거치지 않고 신속한 처리가 가능하게 하겠다는 전략을 구사하고 있다. 그 공통점은 다음과 같다.

모두가 합의하는 규제의 뼈대

법안마다 세부 내용은 다르지만, 놀랍게도 핵심 규제 요소에서는 상당한 공통점을 보인다. 이는 국제 기준과 국외 입법례를 참고한 결과로 보인다.

인가 또는 등록제: 모든 법안이 금융위원회의 인가를 받도록 하고 있다. 사전에 백서를 제출하고, 발행과 유통 과정을 감독받아야 한다. 아무나 마음대로 스테이블코인을 만들 수 없다는 원칙이 확립된 것이다.

자기자본 요건의 상향: 초기 5억원에서 시작했지만, 이후 법안들은 대부분 10~50억원으로 상향했다. 이는 스테이블코인 발행이 단순한 기술 실험이 아니라, 금융 시스템에 영향을 미칠 수 있는 사업이라는 인식을 반영한다. 향후 업권별 차등 적용이나 단계적 상향 가능성도 논의되고 있다.

준비자산 100% 이상 유지: 발행된 스테이블코인 1원당 최소한 1원 이상의 자산을 보유해야 한다. 준비자산은 고유동성, 저위험 자산으로 구성하며, 발행사의 다른 자산과 철저히 분리해야 한다. 신탁이나 수탁 구조를 통해 발행사가 파산하더라도 이용자의 자산은 보호받을 수 있도록 설계하는 파산격리가 기본 전제다.

상환 의무: 이용자가 요청하면 1:1 비율로 법정화폐를 돌려줘야 한다. 상환 기한은 통상 3~10일 범위에서 논의되고 있으며, 상환 정책을 명확히 공시하고 정기적으로 검

증받아야 한다.

공시와 감사: 월별로 준비자산을 확인하고, 연간 외부 감사를 받아야 한다. 백서, 설명서, 준비자산 구성, 상환 정책 등을 상시 공시해야 하며, 문제가 발생하면 즉시 공지해야 한다. 투명성이야말로 신뢰의 기반이라는 인식이다.

외국 발행 코인 관리: 국내에서 상장하거나 유통하려는 국외 스테이블코인에 대해서도 게이트키핑^{Gatekeeping}[73] 장치를 마련한다. 동등성 평가, 준비자산 충족 여부 확인, 국내 대리인 지정, 계약상 책임 명시 등을 통해 국외 코인도 국내 기준에 준하는 안전성을 확보하도록 유도한다. 특히 김현정안은 테더, 서클 등 국외 발행 스테이블코인에 대한 구체적인 등록 및 보호기금 마련 방안을 제시했다.

향후 입법 방향: 한국형 모델을 찾아서

그렇다면 한국은 어떤 방향으로 나아가야 할까? 국외 사례를 참고하되, 한국의 금융 환경과 디지털 생태계 특성을 반영한 실용적 모델이 필요하다.

---

[73] 특정 대상의 통과 여부를 결정하는 과정 또는 그 행위(진입통제).

규제의 기본 원칙

스테이블코인을 제대로 규제하기 위해선 몇 가지 기본 원칙을 명확히 세워야 한다.

동일 기능, 동일 규제 원칙Same Activity, Same Risk, Same Regulation이 첫 번째다. 스테이블코인이 기존 금융상품과 같은 기능을 한다면 같은 규제를 적용해야 한다는 뜻이다.[74] 예를 들어, 스테이블코인이 예금과 같은 기능을 수행한다면 예금자보호법상의 보호제도와 같은 안전장치가 필요하고, 증권과 같은 투자 기능이 있다면 자본시장법의 규제를 따라야 한다.

비례성 원칙Proportionality Principle도 중요하다. 모든 스테이블코인에 똑같이 강한 규제를 하는 게 아니라, 그 위험 정도에 맞게 규제 강도와 범위를 조절해야 한다. 소규모 코인과 대형 시스템적 중요 코인은 다르게 접근하는 것이 필요하다.[75]

기술 중립성Technology Neutrality과 혁신 친화성도 균형 있게 고려해야 한다.[76] 특정 기술이나 사업 방식을 선호하거나 차별하지 않고 중립적으

---

74 FSB, "High-level Recommendations for the Regulation, Supervision and Oversight of Global Stablecoin Arrangements", 2023년 7월 17일

75 FSB, 전게서

76 BIS, "The next-generation monetary and financial system", BIS Annual Economic Report, 2025년 6월 24일

로 규제 체계를 설계하되, 과도한 규제로 혁신을 억제하지 않아야 한다.

이원 분류 체계: 결제용과 저장·거래용

모든 스테이블코인을 하나의 틀로 규제하기보다, 결제용Payment 과 저장·거래용Store/Trading으로 구분하는 것이 합리적이라는 의견도 있다.[77] [78] 결제용 스테이블코인은 실제로 물건을 사고팔거나 송금하는 데 사용되므로, 매우 빠른 상환(1~2영업일)과 높은 유동성(현금·요구불예금 비중을 높게 설정)이 요구되는 반면, 저장·거래용은 거래소에서 거래 쌍으로 사용되거나 단기 가치 저장 수단으로 활용된다. 따라서 상대적으로 여유 있는 상환 기한(예를 들어 5영업일)과 준비자산 구성이 가능하다는 것이다. 이렇게 목적에 따라 차등 규제를 설계하면, 혁신을 저해하지 않으면서도 안정성을 확보할 수 있으므로 이러한 방안도 고려해 볼만하다.

동일 통화 준비자산 원칙과 유동성 버퍼 확보

스테이블코인의 안정성을 확보하기 위한 가장 기본적인 원칙은 발행 통화와 준비자산 통화를 일치시키는 것이다. 달러화 기반 스테이블코인은 준비자산을 달러화로, 원화 스테이블코인은 준비자산을 원화로 보유

---

77 FSB 전게서(전기자문서)

78 BOE, "Regulatory regime for systemic payment systems using stablecoins and related service providers", 2023년 11월 6일

해야 한다. 이는 환율 변동에 따른 가치 변동 리스크를 원천적으로 제거하고, 상환 요구 시 추가적인 환전 절차 없이 즉시 지급할 수 있는 능력을 보장한다.

발행된 스테이블코인 총량과 동일한 액수에 해당하는 100% 지급준비금을 의무적으로 확보해야 하며, 원칙적으로 현금성 자산 중심의 보유가 요구되지만, 유동성이 보장되는 범위 내에서 단기 국채나 지방채 투자 등을 제한적으로 허용할 수 있다. 영국 FCA는 규제된 스테이블코인이 언제든지 발행량에 상응하는 가치의 준비자산으로 100% 뒷받침되어야 한다고 규정하고 있으며, 미국 지니어스법은 현금·예금·만기 93일 이내 국채·레포Repo, 환매조건부채권 등 고유동성 자산으로 100% 뒷받침할 것을 의무화한다. 일본은 자금결제법 개정을 통해 스테이블코인 발행액의 최대 50%까지 만기 3개월 이내 국채 등 저위험 자산 운용을 허용하기로 했다.[79]

그러나 한국의 경우 이러한 방식을 적용하는 데 구조적 제약이 존재한다. 단기 시장성 국채가 없고 지방채 역시 제한적으로만 발행되고 있어 안정성과 유동성을 동시에 갖춘 무위험 자산이 부족하여, 스테이블코인 발행사가 준비자산을 다양화하는 데 한계가 있다. 대량 상환 요청이나 시장 스트레스 상황에서도 즉각적인 유동성을 확보하기 위해서

---

[79] 이는 2025년 6월 개정법에 포함된 내용으로, 개정법은 아직 미시행 상태이나 개정일로부터 1년 이내에 시행될 예정임.

는 환매조건부채권RP, Repurchase Agreement 라인[80]을 사전에 구축하는 방안도 고려하는 것이 좋다. 이는 평상시에는 수익률이 높은 국채를 보유하면서도, 긴급 상황에서는 담보로 제공하여 당일 현금화가 가능한 이중 효과를 얻을 수 있다는 장점이 있다.

국제기구가 요구하는 안전장치들

BIS(국제결제은행)와 FSB(금융안정위원회) 같은 국제기구들은 스테이블코인 발행사에 다음과 같이 여러 안전 장치를 요구한다. 항상 일정 비율 이상의 현금이나 즉시 현금화 가능한 자산을 보유해야 하고(유동성 버퍼), 하루에 상환해줄 수 있는 금액에 한도(일중 상환한도)를 두어 갑작스러운 뱅크런을 방지한다. RP 같은 단기 조달 수단에만 너무 의존하지 않도록 현금 예치금 비중을 일정 수준 이상 유지하게 하며(역레포·예치금 비중 상한), 최악의 상황(예: 발행액의 30%가 하루 만에 상환 요청)을 가정해서 버틸 수 있는지 정기적으로 점검한다(일중 유동성 스트레스 테스트).

한국형 대안: 통화안정증권 활용

단기 국채 발행이 어려운 한국의 현실을 고려할 때, 한국은행이 이미

---

80 RP라인이란 여러 금융기관들과 사전에 체결해두는 환매조건부채권 거래 약정을 말한다. 스테이블코인 발행사가 평상시에 주요 증권사, 은행, 딜러들과 '우리가 보유한 국채를 담보로 제공하면 즉시 현금을 빌려달라'는 계약을 미리 맺어놓는 것이다.

정례적으로 발행하는 91일물 통화안정증권(통안증권)을 스테이블코인 준비자산으로 인정하는 방안이 현실적 대안으로 제시되고 있다. 통안증권은 한국은행이 통화량 조절을 위해 발행하는 단기 채권으로, 만기가 짧고 유동성이 높아 미국 지니어스법이 요구하는 만기 93일 이내 채권 요건을 충족한다. 다만 한국은행은 단기 국고채 발행이 차환 부담과 물량 소화 부담을 증대시켜 단기금리 변동성 확대와 단기금융시장 전반의 안정성을 해칠 수 있다는 우려를 표명하고 있어, 통안증권 활용 방안 역시 중앙은행과의 긴밀한 협의가 필요하다.

파산격리의 표준화

발행사가 파산하더라도 이용자 자산은 보호받아야 한다. 이를 위해 수탁기관의 적격성 기준, 분리신탁 구조, 파산 시 상환 우선순위와 집행 절차를 담은 표준 템플릿을 마련해야 한다. 인가 단계에서 이러한 구조를 사전에 검증하고, 정기적으로 점검하는 체계를 확립해야 한다. 발행사만 믿고 맡기는 것이 아니라, 제3자 수탁기관을 통한 이중 안전장치를 법정 요건으로 만드는 것이다. 담보 자산은 발행사 고유 자산과 분리해 별도로 보관하고, 신뢰할 수 있는 제3자 기관(은행, 신탁회사 등)이 관리해야 한다.

신속 상환 SLA와 비상계획

상환 기한을 명시하는 것만으로는 부족하다. 서비스수준협약SLA, Service Level Agreement을 통해 결제용은 1~2영업일, 일반형은 5영업일 이내 등 명확한 기준을 고시해야 한다. 더 중요한 것은 비상계획이다. 상환을 중단해야 하는 상황(트리거)은 무엇인지, 어떤 조건이 충족되면 상환을 재개할 수 있는지, 발행사가 상환 능력을 상실했을 때 은행이 대신 상환하는 대체 수단은 무엇인지 등을 미리 정해놔야 한다. 1997년 외환위기IMF 구제금융 사태, 저축은행사태 때 뱅크런을 경험한 우리로서는, 스테이블런Stablerun 가능성에 대비하는 것이 필수적이다. 일일 상환 한도를 설정해 시스템 리스크를 막는 방안도 검토할 수 있다.

외국 발행 코인 게이트키핑

테더나 서클 같은 국외 스테이블코인이 국내에 들어올 때, 무조건 막을 수는 없지만 그렇다고 무방비로 허용할 수도 없다. 상장 전 적격성 심사 제도를 운영해야 한다. 준비자산 보유 현황, 상환 정책, 감사 이력, 발행사의 법인 실체 등을 검증하고, 국내 대리인을 지정하도록 해야 한다. 상환과 공시 의무 이행을 계약에 명시하고, 동등성 평가 절차를 거쳐야 한다. 상장 후에도 정기 보고를 의무화하고, 이를 이행하지 않으면 거래를 제한하는 상장 유지 요건을 두어야 한다. 미국의 동등성 인증 제도, EU의 단계적 퇴출 모델을 참고하여, 한국 실정에 맞는 게이트키핑

체계도 구축해야 할 것이다.

감독 체계 구축과 데이터 기반 조기경보 시스템

금융위원회가 감독을 총괄하고, 금융감독원이 검사를 수행하며, 한국은행이 거시 리스크를 모니터링하는 삼각 연계 체계 등 감독 체계를 법에 명시하여 명확하게 해야 한다. 발행, 상환, 유통 데이터를 표준 포맷으로 일 단위 보고하도록 하고, 상환 지연이나 리뎀션 스프레드 Redemption Spread, 상환 시 발생하는 가격 차이 급등 등 조기경보 지표를 도입해야 한다. 데이터 기반 감독이 가능해야, 문제를 사전에 감지하고 신속히 대응할 수 있다. 실시간 모니터링을 위한 데이터 제공 API(응용 프로그램 인터페이스) 표준도 필요하다.

공시·감사와 책임 강화

투명성과 책임성은 신뢰의 양대 축이다. 월간 준비자산 확인, 분기별 결제 리포트, 연간 외부 감사를 의무화하고, 침투 테스트 Penetration Test 81 보고도 포함시켜야 한다. 사이버 공격에 대한 대비도 중요하기 때문이다. 온체인 기술이나 웹사이트를 통해 담보자산 현황과 발행량도 실시간으로 공개하도록 해야 한다. 디페깅, 대규모 상환 등 위기 상황은 상

---

81 전문가가 실제 해커처럼 시스템을 공격해서 약점을 찾아내는 보안 평가 방법

 스테이블코인 머니 게임

황과 대응 계획을 즉시 알려야 한다. 중대한 허위 공시나 상환 거부에 대해서는 행정·형사·민사 3중 제재를 적용하고, 대표자에게도 책임을 물을 수 있도록 명시해야 한다. 규제를 어겼을 때 실질적인 처벌이 뒤따라야, 규제가 힘을 발휘할 수 있다.

원화 스테이블코인과 결제 인프라 연계

궁극적으로 원화 스테이블코인이 실제 결제 수단으로 활용되려면, 기존 지급결제망과의 연계가 필요하다. 하지만 처음부터 전면 개방하기보다, 단계적 허용 방식이 현실적이다. 소액 결제, B2B 송금, 국외 송금 샌드박스를 먼저 운영하면서 경험을 쌓고, 점차 확대하는 것이다. 이 과정에서 외국환거래법, 특금법, 전자금융거래법 등 관련 법령과의 정합성을 동시에 개편해야 한다. 스테이블코인만 따로 떼어 규제하는 것이 아니라, 결제 생태계 전체를 재설계하는 시각이 요청된다.

소비자 보호와 분쟁 해결

스테이블코인 구조, 위험, 수익성에 대해 이해하기 쉽고 자세한 투자 설명서를 제공해야 한다. 디페깅 가능성, 발행사 파산 위험 등 주요 위험 요소를 명확히 고지해야 한다. 소비자 민원을 신속하고 공정하게 처리하는 체계가 필요하다. 금융분쟁조정위원회 같은 기관에서 분쟁 조정 절차를 운영하고, 다수 피해자 발생 시 집단분쟁조정이나 집단소송 같은 구제 수단을 마련해야 한다. 일정 한도 내에서 예금보험과 유사한 보호 제도 도입을 검토하고, 피해자 보상을 위한 보상기금 설치 및 정부 긴급 지원방안도 필요하다.

시스템 리스크 관리와 국제 공조

시장 점유율이나 상호연결성을 고려해 '시스템적으로 중요한 스테이블코인'을 지정해야 한다. 이들에 대해서는 더 엄격한 규제를 적용하고, 위기 상황에 대비한 회복계획과 정리 방안을 마련해야 한다. 각국 감독 기관 간 정보를 정기적으로 공유하고, 글로벌 스테이블코인 공동 감독 체계를 구축해야 한다. 글로벌 위기 발생 시 신속히 협력해 대응할 수 있는 체계도 있어야 한다.

기술 및 데이터 표준화

스마트컨트랙트의 보안성 및 투명성 기준을 마련해 기술 리스크를 최소화해야 한다. 서로 다른 블록체인 간 상호운용성도 확보해야 하며, 지갑, 거래소 등 인프라 보안 요구 사항과 인증 체계도 구축해야 한다. 발행사와 거래소가 감독기관에 제출하는 보고서 표준 양식을 개발하고, 스테이블코인과 관련 사업자 고유 식별체계 구축도 중요하다.

스테이블코인 머니 게임

2026년 현재, 여당인 더불어민주당은 디지털자산 TF를 중심으로 정부(금융위)안을 골자로 한 디지털자산기본법을 여당 의원입법 형태로 국회에 제출하기 위한 절차를 밟고 있다. 정부안에는 발행인 인가제, 준비자산 100% 예치, 이자 지급 금지, 국외 스테이블코인에 대한 국내 규제 동등성 요건 등 스테이블코인 발행·유통 전반을 규율하는 내용이 담길 것으로 알려졌다. 다만 원화 스테이블코인 발행 주체를 둘러싼 한국은행과의 이견, 거래소 대주주 지분 제한 문제 등 핵심 쟁점이 아직 정리되지 않아 실제 통과 시점은 유동적이다. 2026년 6월, 지방선거를 앞둔 정치 일정도 변수로, 법안 발의 후 국회 심의까지 상당한 시간이 소요될 것이라는 우려도 제기되고 있다.

1단계(입법, 2026년): 디지털자산기본법을 국회에서 통과시키고, 법 통과 후 3~6개월 내 시행령·감독규정을 마련한다. 한국은행 협의체를 통해 거시 안정성 점검 체계를 구축한다.

2단계(제도 정착, 2026년 하반기~2027년): 발행사 인가 신청 접수와 심사를 시작한다. 금감원에 전담 부서를 신설해 일일 데이터 보고·조기경보 시스템을 가동하며, 인가 사업자가 원화 스테이블코인을 출시한다.

스테이블코인 규제는 안정성과 혁신, 보호와 자율 사이의 균형을 찾는 여정이다. 너무 엄격하면 혁신을 막고, 너무 느슨하면 이용자를 위험에 빠뜨린다. 국외 사례를 맹목적으로 따르기보다, 한국의 금융 환경과 기술 역량, 시장 특성을 반영한 실용적인 모델을 만들어야 한다. 지금 국회와 정부가 마련하고 있는 규제 체계는, 향후 10년 이상 한국 디지털 금융의 기반이 될 것이다. 신중하되 신속하게, 원칙은 지키면서 유연하게 접근하는 지혜가 필요한 시점이다.

현재 국회에 제출된 법안들은 크게 두 가지 접근 방식으로 나뉜다. 첫 번째는 포괄 기본법 방식이다. 디지털자산 전체를 아우르는 기본법 안에 스테이블코인을 하나의 장章으로 포함시키는 것이다. 현행 가상자산 이용자보호법의 2단계 입법을 통해 이를 달성할 수도 있고, 또는 디지털 자산기본법 등의 포괄입법을 하고 기존 가상자산이용자보호법을 흡수하는 방식도 가능하다. 이러한 방식들은 디지털자산 생태계 전체를 조망하면서 일관된 규제 원칙을 적용할 수 있다는 장점이 있다. 두 번째는 스테이블코인 전용법 제정 방식이다. 스테이블코인만을 위한 별도의 법을 만드는 것으로, '가치안정형디지털자산' 또는 '가치고 정형 디지털자산' 관련 법안들이 현재 제출되어 있다. 이 방식은 스테이블코인의 특수성, 특히 결제 수단으로서의 성격을 집중적으로 규율할 수 있다는 강점이 있다.

7장

스테이블코인 기반 지역화폐 실험,
'분수대 시스템'

현재 시행하고 있는 지역화폐의 구조적 한계를 파악하여, 마치 분수대처럼 물이 지속적으로 순환하면서 분사하는 지역화폐의 새로운 지역순환형 구조를 제안하려고 한다.[82] '지역순환형 설계'란 정부 지원금이 해당 지역을 벗어나지 않고 지역 내에서 여러 차례 순환하면서 경제적 파급효과를 극대화하는 시스템 설계 방식을 의미한다. 이는 단순한 1회성 소비 지원을 넘어서, 지역경제의 자생적 순환구조를 강화하고 승수효과Multiplier Effect를 극대화하여 지역경제를 활성화하는 것을 목적으로 한다.

이를 가능하게 하는 핵심 기술로 '스마트컨트랙트 기반 스테이블코인'활용을 제안한다. 화폐 자체에 목적을 부여하여, 어디서 왔고 어디로 가야 하는지를 스스로 판단하고 움직이는 지능형 화폐의 개념이다.

이를 통해 기존 지역화폐처럼 단순한 결제 수단이나 일시적 소비 증대 도구가 아니라, 지역 특성을 반영한 정책·산업·사회 구조와 통합된 '스테이블코인 기반 지역경제 플랫폼'을 설계하여, 인센티브 구조, 데이터 기반 분석, 지역 고용·복지 연계, 지역 내 산업 연계, 금융 접근성 강화가 동시에 이루어지는 지속 가능한 선순환 구조가 작동할 수 있다.

---

82 본 제안은 '실험적 제안'으로 이해되었으면 한다. 기존 방식이 명백히 한계를 보이는 상황에서, 새로운 기술과 설계를 통해 돌파구를 찾아보자는 것이다. 핵심은 '기술 만능주의'를 강조하려는 것이 아니라 '기술을 활용한 정책 혁신'이다. 기술은 수단이고, 진짜 과제는 지역경제 구조를 어떻게 자생적 순환구조로 재편할 것인가에 대한 제안이다.

지역화폐, 다시 들여다보기:
패러다임 전환의 출발점

반복되는 투입, 제한적인 효과를 넘어

코로나19 팬데믹 이후 정부는 경제위기 극복과 민생 안정을 위해 다양한 형태의 지원정책을 시행해왔다. 2020년 5월, 1차 긴급재난지원금(12조 2,000억 원 규모)을 시작으로 2021년까지 여러 차례 재난지원금이 지급되었으며, 2025년 현 정부 역시 출범 직후 민생회복 소비쿠폰을 통해 내수 진작과 소상공인 지원에 나섰다.

이러한 정책들은 소비 진작과 민생 안정에 일정 부분 기여한 것으로 긍정적인 평가를 받지만, 긴급재난지원금은 업종별·계층별 효과 편차가 크고 장기적 효과가 제한적이라는 지적을 받았으며, 보편지급과 선별지급을 둘러싼 논쟁은 정책 목표에 따라 상반된 결론을 낳았다.

2025년, 민생회복 소비쿠폰 역시 단기 소비 증대 효과는 있었으나, 막대한 재원을 국채 발행으로 조달함에 따라 재정 건전성 우려가 제기되고 있다. 소상공인지원과 전통시장 활성화라는 목표를 가진 온누리상품권의 경우 본래 목표를 일정 부분 달성했지만, 부정유통과 재정 낭비 문제가 지속적으로 제기되어 왔다.

'지역경제 활성화'라는 목표를 가진 지역화폐의 경우도 일시적 소비 촉진 역할은 했지만 많은 한계를 나타내고 있다. 2019년 이후, 전국 지자체는 지역경제 활성화를 위해 5년간 총 88.2조 원을 지역화폐에 투입했다. 2025년에도 29조 원이라는 역대 최대 규모의 예산이 편성되었다. 이러한 막대한 투자가 당초 목표했던 '지역경제의 활성화'와 '자생적 순환 구조'를 만들어냈는가? 현장의 답은 명확하다. 예산이 투입될 때는 반짝 효과를 보이지만, 예산이 줄어들거나 끊기면 즉시 그 효과도 사라진다.[83] 운영비용 증가, 기술적 한계, 사용자 불편 등의 문제가 지속적으로 제기되고 있어 근본적인 개선 방안이 필요한 시점이다.

이렇듯 유사한 정책은 반복되지만 당초 기대했던 정책효과는 한계를 나타내고 있다. 재정 건전성과 정책 효과성 사이의 균형점을 찾는 것은

---

[83] 실제로 2024년, 국비 지원이 축소되자 전국 지자체의 51.9%가 지역화폐 예산을 축소하거나 발행을 중단했다.

여전히 핵심 과제로 남아 있으며, 무엇보다 이러한 정책들이 일시적 소비 진작을 넘어 당초 의도했던 목적을 달성하거나 지역내 지속가능한 경제 구조를 만들어 내는가에 대한 근본적 의문이 제기되고 있다. 이에 지역화폐를 중심으로 새로운 패러다임을 모색하려고 한다.

지역화폐의 구조적 한계: 일회성 물 붓기

지역화폐는 중앙정부의 일회성 지원금(재난, 민생지원금 등)이나 온누리상품권과는 달리, 지방자치단체 주도로 '지역경제 활성화'와 '지역 내 경제 선순환 구조 구축'이라는 보다 근본적인 정책 목표를 지향해왔다. 코로나19 팬데믹 시기 지역경제가 심각한 타격을 받자 중앙정부와 지방자치단체는 지역화폐 발행 및 민생회복지원금 지급을 통해 지역경제 활성화를 도모하였다.

그러나 중소 지방자치단체의 경우 지역화폐가 일시적 소비 촉진 역할은 했지만, 지역경제 활성화를 위한 지속가능한 경제 순환 구조를 만드는 것에는 한계가 있다는 평가가 많다. 이러한 한계의 본질은 기존 지역화폐의 작동 방식에서 찾을 수 있다.

지원금이 지급되면 일시적으로 소비가 증가하지만, 현금화된 자금은 곧 역외로 유출되거나 소진되어 버린다. 지역 내 소비 ⇨ 소상공인 매출

스테이블코인 머니 게임

증가 ⇨ 재투자 ⇨ 고용 증대 ⇨ 소득 향상 ⇨ 재소비로 이어지는 지역내 '선순환 구조'가 형성되지 못하는 것이다. 비유하자면 기존 지역화폐는 '지역경제에 물(예산)을 한 번 붓는 것'과 같다. 예산이 투입될 때만 효과가 반짝 나타나고, 예산이 끊기면 효과도 소멸하는 구조적 한계를 벗어나지 못하고 있다.

지역경제가 선순환 되려면 단순히 돈이 '돌기만' 하는 수준을 넘어, 지역 내 생산-소비-투자-복지-데이터가 순환하는 구조적 생태계가 형성되어야 한다. 외부로 빠져나가는 돈을 최소화하고, 지역 내에서 가치가 재투자되며, 일자리·소득·복지가 자생적으로 유지되는 구조인 단발성 예산 투입(유동성 주입형)보다 자체 순환 구조Self-Sustaining Loop를 만드는 것이 중요하다.

새로운 접근의 필요성: '분수대 시스템'

기존 지역화폐 운영방식의 한계를 벗어나 지역경제 활성화를 위해서는 일회성 물 붓기가 아니라 '물을 계속 돌게 하는 펌프를 설치하는 것', 그래서 '분수대'처럼 지속적으로 물이 분사, 저장, 순환되는 시스템을 만드는 것이 필요하다. 예산이 축소되거나 끊겨도 시스템 자체가 자금을 순환시키고, 지역 내 경제 주체들 간의 상호작용을 지속적으로 촉진하는 구조로 재설계해야 한다는 것이다.

이를 가능하게 하는 핵심 기술로 '프로그래머블 스테이블코인'과 '스마트컨트랙트 기반 디지털 플랫폼'을 제안한다(이후 스테이블코인 기반 지역화폐시스템으로 서술). 지금까지 지역 내 경제 선순환 구조를 만들려는 시도들이 계속되었지만 기술적으로 구현할 방법을 찾기가 어려웠다. 그러나 화폐 자체를 프로그래밍할 수 있는 스테이블코인을 통해 일정 지역 내 화폐 흐름을 설계하고 관리할 수 있는 가능성을 열었다.

제안하고자 하는 스테이블코인 기반 지역화폐시스템의 핵심은 지역 내 소비 ⇨ 소상공인 매출·재투자 ⇨ 고용 ⇨ 소득 ⇨ 재소비의 순환 구조를 데이터와 디지털 결제 기술로 최적화하는 것이다. 이는 기존 지역화폐처럼 단순한 결제 수단이나 일시적 소비 증대 도구가 아니라, 지역 특성을 반영한 정책·산업·사회 구조와 통합된 스테이블코인 기반 지역경제 플랫폼을 설계하는 것이다. 인센티브 구조, 데이터 기반 분석, 지역 고용·복지 연계, 지역내 산업 연계, 금융 접근성 강화가 동시에 이루어질 때 비로소 지속가능한 선순환 구조가 작동할 수 있다.

이러한 관점에서 '스마트컨트랙트 기반 스테이블코인 지역화폐시스템', 비유하자면 '분수대 시스템'에 대한 설명을 위해 기존 지역화폐의 작동 메커니즘과 한계를 분석하고, 스테이블코인 기반 시스템의 작동 원리와 차별화된 특성, 결론을 서술할 것이다. 이때 이해를 쉽게 하기 위

　　　　　　　　　　　　　　　　　　

해, 실제 현실에서 발생가능한 사례들을 가상으로 구성해서 전개해 보

고자 한다.

기존 지역화폐의 실상과 한계: 어떻게 작동하고 무엇이 막혀 있는가?

지역화폐의 정의와 정책 목표

지역화폐의 도입 배경

우리나라 지방 기초자치단체들은 지난 수십 년간 지역경제의 구조적 문제, 특히 소비와 투자, 자원의 역외유출로 인한 경기 침체 문제를 안고 있었다. 대규모 자본과 소비가 수도권이나 대기업 중심의 경제 네트워크로 집중되는 과정에서 지방 중소도시 경제는 지역 내에서 순환되지 못하고 외부로 빠져나가는 구조적 불균형을 보였다. 이에 따라 지역경제의 자생적 활력 회복을 위해 다양한 정책이 모색되었는데, 그 대표적 방안 중 하나가 바로 '지역화폐'의 도입이었다.

특히 2019년 이후, 정부는 소상공인 보호 및 자영업자 매출 증대를 위해 지역화폐 발행을 장려하였고, 코로나19 팬데믹 시기에는 재난지원금 지급 수단으로 활용되면서 그 필요성과 효용성이 사회적으로 주목받았다. 지역화폐는 단순히 '돈'이 아니라, 지역경제 순환을 촉진하기 위한 정책적 장치로 자리 잡기 시작하였다.

지역화폐의 정의 및 정책목표

지역화폐는 '지역에서 자체적으로 돈을 발행하여 유통시키고, 이를 통해 주민들이 서로에게 재화와 서비스를 주고받는 경제활동 방식'으로서, 특정 지역 내에서만 사용 가능하며, 해당 지역의 상권 활성화와 자금의 역외유출 방지를 목표로 발행되는 일종의 보완통화이다. 한국에서 지역화폐의 공식명칭은 '지역사랑상품권'이며, 2020년 5월 1일에 제정된 〈지역사랑상품권 이용 활성화에 관한 법률〉을 근거로 지자체별 조례 등에 의해 운영된다.[84]

지역화폐 도입의 주된 정책 목표는 크게 세 가지로 정리할 수 있다.

첫째, 지역 내 소비 촉진이다. 외부로 빠져나가던 소비를 다시 지역 내부에서 순환시키는 것이 1차적 목표다. 소비자가 지역화폐로 구매할

---

[84] 동법 제1조는 그 목적을 다음과 같이 명시하고 있다. "지역사랑상품권의 발행과 환전, 운영 등에 필요한 사항을 규정함으로써 지방자치단체가 발행하는 상품권의 건전한 유통질서를 확립하고, 지역공동체 강화 및 지역경제 활성화에 기여함을 목적으로 한다."

수 있는 범위를 지역 가맹점으로 한정함으로써 자금이 외부 대기업 유통망으로 유출되는 것을 억제한다.

둘째, 소상공인 및 자영업자 보호다. 지역화폐는 대형 마트나 프랜차이즈 가맹점에서는 사용이 제한되며, 대신 골목상권, 전통시장, 소규모 가게 등에서 사용 가능하다. 이로써 소상공인의 매출을 직접적으로 증대시키는 효과를 기대할 수 있다.

셋째, 지역경제 자립 기반 강화다. 소비자의 구매력이 지역 내에서 활용되도록 유도함으로써, 지역 스스로 경제적 선순환 구조를 만드는 초석이 된다. 역외 소비 방지, 소비 촉진, 소상공인 지원 및 전통시장 활성화로 요약되며, 궁극적으로는 지역경제 활성화와 지역 내 경제 선순환 구조 구축을 지향한다.

지역화폐 도입의 긍정적·부정적 효과

지역화폐 도입 초기에는 뚜렷한 긍정적 효과가 관찰되었다. 우선, 지역화폐는 지역 내 소비를 확대시키는 역할을 했다. 지역 주민이 대형마트나 외부 유통망 대신 전통시장이나 골목상권의 가맹점을 이용하게 되면서, 지역 상권의 매출이 증가하였다.[85] 특히 코로나19 시기에는 지역화폐가 경기 회복의 촉매 역할을 하였다. 경기도의 경우 재난지원금을 지역화폐로 지급하면서 소비가 지역 내에서 순환되었고, 침체된 소상공인 매출 회복에 실질적으로 기여했다.

한편, 지역화폐 제도가 시행되면서 새로운 문제들이 나타나기 시작했다. 먼저, 가맹점이 특정 업종이나 상권에 편중되는 문제가 발생하면서 지역 내 상권 불균형이 심화되었다(이상훈·박누리, 2018년). 또한, 가맹점이 지역화폐를 원화로 환전할 경우 자금이 외부 본사나 대기업 물류망으로 이동하게 되어, 결과적으로 지역 내 자금의 순환이 완전하게 이루어지지 못한다는 한계를 나타내었다(송경호·이환웅, 2020년).

지역화폐의 지속 가능성에도 문제가 제기되었다. 대부분의 제도는 할인이나 캐시백 등 인센티브에 의존하기 때문에 지방정부의 재정 부담이 크며, 예산이 축소되면 곧바로 참여율이 감소하는 구조적 취약성을 가지고 있다. 발행·운영·관리 과정에서 발생하는 행정비용도 상당하여, 제도 운영의 효율성이 떨어진다는 지적이 잇따른다. 특히 지류형 화폐는 위조·분실, 부정거래의 위험이 있고, 모바일형 화폐는 시스템 유지비용과 보안 문제가 지속적으로 발생한다.

---

[85] 한국지방행정연구원의 조사(유영성외, 2021년)에 따르면, 일부 지자체에서는 지역화폐 도입 이후 전통시장 매출이 평균 10~15% 상승한 것으로 나타났다.

소비자 측면에서도 불편함이 존재한다. 사용처가 제한되어 있어 소비자가 원하는 장소에서 자유롭게 사용할 수 없고, 온라인 소비가 확산된 디지털 경제 환경에서는 오히려 시대적 흐름에 역행한다는 비판도 있다. 이러한 구조적 한계로 인해 지역화폐는 단기적으로는 소비 진작 효과를 보이지만, 장기적으로는 자생력이 부족하여 제도의 지속성이 낮다는 평가를 받고 있다.

결국 지역화폐는 단기적으로 지역경제를 활성화시키는 데에는 분명히 긍정적 역할을 했지만, 재정 의존적 구조와 운영 효율성 부족, 범용성 한계 등으로 인해 지속 가능한 지역경제 순환체계를 구축하기에는 한계가 있음을 나타내었다.

지역화폐 발행 규모의 급격한 팽창과 재정부담

행정안전부에 따르면 2025년 6월 기준, 지역사랑상품권을 운영 중인 지방자치단체는 광역·기초지자체 243곳 중 191곳(78.6%)이다. 지난 5년간 전국 지자체는 지역경제 활성화를 위해 총 88.2조 원의 예산을 지역화폐에 투입했다. 전국 지역화폐 판매액은 2018년 0.4조 원에서 시작하여 2019년 3.2조 원으로 증가했다. 코로나19가 발생한 2020년에는 긴급 지원으로 13.3조 원으로 급증했으며, 2021년에는 최대 규모인 23.6조 원을 기록했다. 2022년에는 27.2조 원, 2023년에는 20.9조 원이 판매되었다. 코로나19 이후 3년간(2020~2022년) 연평균 21.4조 원 규모로 급증한 것이다(행정안전부, 2024년).

2026년 현재, 정부는 지역화폐 국비 지원 예산으로 1차 추경에서 4,000억 원, 2차 추경에서 6,000억 원을 각각 편성했다. 2021년 문재인 정부 당시, 지역화폐 발행을 위한 국비 지원액(1조2,522억 원) 이후 역대 두 번째로 큰 규모다. 이를 통해 정부는 2025년, 지역화폐를 연간 최대 규모인 29조 원을 발행하였다. 당초 지역화폐 발행액은 본예산 기준 12조 원이었지만 두 차례의 추경을 거쳐 무려 17조 원을 확대했다(아시아 경제, 2025년.6월.24일).

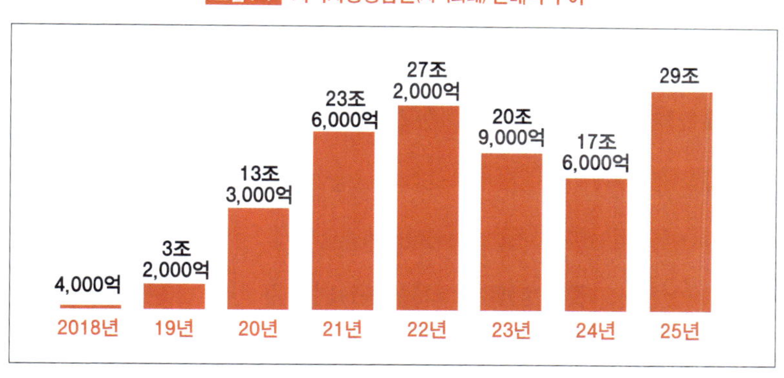

여기서 판매액 전체가 정부 부담은 아니다. 중앙정부가 지역화폐 발행 및 운영을 위한 예산을 지원하고, 지자체는 자체 예산과 함께 국고 지원금을 활용해 지역화폐를 발행·운영한다. 실제 지자체가 부담하는 비용은 크게 두 가지로 구성된다.

첫째는 할인율 지원으로 통상 판매액의 5~10%가 소요된다. 주민이 10만 원권을 9만 원에 구매하면 1만 원을 지자체가 지원하는 방식이다.

둘째는 운영비로 통상 판매액의 2~3%가 필요하다. 1,000억 원을 판매하는 경우, 할인 지원으로 70억 원(7% 할인율 기준), 운영비로 30억 원이 소요되어 실제 예산 부담은 100억 원, 즉 판매액의 약 10%이다(국회예산정책처, 2020년).

그럼에도 이는 재정이 어려운 지자체에게는 상당한 부담이다. 실제로 위 그래프에서 보듯이 2024년, 국비 지원이 대폭 축소되었을 당시, 전국 243개 지자체 중 126곳(51.9%)이 지역화폐 예산을 축소하거나 발행을 중단했다(코드포코리아, 2024년). 이처럼 철저히 재정의존형**Budget-Dependent** 구조이기 때문에 외부에서 재정이 투입되어야 운영이 된다.

지역화폐의 작동 메커니즘과 한계

지역화폐의 생애주기: 발행에서 소멸까지

지역화폐는 발행 및 판매, 1차 유통, 현금화, 소멸이라는 4단계 생애주기를 거친다. 발행 및 판매 단계에서는 다음 표에서처럼 여러 주체가 역할을 분담한다.

표 7-1 지역화폐 관련 주체별 역할

주체	역할	비용부담
중앙정부	국고지원(발행액의 4~8%)	할인율의 80%
지자체	조례 제정, 발행 주체	할인율의 20% + 운영비 전액
판매대행점	지역화폐 판매	판매수수료 0.5~1% 수취
주민	구매 및 사용	액면가의 90~95% 지불

출처: 행정안전부(2024년), 국회예산정책처(2020년)

1차 유통 단계에서는 주민이 지역 내 가맹점에서 상품과 서비스를 구매하고, 가맹점이 지역화폐를 수령하여 매출로 인식한다. 다만 대형마트, 백화점, SSM^{Super Super Market 86}에서는 사용이 불가능하며, 지역 외에서도 사용할 수 없고, 온라인 사용도 (일부)제한된다.

현금화 단계에서는 가맹점이 금융기관 또는 환전가맹점에 지역화폐를 제시하고, 환전수수료 0.5~1%를 차감한 후 현금을 받는다. 환전 소요 시간은 카드형이 3~5영업일, 모바일형이 1~2영업일, 지류형은 즉시 가능하다.

소멸 단계에서는 현금화된 금액이 역외 도매상, 프랜차이즈 본사, 외부 공급자에게 지급되면서 지역화폐로서의 기능이 완전히 소멸된다. 지

---

86 대형 유통 기업이 체인 형태로 운영하는, 대형마트보다 작고 일반 슈퍼마켓보다 큰 규모의 식료품 중심 매장(홈플러스 익스프레스·이마트 에브리데이·롯데슈퍼·GS 더프레시 등).

역 내 재순환은 거의 발생하지 않는다.

주민 A가 지역화폐 10만 원을 구매하여 사용하는 과정을 가상화하여 살펴보겠다.

A는 현금 9만 원으로 지역화폐 10만 원을 구매한다. 정부와 지자체가 1만 원을 부담하는 셈이다. 동네 슈퍼마켓에서 10만 원을 사용하면, 슈퍼마켓은 10만 원을 매출로 잡고, 받은 지역화폐를 현금화한다. 환전수수료 1%가 차감되어 실제로 9만 9천 원을 수령한다. 슈퍼마켓은 이 현금을 도매시장에서 상품을 구매하는 데 7만 원을 사용하는데 이는 역외로 유출된다. 프랜차이즈 로열티로 5천 원을 지급하는데 이 역시 역외 유출이다. 직원 급여로 1만 5천 원을 지급하는데 이 중 일부는 지역 내에 잔류한다. 공과금으로 9천 원을 지불하는데 이 또한 일부만 지역 내에 남는다.

다소 과장된 예시이지만 최종 결과를 보면, 정부 부담 1만 원과 주민 현금 9만 원이 투입되어 1차 유통에서 10만 원의 슈퍼마켓 매출이 발생했지만, 이 중 약 7만 5천 원, 즉 75%가 역외로 유출되고, 역내에는 약 2만5천 원, 즉 25%만 잔류한다. 유통 횟수는 1.0회에 그친다.

왜 순환이 멈추는가: 3대 차단 지점

위의 과정을 리뷰해서 왜 순환이 일어나지 않는지 살펴보면, 세 개의 주요 지점에서 순환이 끊어지기 때문이다.

차단 지점 1: 가맹점에서 순환이 멈춘다(현금화)

경기도 지역화폐 운영 데이터 분석(경기도의회, 2020년)을 토대로 가맹점의 현금화 실태를 살펴 보면 아래 표와 같다.

업종	월 평균 수령액	현금화율	재사용액	현금화 소요일
대형 슈퍼마켓	5,000만 원	95%	250만 원	3일
소형 슈퍼마켓	1,500만 원	92%	120만 원	5일
음식점	800만 원	88%	96만 원	7일
전통시장 상점	600만 원	85%	90만 원	10일
서비스업	400만 원	90%	40만 원	5일

출처: 경기도 지역화폐 운영 데이터 분석 (경기도의회, 2020년)

전체 가맹점 평균을 보면 현금화율은 90.4%, 재사용율은 9.6%다. 이는 가맹점 단계에서 90% 이상의 지역화폐가 일반 현금으로 전환되어 순환이 사실상 종료됨을 의미하고 있다.

가맹점주 입장에서 즉시 현금화하는 이유는 명확하다. 도매시장에서 물건을 구매하려면 지역화폐로는 불가능하고 현금만 가능하기 때문이다. 임대료 납부도 현금 이체만 가능하다. 직원 급여는 계좌 이체만 되고, 세금과 공과금도 현금만 가능하다. 가맹점은 받은 지역화폐의 100%를 즉시 현금으로 바꿀 수밖에 없는 것이다. 이 문제의 핵심은 가맹점이 지역화폐를 보유할 필요(실익)가 없다는 점이다.

차단 지점 2: 현금으로 바뀐 돈은 지역 밖으로 빠져나간다(역외 유출)

가맹점에서 받은 지역화폐는 현금화되어 대부분 지역밖으로 빠져나간다. 역외유출이 발생하는 것이다. 역외 유출에는 몇 가지 주요 경로가 있다.

첫 번째, 도매 공급망이다. 업종별로 차이가 있지만, 슈퍼마켓은 매출의 65%를 도매상품 구매에 지출한다. 음식재료는 80%가 지역 외 도매 시장에서 조달되고, 의류는 90%가 서울 동대문이나 남대문 도매 시장에서 구입된다.

두 번째, 프랜차이즈 본사다. 매출 100만 원 중 본사 로열티로 5만 원(5%), 본사 상품 구매로 50만 원(50%)이 지출되어 합계 55만 원(55%)이 유출된다. 주요 프랜차이즈인 편의점, 커피 전문점, 치킨 프랜차이즈의 본사는 대부분 서울과 수도권에 위치한다.

세 번째, 임대료 및 대출 이자다. 소상공인의 평균 임대료는 매출의 10~15%이다. 그런데 건물주가 지역 외에 거주하는 비율은 약 40%다. 따라서 매출액의 4~6%가 임대료로 역외로 유출된다.

한국조세재정연구원(2020년)과 경기연구원(2018년)의 자료를 바탕으로 업종별 역외 유출률을 살펴보면 다음과 같다.

표 7-3 업종별 역외 유출률

업종	도매구매	프랜차이즈	임대료	기타	총 유출률
독립 슈퍼마켓	65%	0%	6%	4%	75%
편의점(FC)	55%	20%	5%	3%	83%
음식점(독립)	48%	0%	12%	5%	65%

음식점(FC)	40%	18%	10%	4%	72%
전통시장	50%	0%	3%	7%	60%
카페(FC)	35%	25%	15%	5%	80%
서비스업	20%	5%	15%	10%	50%

출처: 한국조세재정연구원(2020년), 경기연구원(2018년)

전 업종 가중평균을 계산하면 약 70%가 역외로 유출된다. 다시 말해 가맹점이 받은 지역화폐를 현금화한 후 그 중 약 70%는 지역 밖으로 빠져나가고, 지역 내에는 30%만 남는다. 이 문제의 핵심은 지역 내 공급망이 부재하다는 것이다.

차단 지점 3: 주민은 한두 번 쓰고 멈춘다(재구매율)

경기도 지역화폐 이용자 설문조사 결과를 살펴보면 아래 표와 같다 (유영성 외, 2021년).

표 7-4 실제 사용자 행동 패턴 분석

구매 횟수	사용자 비율	평균 구매액	이탈 이유 (1순위)
1회만	45%	50만 원	사용처 불편(62%)
2~3회	30%	70만 원	재구매 번거로움(51%)
4~6회	15%	100만 원	할인 매력 감소(43%)
7회 이상	10%	150만 원	(충성 사용자)

출처: 경기도 지역화폐 이용자 설문조사 (유영성 외, 2021년)

주민이 재구매 하지 않는 이유를 실제 사용자 행동 패턴 분석으로 살펴보면 다음과 같다.

첫째, 할인율의 한계다. 10% 할인 시 10만 원 구매로 1만 원을 할인 받지만, 사용처 제한으로 인해 갈 수 없는 '대형마트에서 하는 세일이 더 이득일 때가 많다'라고 느끼게 된다.

둘째, 사용처 제한이다. 대형마트, 온라인쇼핑, 배달음식 등이 (일부) 제한된다.

셋째, 구매 과정이 번거롭다. 첫 구매 시 평균 15분이 소요된다. 앱 다운로드, 로그인, 본인인증, 충전, 사용처 확인 등의 과정을 거쳐야 한다.

넷째, 추가 혜택이 부재하다. 신용카드는 지속적으로 포인트 적립과 할인 혜택을 제공하지만, 지역화폐는 초기 1회 할인만 있다.

다섯째, 잔액 관리가 어렵다. 10만 원을 충전해서 9만 원을 사용하면 1만 원 잔액이 남는다. 다음 장보기에 1만 2천 원이 필요하면 결국 '그냥 카드 쓰자'고 결정하게 된다.

이 문제의 핵심은 주민들의 입장에서 지역화폐를 사용해야 할 뚜렷한 동기(메리트)가 없다는 것이다.

구조적 문제의 본질

앞서 살펴본 바와 같이 지역화폐가 한계를 나타내는 이유는 구조적 문제 때문이다.

첫째, 순환 메커니즘이 부재하다. 현재는 주민이 가맹점에서 사용하고, 가맹점이 현금화한 후 순환이 종료되는 선형 구조다. 이때 개선이 필요한 포인트는 주민이 가맹점에서 사용하고, 가맹점이 재투자하여 다시 주민에게 돌아와 반복되는 순환 구조다.

둘째, 인센티브 설계가 미비하다. 가맹점은 B2B 거래가 불가능하고 보유 이점이 없어 현금화가 합리적 선택이다. 주민은 불편이 할인보다 커서 1회 구매 후 재구매 동기가 부족하다. 도매상은 지역화폐를 받을 수 없어 참여 동기가 없다. 결과적으로 모든 주체가 사용을 하고 싶어하는 동기부여가 되지 않아 순환을 방해하는 구조다.

셋째, 지역 공급망이 부재하다. 지역 내 B2B 거래 생태계가 없고, 도매-소매-소비의 연결 고리가 단절되어 있으며, 역외 의존도가 70% 이상이다. 순환의 물리적 경로 자체가 부재한 구조이다.

사실 그동안 많은 지자체가 이 문제를 해결하기 위해 다양한 개선방안을 시도해 왔다. 사용을 촉진하기 위해서 할인율을 5%에서 10%로 인상하거나, 사용처를 확대하여 편의성을 제고하려 했으나, 일시적으로 증가했을 뿐 재정 부담만 증가하고 근본적 해결은 안 되었다. 또한, 온라인 결제를 도입하여 접근성을 향상시키려 했으나 부분적으로만 개선되었고, 역외 유출이 오히려 증가했다. 캐시백 제도로 재사용을 유도하려 했으나 단기 효과만 있었고, 지속성이 부족하며 예산이 추가로 소요되었다. 가맹점 수수료를 인하하여 가맹점 참여를 유도하려 했으나 효과가 제한적이었고 현금화 동기는 그대로였다.

이처럼 문제가 해결되지 않는 본질적 이유는 현재 시스템이 물(예산)을 계속 부어야 운영되는 예산의존적 구조이기 때문이다. 또 부은 물이 빠져나가는 역외 유출 구조이며, 물이 다시 고이지 않는 순환 부재 구조이기 때문이다. 아무리 많이 부어도, 아무리 빨리 부어도 물은 고이지 않고 돌지 않는다. 물 부을 때만 반짝 효과가 나타난다.

이 문제의 해결을 위해서는 패러다임 전환이 필요하다. 한번 물을 붓고, 그 물이 돌게 하는 순환구조를 만들어야 한다. 초기에 부은 물이 사라지지 않고 고였다가 순환하고, 추가로 물을 부우면 순환량이 증가하는 투자 구조이고, 물이 새지 않는 역내 순환 구조이며, 스스로 도는 자동화 구조가 되어야 한다.

현 제도는 일종의 복지 정책으로 접근하여 매년 반복 투입이 필요하고, 목표는 소비 진작으로 설정되어 일회성 효과만 낸다. 수단은 할인 혜택을 사용하지만 지속 동기가 부족하고, 구조는 선형 흐름으로 되어 있어 순환이 불가능하며, 주체는 중앙정부가 주도하여 정치상황에 의존적이다.

새로운 패러다임은 지역 내 경제 인프라로 접근하여 한 번 구축하면 지속적으로 사용하는 것이다. 목표는 순환 구조를 구축하여 지속적 효과를 내는 것이고, 수단은 자동화 인센티브를 사용하여 내재적 동기를 만들어 내야 한다. 구조는 순환 시스템으로 설계하여 자생적으로 운영되도록 해야 하며, 주체는 프로토콜이 주도하는 시스템이 되어야 한다.

지금까지 살펴본 현재 시스템의 세 가지 근본 문제의 해결을 위해 각각 다음과 같은 해결 방향을 모색하려고 한다.

첫째, 순환 메커니즘 부재는 스마트컨트랙트 기반의 자동 재순환 구조로 해결해야 한다. 현재는 가맹점에서 멈추지만, 제안하는 시스템은 가맹점에서 도매상으로, 도매상에서 생산자로, 생산자에서 다시 주민으로 자동으로 연결되도록 설계해야 한다.

둘째, 인센티브 설계 실패는 모든 주체에게 순환 참여 동기를 부여하는 방식으로 해결해야 한다. 현재는 현금화가 유리하지만, 제안하는 시스템은 재사용 시 자동 리워드를 제공하고 수수료를 면제하도록 해야 한다.

셋째, 지역 공급망 부재는 디지털 기반 B2B 네트워크를 구축하는 방식으로 해결해야 한다. 현재는 역외 도매상에 의존하지만, 제안하는 시스템은 시간이 소요되더라도 지역 내(필요한 경우 권역으로 확대) 디지털 공급망 플랫폼을 구축해야 한다.

스테이블코인 기반 지역화폐의 구조: 지역에서 태어나 지역을 도는 코인

스테이블코인과 스마트컨트랙트: 자동 순환의 핵심 기술

디지털 경제의 발전과 함께 블록체인 기술 기반의 디지털화폐가 주목받고 있다. 그 중에서도 스테이블코인은 기존 암호화폐의 높은 변동성 문제를 해결하면서도 디지털화폐의 장점을 유지하는 혁신적인 금융 도구로 평가받고 있다.[87] 더 나아가 2026년 현재, 스마트컨트랙트 기술과 결합한 '프로그래머블 스테이블코인Programmable Stablecoin'이 새로운 패러

---

[87] 스테이블코인은 달러화 등 기존 화폐에 고정 가치로 발행되는 암호화폐로, 가치 변동성이 거의 없는 디지털화폐이다. 일반적으로 미국 달러와 같은 법정화폐와 1:1로 연동되어 가격 변동성을 최소화하도록 설계되어 있다(자세한 설명은 제1장 참조).

다임으로 주목받고 있다.

프로그래머블 스테이블코인은 기존 스테이블코인의 가격 안정성에 프로그래밍 가능한 조건부 실행 기능을 추가한 진화된 형태의 디지털화 폐다. 이는 단순한 가치 저장 및 교환 수단을 넘어서, 특정 조건과 규칙을 코드로 구현하여 자동화된 정책 집행과 목적 지향적 자금 운용이 가능한 '스마트 머니Smart Money'의 개념을 실현한다. 이를 통해 기존 지역화 폐나 민생지원금이 갖고 있던 1회성 소비, 역외 유출, 승수효과 제한 등의 구조적 문제를 근본적으로 해결할 수 있는 가능성을 제시한다.

스마트컨트랙트: 자동 실행되는 디지털 펌프

스마트컨트랙트는 계약상의 급부와 반대급부를 프로토콜Protocol화 하여 소프트웨어에 미리 저장하고, 조건 충족 여부에 대한 판단을 컴퓨터가 대신 실행함으로써 제3의 인증기관이 필요 없도록 하는 개념이다(Szabo, 1997; Buterin, 2014년). 조건부 로직의 가장 직관적인 예시는 "만약 x가 발생하면 y가 실행된다"는 형태로, 프로그래머블 스테이블코인은 이러한 조건부 로직을 화폐 자체에 내장한다(Ethereum Foundation, 2023년). 프로그래머블 스테이블코인에서 스마트컨트랙트는 다음과 같은 기능을 수행한다.

조건부 지급	특정 조건이 만족될 때만 지급이 이루어지도록 제한
사용처 제한	미리 정의된 업체나 업종에서만 사용 가능하도록 제한
시간 기반 실행	특정 시점에 자동으로 기능이 활성화되거나 비활성화
순환 강제	지역이나 특정 생태계 내에서만 순환하도록 강제
인센티브 자동 지급	특정 행동을 취했을 때 자동으로 추가 혜택 제공

위에서 살펴본 바와 같이 프로그래머블 스테이블코인의 가장 핵심적인 기능은 조건부 실행 메커니즘이다.

펌프를 예를 들어 보겠다. 전원을 연결하고 물탱크에 물을 채우면 펌프는 자동으로 압력을 감지하고, 자동으로 모터를 가동하며, 자동으로 물을 순환시킨다. 사람이 매번 스위치를 누를 필요가 없다. 한 번 설치한 후 조건만 충족되면 알아서 작동한다.

스마트컨트랙트는 이러한 의미에서 디지털 펌프와도 같다. 지역화폐 거래가 발생하면 자동으로 조건을 확인하고, 자동으로 규칙을 실행하며, 자동으로 인센티브를 지급한다. 사람이 개입하여 매번 승인할 필요가 없다. 지역 경제 생태계 실정 및 참여자들 조건에 맞춰서 한 번 설계하면 거래가 발생할 때마다 자동으로 작동하게 된다.

기존 지역화폐와의 근본적 차이

기존 지역화폐와 스테이블코인 기반 지역화폐는 가치 보장 방식에서 근본적인 차이를 보인다. 기존 지역화폐는 본질적으로 쿠폰이나 상품권의 성격을 가지고 있어서, 그 자체로는 가치를 실현할 수 없고 반드시 현금으로 전환해야만 실질적인 가치를 확보할 수 있다. 가맹점주가 지역화폐를 받더라도 도매상이나 본사에 지급할 수 없기 때문에 은행이나 지자체를 방문하여 현금으로 바꾸는 과정이 필수적이다. 따라서 지역화폐를 보유할 동기가 없으며, 가능한 빨리 사용하거나 환전하려는 경향이 강하게 나타날 수 밖에 없다.

반면 스테이블코인은 디지털화폐로서 보유하는 것만으로도 가치가 유지된다. 1 스테이블코인을 1천 원에 고정Pegging [88]시켜 놓았다고 가정할 때, 블록체인상에서 1 스테이블코인은 언제든지 1천 원의 가치를 보장받기 때문에, 현금으로 즉시 바꾸지 않더라도 아무런 문제가 없다. 더 나아가 스테이블코인을 스테이킹Staking하면 일정 수익(혹은 인센티브)을 얻을 수 있게 설계한다면,[89] 오히려 보유할 유인이 생기게 할 수도 있다.

---

[88] 스테이블코인 패깅Pegging은 스테이블코인의 가치를 법정화폐(예: 달러)나 다른 자산에 고정(연동)시키는 방식을 의미한다.

[89] 스테이킹Staking은 암호화폐를 일정 기간 동안 특정 블록체인 네트워크에 예치하고 보상을 받는 것을 의미한다.

거래 내역이 실시간으로 블록체인에 투명하게 기록되며, 스마트컨트랙트 기능을 통해 특정 조건이 충족될 때만 자동으로 실행되는 프로그래밍이 가능하다는 점에서도 기존 지역화폐와 큰 차이를 보인다.

표 7-6 지역화폐와 스테이블코인의 차이점

구분	기존 지역화폐	스테이블코인 구조
순환동력	정부 예산 투입	프로토콜 자동 인센티브
예산 중단 시	시스템 정지	순환 지속
재정 효과	1회성(승수 1.2~1.5배)	다년간 누적(승수 3~5배)
유통 투명성	수작업 집계	실시간 블록체인 추적

자동 순환 메커니즘 설계

차단 지점 1: 가맹점이 보유하게 만들기

앞에서 가맹점이 지역화폐를 받으면 90%를 즉시 현금화한다는 것을 확인했다. 왜 그럴까? 도매상은 현금만 받고, 임대료는 현금으로 내야 하며, 보유해도 이익이 없기 때문이다. 이것이 첫 번째 차단 지점이었다. 하지만 스마트컨트랙트는 이 문제를 세 가지 자동 규칙으로 해결할 수 있다.

규칙 1: 보유 인센티브 지급

가맹점 입장에서 '급하게 현금화할 필요가 없다'는 인식을 만드는 것이 중요하다. 가맹점이 지역화폐를 보유하면 자동으로 인센티브가 지급되는 구조를 만들고, 이 과정에서 사람의 개입은 전혀 필요 없으며, 신청이나 승인 절차도 없고, 조건만 충족되면 자동으로 지급되는 구조다(즉시성, 자동성). 다만, 지역화폐의 본질적 목적인 '유통 활성화'를 위해 무한정 보유를 장려하는 것은 바람직하지 않기 때문에 보유 기간별 차등 인센티브 구조를 설계할 수 있다.[90]

표 7-7 보유 기간별 차등 인센티브 구조(예시)

보유기간	차등 인센티브	효과
1~30일	연 3.5% (일 0.0096%)	- 단기 보유자에게 최대 혜택 제공 - 즉시 현금화 방지 효과
31~90일	연 3.0% (일 0.0082%)	- 적정 수준의 보유 장려 - 유통과 보유의 균형 유지
91일 이상	연 2.5% (일 0.0068%)	- 장기 보유 억제 - 순환 촉진 유도

이러한 구조는 가맹점이 받은 지역화폐를 '즉시 현금화해야 한다'는 강박에서 벗어나게 하면서도, 동시에 '적절한 시기에 재사용' 하도록 자

---

90 참고로, 보유 인센티브의 재원은 초기단계(1~3년차)엔 주로 정부 및 지자체 예산과 기존 지역화폐 할인 지원 예산(발행액의 7%) 일부 전환, 전환 단계(4~6년차)에서는 역외거래 수수료 누적액 과 정부 지원금, 현금 전환 수수료, 거래 활성화로 인한 지역 세수 증가분 일부를 환원하여 마련할 수 있을 것이다.

  스테이블코인 머니 게임

연스럽게 유도한다.

규칙 2: 재사용 리워드 지급

가맹점이 보유한 지역화폐를 다시 사용할 때 추가적인 혜택이 자동으로 제공되도록 설계한다. 이는 '현금화' 보다 '재사용'이 더 유리하다는 경제적 동기를 만들어낸다.

표 7-8 결제 수단별 비용 구조(예시)

결제 수단	수수료	리워드	순비용
현금(지역화폐 현금화 후)	2.0%	없음	2.0%
신용카드	2.0~3.0%	없음	2.0~3.0%
지역화폐 재사용	0%	0.5%	-0.5%(이득)

위의 표에서 보듯이, 가맹점이 도매상에게 500만 원을 지급할 때, 현금으로 결제 시 현금화 수수료 2%(10만 원)가 부과되어 실제 수령액 490만 원을 받는다. 결과적으로 총 510만 원을 지급하는 것이 된다. 그러나 스테이블코인 지역화폐로 직접 결재시, 수수료가 없고 자동 리워드 0.5%(2.5만원)가 적립되기 때문에 총 497.5만 원을 결재하게 되어 양자를 비교해보면 실제 절감액은 12.5만 원이 된다.

이러한 차이는 1%라도 아끼려고 하는 가맹점 입장에서 보면 매우 큰 차이다. 이를 통해 강제가 아니라 경제적 합리성에 기반한 자발적 선택이 이루어질 수 있다. 리워드는 거래 즉시 자동으로 실행된다. 담당자의 확인이나 승인은 필요 없으며, 월말 정산도 없다. 거래 완료와 동시에 모든 것이 자동으로 처리된다.

규칙 3: B2B 네트워크 확대

도매상, 생산자, 원료공급자 등 공급망 전체가 지역화폐로 결재 시 동일한 혜택 구조(리워드)를 공유한다. 이를 통해 자연스럽게 '지역 내 B2B 네트워크'가 형성된다. 이후 이런 과정이 반복되면서 순환이 이루어진다. 각 단계마다 자동으로 인센티브가 발생하고, 이는 다음 거래를 촉진한다. 순환이 많아질수록 전체 참여자의 혜택이 증가하는 구조다. 가맹점주가 즉시 현금화하던 패턴에서 지역화폐를 보유하는 형태로 선택이 바뀐 이유는 무엇일까? 기존에는 현금화가 유일하게 합리적인 선택이었다. 하지만 새롭게 제안한 방식에서는 보유와 재사용이 더 합리적인 선택이다. 가맹점주의 합리적 선택과 경제적 동기가 작용하여 자발적 순환을 만들어 낸 것이다.

이것이 바로 프로그래머블 스테이블코인의 핵심 원리다. 사람이 아니라 시스템이 작동하고, 명령이 아니라 인센티브가 유도하며, 강제가 아니라 합리성이 선택을 만든다. 가맹점주가 계산기를 두드리거나 서류를 제출할 필요가 없으며, 담당자가 승인하거나 확인할 필요도 없다. 규

  스테이블코인 머니 게임

칙이 투명하게 공개되어 있고, 조건이 충족되면 자동으로 실행된다.

차단 지점 2: 역외 유출 차단

앞에서 현금화된 돈의 70%가 역외로 유출된다는 것을 확인했다. 도매 공급망, 프랜차이즈 본사, 임대료 등으로 빠져나갔다. 이것이 두 번째 차단 지점이었다. 스마트컨트랙트를 통해 이 문제를 자동 차별화 전략으로 해결할 수 있다.

자동 혜택 차등 적용의 원리

스테이블코인 지역화폐는 거래의 목적지를 자동으로 감지하여 차등적인 조건을 적용한다. 이는 강제적 제한이 아니라 경제적 인센티브 구조를 통한 자연스러운 유도다. 예를 들면, 아래 표와 같이 거래 유형별 조건 구조를 설정할 수 있다.

표 7-9 거래 유형별 조건 구조(예시)

거래 유형	수수료	리워드	정산 시간	기타 혜택
역내 B2B 거래	0%	0.5%	즉시	보유 이자 3.5%
역내 B2C 거래	0%	-	즉시	등급별 혜택
역외 B2B 거래	2.5%	없음	3영업일	-
역외 B2C 거래	2.0%	없음	3영업일	-
현금 전환	2.0%	없음	5영업일	월 한도 제한

이러한 구조는 '역내 거래가 유리하다'는 명확한 메시지를 전달한다. 지역 내 거래 시에는 수수료가 0%이고, 거래액의 0.5%를 캐시백으로 제공하며, 즉시 정산되도록 설계한다. 반면 역외 거래 시에는 수수료가 2~2.5%이고, 캐시백이 없으며, 정산이 지연된다. 현금 전환 시에는 일정 수수료(예:2%)를 징수하고, 대기 시간이 5일이며, 전환 한도를 설정한다.

가맹점이 500만 원을 사용할 때를 비교해 보자. 지역 도매상에게 지역화폐로 결제하면 실제 비용은 497.5만 원이다. 수수료 0원이고 2.5만 원 캐시백을 받기 때문이다. 역외 도매상에게 지역화폐로 결제하면 실제 비용은 512.5만 원이다. 12.5만 원의 수수료를 부담해야 한다. 현금으로 전환 후 결제하면 일정 수수료를 부담하고 5일을 기다려야 한다.

연간 6,000만 원을 거래하는 가맹점의 경우, 역내 거래 선택 시 연간 150~180만 원 절감하고, 역외 거래 지속 시, 연간 150~180만 원 추가 비용이 든다. 이러한 경제적 차이는 합리적 사업자라면 무시할 수 없는 수준이다. 역외 거래를 금지하는 것이 아니라, 역내 거래가 경제적으로 더 합리적이도록 설계한 것이다. 이를 통해 시간은 걸리겠지만 점차 지역 내 수요와 공급망 생태계가 형성될 수 있다.

B2B 거래의 자동화와 공급망 연결

기존 지역화폐의 가장 큰 한계는 B2B 거래가 불가능했다는 점이다. 소매점은 받을 수 있어도 도매상은 받을 수 없었고, B2B 결제 시스템이 없었으며, 모두 현금으로 거래했다. 결국 공급망 전체가 단절되었다. 하지만 스테이블코인 지역화폐 방식에서는 B2B 플랫폼이 구축되기 때문에 모든 사업자가 디지털 지갑을 보유하고, 사업자 간 직접 전송이 가능하며, QR코드로 즉시 결제될 수 있게 된다.

공급망 전체가 연결되는 방식을 살펴보자. 1단계에서 소매점이 도매상에게 지역화폐로 지급한다. 자동으로 0.5% 캐시백이 적용되고 즉시 정산된다. 2단계에서 도매상이 생산자에게 지역화폐로 지급한다. 역시 자동으로 0.5% 캐시백이 적용되고 즉시 정산된다. 3단계에서 생산자가 원료 공급자에게 지역화폐로 지급한다. 동일하게 자동으로 0.5% 캐시백이 적용되고 즉시 정산된다. 4단계에서 원료 공급자가 지역 근로자에게 급여를 지역화폐로 지급한다. 근로자가 다시 소매점에서 사용하여 지역 내에서 순환이 형성된다. 이러한 순환의 각 단계마다 자동으로 혜택이 발생하고, 수동 처리가 필요 없으며, 투명하게 추적 가능하다. 이러한 순환이 여러번 발생한다면 효과는 더욱 누적될 것이다.

네트워크가 확대될수록 효과는 기하급수적으로 증가한다는 '멧칼프의 법칙Metcalfe's Law'이 지역화폐 생태계에도 적용된다.[91] 초기에는 소수의 거래만 가능하고 혜택이 제한적이며 참여 동기가 약할 것이다. 그러나 임계점을 넘으면 거래 기회가 폭발적으로 증가하고, 혜택이 가시화되며, 선순환이 시작된다. 성숙기에는 대부분의 거래가 역내에서 발생하고, 역외 의존도가 최소화되며, 자생적 순환이 완성된다.

스마트컨트랙트는 이 과정을 자동으로 지원한다. 신규 참여자에게 가입 인센티브를 자동 지급하고, 거래 매칭을 자동 추천하며, 네트워크 기여도를 자동 평가하고, 단계별 보상을 자동 차등 지급한다. 이를 위해 초기에 각종 지원을 통해 선도사업자(공급자)를 적극적으로 유치하는 노력이 필요하다. 예를 들어, 지역내 핵심 도매, 유통 사업자 10여 개사 확보 후 점차 50여 개 사로 확대하는 전략을 가져간다면, 최소한의 지역내 생태계(지역 슈퍼마켓, 지역 농산물 도매센터, 지역 농가 협동조합 지역농가 및 근로자로 이어지는)가 형성될 수 있을 것이다. 이러한 단계를 통해 역내 거래 비중을 점차 높여가게 되면, 결과적으로 스테이블코인 지역

---

[91] 참여자가 10명일 때 가능한 거래 쌍은 45개다. 참여자가 100명일 때 가능한 거래 쌍은 4,950개다. 참여자가 200명일 때 가능한 거래 쌍은 19,900개(참여자가 10명일 때 보다 442배 거래 기회 증가)다. 이것이 바로 네트워크 효과다.

화폐는 단순히 결제 수단을 바꾸는 것이 아니라, 지역 내 공급망을 재구축하는 촉매제 역할을 하게 된다.

차단 지점 3: 지속적 참여 동기

앞에서 '주민의 45%가 단 1회만 구매한다'는 것을 확인했다. 할인 혜택이 일회성이고, 사용이 불편하며, 추가 혜택이 없기 때문이었다. 이것이 세 번째 차단 지점이었다. 스마트컨트랙트는 이 문제를 누적 리워드 시스템으로 해결한다. 핵심은 '사용할수록 혜택이 증가'하는 구조를 통해 지속적 참여 동기를 자동으로 생성하는 것이다. 이러한 누적 리워드 시스템은 사용자들의 심리적 참여동기를 자극하여 지속적으로 효과를 나타내도록 설계한다.

첫째, 게이미피케이션Gamification이다. 등급 상승이 게임처럼 재미있고, 다음 목표가 명확하며, 성취감을 제공한다.

둘째, 손실 회피 심리다. '여기까지 왔는데 그만둘 수 없어'라는 생각이 들고, 누적된 혜택을 포기하기 싫어하며, 지속 사용 동기가 강화된다.

셋째, 즉각적 보상이다. 거래할 때마다 피드백이 오고, 기다릴 필요가 없으며, 동기가 유지된다.

다음 페이지의 표와 같이, 혜택 구조를 설계하여 등급은 자동으로 계산되고, 혜택(할인, 적립, 이자, 쿠폰의 다층적 구조)은 즉시 적용되며, 다운

그레이드는 없고 한 번 올라간 등급은 유지된다.

표 7-10 등급별 혜택 구조(예시)

등급	조건	기본 할인	거래 적립	보유 이자	특별 혜택
일반	가입~5회	7%	0.3%	-	-
실버	6~15회	8%	0.5%	연 2.0%	월 1회 쿠폰(3천 원)
골드	16~30회	9%	0.8%	연 2.5%	월 2회 쿠폰(각 5천 원)
VIP	31회 이상	10%	1.0%	연 3.0%	월 3회 쿠폰(각 5천 원) 우선 이벤트 참여

월 50만 원씩 지역화폐를 사용하는 주민을 기준으로 계산해 보면 연간 다음 표와 같은 혜택을 가질 수 있다.

표 7-11 등급별 연간 혜택 비교

등급	연간 총 혜택	일반 대비	비고
일반	43.8만 원	-	1~5회
실버	55.6만 원	+27%	6~15회
골드	72.5만 원	+65%	16~30회
VIP	91.5만 원	+109%	31회 이상

사용자들이 계속 사용하도록 행동이 바뀌게 되는 이유는 무엇일까? 기존 방식에서는 혜택이 일회성이었고, 추가 참여동기가 없었으며, 불편함이 혜택을 초과했다. 제안 방식에서는 혜택이 누적되고, 단계별로

상승하며, 즉각적인 피드백이 제공된다. 이러한 구조는 사용자들로 하여금 '계속 사용할수록 혜택이 증가한다'는 메시지를 주고, 이를 통해 지속 사용을 하도록 유도할 수 있기 때문이다.

기본의 신용카드는 포인트를 모아야 사용 가능하고, 사용처가 제한적이며, 소멸 기한이 있다. 그러나 스테이블코인 지역화폐 방식은 즉시 사용 가능하고, 지역 내 어디서나 사용할 수 있으며, 영구 유효하다. 신용카드는 적립률이 고정되지만, 제안 방식은 사용할수록 증가한다. 신용카드는 등급 승급이 어렵지만, 제안 방식은 자동으로 승급된다. 결과적으로 재구매율이 상승하고, 평균 구매 횟수가 증가하며, 사용자 만족도가 상승한다.

자생적 순환 구조 만들기: '한 번 쓰고 끝'에서 '계속 도는 돈'으로

자동 순환의 복합 효과

이제 지금까지 설명한 세 가지 메커니즘이 함께 작동할 때 어떤 일이 벌어지는지 살펴보겠다. 동일한 100억 원을 투입했을 때 기존 방식과 앞에서 제안한 방식을 비교하면 그 차이를 명확히 알 수 있다.

기존 방식대로 100억 원을 투입했을 경우, 총 경제 효과는 120억 원에 불과하다. 승수 효과는 1.2배다. 돈이 순환한 횟수는 평균 1.2회이며, 연 환산하면 3.6회 정도다. 역내에 체류한 비율은 18%인 18억 원뿐이고, 82억 원은 역외로 유출되었다. 가장 큰 문제는 지속 기간이 약 90일에 불과하다는 것이다. 3개월이 지나면 효과가 거의 소멸되어, 지역경제를 지속적으로 활성화하려면 다시 예산을 투입해야 한다. 이것이 바로 '물을 계속 부어도 고이지 않는 구조'다.

제안방식은 100억 원을 투입하여 1년간 420억 원의 경제 효과를 만들어냈다. 승수 효과는 4.2배로,[92] 기존 방식의 1.2배에 비해 3.5배나 높다. 연간 순환 횟수는 5.2회로, 기존 방식의 1.2회에 비해 4.3배 많다. 역내 체류율은 85%로, 기존 방식의 18%에 비해 67%포인트나 개선되었다. 역외 유출률은 15%로, 기존 방식의 82%에 비해 67%포인트 감소했다.

가장 중요한 차이는 지속 기간이다. 기존 방식은 90일 후 소멸되지만, 제안 방식은 12개월 이후에도 계속 순환한다. 초기 100억 원이 시스템 안에서 계속 돌면서 매달 경제 효과를 만들어낸다. 이것이 바로 '펌프를 설치한 결과'다. 이것은 단순히 기술의 문제가 아니라 근본적으로 다른 경제 구조를 만들어낸다는 의미다. 이것이 '물 붓기'와 '펌프 설치'의 근본적 차이이다.

표 7-12 기존방식과 제안방식의 비교

지표	기존 방식	제안 방식	차이
투입 예산	100억 원	100억 원	동일
총 경제 효과	120억 원	420억 원	+350%
승수 효과	1.2배	4.2배	3.5배
순환 횟수	1.2회	5.2회	4.3배
역내 체류율	18%	85%	+67%P
역외 유출률	82%	15%	-67%P
지속 기간	90일	12개월+	4배 이상
재구매율	40%	85%	+112%
현금화율	90%	30%	-67%

92 4.2배라는 승수는 세 개의 메커니즘이 단계적으로 작동한 12개월 평균값이다.

왜 이렇게 다른 결과가 나타났을까? 이는 세 가지 메커니즘이 동시에 복합적으로 작동한 결과다.

첫째, 가맹점 보유 유도 메커니즘이다. 보유 이자와 재사용 리워드라는 경제적 인센티브가 가맹점의 행동을 바꾸었다. 현금화율이 90%에서 30%로 떨어지고, 재사용률이 10%에서 70%로 증가했다. 이것이 순환의 첫 번째 물꼬를 튼다.

둘째, 역외 유출 차단 메커니즘이다. 역외 거래 시 불리한 수수료 구조(2.5%)와 역내 거래 시 유리한 리워드(0.5%)가 자연스럽게 가맹점들을 역내 거래로 유도했다. 강제가 아니라 경제적 합리성으로 선택하게 만든 것이다. 역외 유출률이 70%에서 15%로 감소한 것이 핵심이다.

셋째, 주민 지속 참여 메커니즘이다. 등급 시스템과 누적 리워드가 주민들에게 '쓸수록 이득'이라는 경험을 제공했다. 재구매율이 40%에서 85%로 증가하고, 평균 구매 횟수가 2.3회에서 8.5회로 증가한 것이 결정적이다.

왜 예산 중단 후에도 계속 도는가?: 자생적 순환시스템의 운영 메커니즘

기존 방식: 끝없는 예산 투입

(1) 의존의 악순환

기존 지역화폐는 예산이 끊기면 즉시 멈춘다. 전형적인 '예산 의존형' 구조다. 정부가 예산을 투입하면 일시적으로 효과가 발생한다. 주민들이 할인 혜택을 받으려고 지역화폐를 구매하고, 가맹점에서 사용하면서 단기적으로 매출이 증가한다. 그러나 3~6개월이 지나면 예산이 소진되고 효과도 함께 사라진다. 할인 혜택이 없어지면 주민들은 다시 구매하지 않는다. 가맹점도 거래량이 줄어들면서 참여 동기를 잃는다. 결국 지역경제를 계속 활성화하려면 다시 예산을 투입해야 한다. 지속적으로 예산에 의존할 수밖에 없는 구조다.

(2) 지속 불가능성

이런 방식은 근본적으로 지속 불가능하다. 그 이유는 다음과 같다.

첫째, 재정 부담이 계속 증가한다. 매년 수조 원을 투입해야 하는데, 지자체 재정은 한계가 있다. 중앙정부 지원도 정권이 바뀌거나 경제 상황이 악화되면 언제든 축소될 수 있다. 실제로 2024년에 그런 일이 발생했다.

둘째, 효율성이 낮다. 100억 원을 투입해서 120억 원의 효과를 내면 승수는 1.2배에 불과하다. 투입 대비 효과가 미미하다. 같은 예산을 다른 정책에 쓰는 것이 더 나을 수도 있다는 의문이 생긴다.

셋째, 의존성이 심화된다. 시간이 지날수록 예산 의존도가 높아진다. 주민들도 가맹점들도 '정부가 지원해주기 때문에' 참여하는 것이지, 본질적 가치를 느끼는 것이 아니다. 따라서 예산이 끊기면 모두가 떠난다.

제안 방식: 3단계 진화 과정

제안 시스템은 7년차부터 정부 지원을 90% 줄여도 계속 작동한다. 어떻게 이것이 가능한가? 펌프를 설치했기 때문이다. 초기에는 외부 동력이 필요하지만, 일단 펌프가 작동하기 시작하면 자체 동력으로 계속 돈다.

(1) 초기 구축 단계(1~3년차)

1단계는 기반 구축 단계로, 법적 검토 및 규제 샌드박스 신청, 블록체인 플랫폼 및 스마트컨트랙트 개발, 시범 지역 선정 및 핵심 참여자 모집을 진행한다. 초기에는 정부 예산에 100% 의존한다. 아무것도 없는 상태에서 시스템을 구축하고 참여자를 모집하려면 강력한 인센티브가 필요하고, 그 재원은 정부가 제공할 수밖에 없다. 이를 통해, 지역 내 핵심 도매·유통 사업자 10~20개사를 우선 확보하여 최소한의 생태계를 형성한다.

그러나 동시에 거래 수수료가 누적되기 시작한다. 역외 거래 수수료(2.5%), 현금 전환 수수료(2.0%)가 조금씩 쌓인다. 1년차에는 월 1억 원

정도로 미미하지만, 2년차에는 월 3억 원, 3년차에는 월 5억 원으로 증가한다. 이것이 다음 단계로 넘어가는 발판이 된다. 기존 방식과 비교해 보면, 이 돈은 단순히 소비되는 것이 아니라 투자되는 것이다. 시스템을 구축하고, 스마트컨트랙트를 개발하며, 참여자 네트워크를 형성하는 데 쓰인다. 초기 참여자들에게 강력한 인센티브를 제공하여 임계 규모 **Critical Mass**를 달성한다.

(2) 전환기(4~6년차)

2단계는 확대 전환 단계로, 참여 가맹점 및 주민 확대, B2B 네트워크 강화 및 지역 공급망 연계, 데이터 분석 기반 시스템 최적화를 추진한다. 4년차부터는 전환이 시작된다. 정부 투입 예산을 대폭 줄인다. 그런데도 시스템은 멈추지 않는다. 왜 일까? 거래 수수료 풀과 세수 증가분 환원이 정부 예산을 대체하기 시작하기 때문이다.

거래량이 안정화되면서 월 거래액이 600억 원 수준에 달한다. 이 중 역외 거래와 현금 전환이 약 5%씩 발생한다고 가정하면, 월 수수료 수입은 약 7억 원이다. 연간으로는 84억 원이다. 이것이 인센티브 재원으로 전환된다. 정부 예산 50억 원과 합치면 134억 원으로, 초기 100억 원보다 오히려 많다.

여기에 추가로 세수 증가분 환원이 있다. 지역경제가 활성화되면서 부가가치세와 소득세가 증가한다. 이 증가분의 일부(10% 정도)를 지역화폐 시스템에 재투자한다. 4년차에는 약 10억 원, 5년차에는 20억 원, 6년차에는 30억 원 정도가 환원된다.

이 단계에서는 정부 예산 40%, 거래 수수료 50%, 세수 환원 10%로 재편된다. 정부 의존도가 절반으로 줄어든다. 네트워크는 이제 자체 성장 동력을 갖게 된다. 참여자가 늘어나면 거래량이 증가하고, 거래량이 증가하면 수수료 수입이 늘어나며, 수수료가 늘어나면 더 나은 인센티브를 제공할 수 있어 참여자가 더 증가하여 선순환이 완성된다.

(3) 자립기(7년차 이후)

3단계는 자립 운영 단계로, 거래 수수료 및 세수 환원을 통한 자체 재원 확보, 정부 지원 최소화(10% 수준), 타 지역으로의 확산 및 광역 네트워크 구축을 목표로 한다. 초기 100억 원 대비 90% 감축이다. 이제 정부는 시스템 유지비만 지원한다. 그런데도 시스템은 계속 작동한다.

에너지원 구성은 거래 수수료 70%, 보유액 운용 수익 20%, 정부 지원 10%로 안정화된다. 거래량이 월 500억 원 수준으로 유지되면서 수수료 수입이 안정적으로 발생한다. 시스템이 보유하고 있는 준비금 50억 원을 안전 자산(국채 등)에 운용하여 연 1.5억 원의 수익을 낸다. 세수 증가분 환원도 연 35억 원 수준으로 안정화된다.

이제 펌프는 자체 동력으로 계속 돈다. 정부는 초기에 펌프를 설치했지만, 물을 부을 필요가 없다. 펌프가 스스로 물을 끌어올려 순환시킨다.

7년차부터 정부 지원 90%를 줄여도 펌프가 스스로 작동하는 이유는 다음과 같다.

첫째, 거래량이 충분히 커져서 수수료 수입만으로 운영비 대부분을 충당할 수 있기 때문이다.

둘째, 보유액 운용 수익이 추가 재원을 제공한다.

셋째, 세수 증가분 환원이 지역경제 활성화의 성과를 시스템에 재투자한다.

넷째, 네트워크 효과의 선순환이 자체 성장 동력을 만든다. 참여자 증가 ⇨ 거래 증가 ⇨ 수수료 증가 ⇨ 인센티브 개선 ⇨ 참여자 더 증가의 고리가 완성된다.

다섯째, 시스템이 습관화되어 안정적인 거래량이 유지된다. 초기에는 인센티브 때문에 사용했지만, 이제는 편리하고 익숙해서 사용한다. 이 다섯 가지 요소가 결합하여 자생적 순환을 가능하게 한다.

이것이 기존 방식과의 결정적 차이이며, 제안 시스템의 가장 혁신적인 부분이다.

본 제안의 한계와 전제조건들Critical Success Factors

사실 지금까지 설명한 내용은 이상적이긴 하지만 현실에서 실행되려면 상당한 여러 가지 어려움이 있을 것이다.

첫째, 지역 공급망 구축의 어려움이다. 스마트컨트랙트는 거래를 자동화, 투명화 할 수 있지만, 존재하지 않는 공급망을 창조할 수는 없다. [93]

둘째, 참여 동기 부여의 한계다. 도매상 입장에서는 소수 지역 가맹점을 위해 새로운 결제 시스템을 도입할 유인이 약하다. 가맹점 입장에서는 인센티브가 있어도 익숙한 현금 거래를 선호할 수 있다. 주민 입장에서는 사용처 제한과 학습 비용 때문에 참여를 꺼릴 수 있다.

셋째, 재원 조달의 지속가능성 문제다. 초기 몇 년 간은 정부 예산에 의존할 수밖에 없는데, 정권이 바뀌거나 재정 상황이 악화되면 예산이 중단될 위험이 있다.

따라서 본 제안이 성공하려면 다음과 같은 전제조건들이 충족되어야 한다.

첫 번째, 지자체의 강력하고 지속적인 정치적 의지다. 최소 7년 이상 일관된 정책을 추진할 수 있는 리더십이 필요하다. 단체장이 바뀌거나 의회 구성이 바뀌어도 정책이 유지되어야 한다. 이를 위해서는 조례 제정, 의회 동의, 시민 합의가 선행되어야 한다.

두 번째, 초기 공급망 구축을 위한 집중 투자다. 최소 3년간 연 50억

---

[93] 현실적으로 대부분의 중소도시는 도매-소매-소비로 이어지는 완결된 공급망을 갖추지 못하고 있다. 식료품의 80%, 공산품의 90% 이상이 역외에서 들어온다.

 스테이블코인 머니 게임

원 이상을 지역 도매상, 생산자 육성, B2B 플랫폼 구축에 투입해야 한다. 이는 단순한 할인 지원이 아니라 '산업 인프라' 구축 투자다. 예산 확보와 집행 계획이 명확해야 한다.

세 번째, 지역 내 핵심 사업자의 최소 30% 참여 확보다. 특히 식료품 도매, 일용품 유통, 주요 식자재 공급업체 등 '일상 소비'와 직결된 사업자의 참여가 필수적이다. 이들 없이는 주민이 실제로 사용할 수 없기 때문이다. 참여 확보를 위한 선제적 협상과 인센티브 설계가 필요하다.

네 번째, 중앙정부의 규제 샌드박스 승인이다. 스테이블코인은 전자금융거래법, 자본시장법 등 여러 금융 규제와 연관되어 있다. 지자체 단독으로는 추진이 불가능하며, 금융위원회의 혁신금융서비스 지정을 받아야 한다. 따라서 법적 검토와 사전 협의가 철저히 이루어져야 한다.

다섯 번째, 주민의 디지털 리터러시 확보다. 최소 50% 이상의 주민이 스마트폰으로 간단한 금융 거래를 할 수 있어야 한다. 고령 인구가 많은 지역에서는 대면 지원 창구, 교육 프로그램, 대리 사용 시스템 등을 함께 구축해야 한다. [94]

---

[94] 사실 성공적인 도입을 위해서는 기술적 완성도뿐만 아니라 법률적, 제도적 뒷받침, 사회적 합의, 무엇보다 지속적인 정치적 의지가 필요하다. 특히, 본문에서 제안한 시스템을 실행하기 위해 가장 먼저 해결해야 할 과제는 스테이블코인의 법적 지위를 명확히 하는 것이다. 현행 법체계에서 지자체가 발행하는 블록체인 기반 스테이블코인은 〈자본시장법〉상 증권인지, 〈전자금융거래법〉상 전자화폐인지, 아니면 〈특금법〉상 가상자산인지 불명확한 상태다. 이와 관련된 논의들은 향후 새로운 장에서 다루어야 할 과제들이다.

지역 경제의 순환을 다시 살리려면: 이제는 '펌프'를 설치할 때

문제의 본질: 반복되는 투입, 제한적인 효과

2019년 이후 전국 지자체는 지역경제 활성화를 위해 막대한 예산을 지역화폐에 투입했다. 이러한 막대한 투자가 당초 목표했던 '지역경제 활성화와 자생적 순환 구조'를 만들어냈을까? 앞에서 설명한 바와 같이, 지역화폐는 예산이 투입될 때는 반짝 효과를 보인다. 주민들이 할인 혜택을 받으려고 구매하고, 가맹점에서 사용하면서 단기적으로 매출이 증가한다. 전통시장이 활기를 띠고, 소상공인들이 숨통을 트이는 것처럼 보인다.

그러나 예산이 줄어들거나 끊기면 이 효과는 즉시 사라진다. 마치 약

스테이블코인 머니 게임

효가 떨어지면 다시 아픈 것처럼, 예산 지원이 멈추면 지역경제는 다시 침체된다. 2024년, 국비 지원이 축소되자 전국 243개 지자체 중 126곳인 절반 이상(51.9%)이 지역화폐 예산을 축소하거나 발행을 중단했다. 이것은 단순히 정책의 후퇴가 아니다. 시스템 자체가 예산에 완전히 의존하는 구조였다는 증거다.

이러한 실패의 근본 원인을 세 가지 구조적 차단 지점으로 분석했다. 첫 번째 차단 지점은 가맹점에서 발생한다. 가맹점은 지역화폐를 받으면 90%를 즉시 현금으로 바꾼다. 도매상은 현금만 받고, 임대료도 현금으로 내야 하며, 직원 급여도 현금으로 줘야 하기 때문이다. 지역화폐로 남는 것은 고작 10%뿐이다. 순환이 시작도 하기 전에 막혀버린다.

두 번째 차단 지점은 역외 유출이다. 현금화된 돈의 70%가 서울 도매시장, 프랜차이즈 본사, 역외 건물주 등으로 빠져나간다. 100억 원을 투입했는데 70억 원이 지역 밖으로 흘러가면, 역내에 남는 것은 30억 원뿐이다. 지역 내에서 순환해야 효과가 있는데, 대부분이 유출되니 효과가 제한적일 수밖에 없다.

세 번째 차단 지점은 주민의 이탈이다. 주민의 45%가 단 1회만 사용하고 끝낸다. '한 번 써봤는데 불편하다', '사용처가 제한적이다', '재구매하기 번거롭다'는 이유로 다시 사용하지 않는다. 평균 구매 횟수는 2.3회에 불과하다. 지속성이 없다.

이 세 가지 차단 지점이 결합하여 승수 효과는 1.2배, 역내 체류율은

18%에 불과하고, 82%는 역외로 유출된다. 순환 횟수는 평균 1.2회로, 한 두 번 돌다가 멈춘다. 지속 기간은 3~6개월이며, 그 이후에는 효과가 거의 소멸된다. 완전히 예산 의존적이며, 지속 불가능한 구조다. 이것은 정책의 실패가 아니라 시스템 설계의 한계다. 근본적인 구조를 바꾸지 않는 한 결과는 같을 수밖에 없다는 것이다. 새로운 시스템을 만들어야 하는 이유다.

해결의 핵심: 스테이블코인 기반 펌프를 설치하라!

새로운 정부에서 다시 막대한 예산이 지역화폐에 투입될 예정이다. 예산이 투입되면 지역 경제가 잠시 반짝 할 수 있다. 그러나 앞에서 살펴 보았듯이 시간이 흐르면서 약효가 떨어지면 또 한계를 보이는 현상이 반복될 것이다.

새로운 시스템을 설계할 블록체인과 스마트컨트랙트 기술은 이미 충분히 발전하고 있으며, 전 세계적으로 스테이블코인 시장은 엄청난 규모로 성장했고, 수백만 명이 매일 사용하고 있다. 국내에서도 한국은행의 시범사업을 포함해서 부산시의 BDG, 경기도의 시범사업 등 선행 사례가 축적되고 있다. 행정안전부는 2024년, 지역화폐 디지털 전환 가이드라인을 발표했고, 금융위원회는 지자체 디지털화폐 규제 샌드박스를 운영하고 있다. 기술적 장벽은 더 이상 존재하지 않는다. 필요한 것은 이 기술을 지역경제에 적용하려는 의지와 구체적인 실행 계획이다.

여기서 제안하는 해결책의 핵심은 단순하고 명확하다. '스테이블코인 기반 지역화폐 시스템'이라는 펌프를 설치하자는 것이다. 초기에 펌프를 만들고 설치하는 비용은 들 것이다. 이는 사회 간접시설에 대한 투자라고 여겨야 한다. 그러나 일단 펌프가 가동되면, 이제는 자동으로 작동한다. 펌프가 물을 끌어올리고, 그 물이 다시 펌프를 돌리는 에너지가 된다. 외부에서 계속 물을 부을 필요가 없다. 지속적으로, 효율적으로, 자동으로 순환한다. 이것이 패러다임의 변화다. '계속 투입'에서 '한 번 설치'로, 소비에서 '투자로, 의존에서 자립으로의 전환이다.

우리는 지금 기로에 서 있다. 앞으로도 계속 매년 수조 원을 투입하며 일시적 효과만 반복할 것인가? 아니면 초기 투자를 집중하여 자동 순환 시스템을 구축하고 7년 후 자립을 달성할 것인가?

문제는 실행이다. 이를 위해서는 결단이 필요하다. 물 붓기는 멈추고 펌프를 설치하고자 결단 해야 한다. 그리고 지금이 바로 그 적기다.

혁신을 현실로 만드는 선택, 스테이블코인

스테이블코인은 기술, 결제, 금융, 법과 규제, 지역경제 등 서로 다른 영역에서 각기 다른 기능과 의미를 지닌다. 이 책에서 스테이블코인을 하나의 관점으로 해석하지 않은 이유도 여기에 있다. 각 장을 독립된 주제로 구성하고, 7명의 전문가가 자신의 경험과 시각을 바탕으로 서술하는 방식을 택한 것은, 스테이블코인을 단일한 프레임으로 설명해온 기존 접근과의 분명한 차별점이다. 이를 통해 독자에게는 디지털화폐의 본질과 흐름을 이해하기 위한 길잡이를, 전문가에게는 정책·시장·법의 언어로 스테이블코인을 판단할 기준을 제공하고자 했다. 이 책의 여정을 다시 짚어보면 다음과 같다.

첫 번째 축은 블록체인 네트워크다. 스테이블코인은 네트워크 위에서 화폐의 가치를 디지털 형태로 구현하고, 24시간·국경 없는 환경에서 가치 이전을 가능하게 한다. 단순히 결제가 빠르다는 사실보다 중요한 것은 거래가 확정되는 방식과 중개 구조 자체가 달라진다는 점이다. 스테이블코인이 제시하는 변화는 기존의 제약을 줄이고, 거래·청산·담보·규칙을 하나의 흐름으로 연결하는 방향으로 나타난다.

두 번째 축은 프로그래머블 머니다. 돈이 디지털로 이동한다고 해서 금융의 구조가 자동으로 바뀌지는 않는다. 변화의 깊이는 '규칙을 품은 돈'에서 드러난다. 스마트컨트랙트가 결합되면 지급은 조건부·분할·자동 정산으로 확장되고, 담보 연동이나 디지털 자산 거래에서의 결제와 청산 통합 같은 구상도 현실의 과제가 된다. 이때 스테이블코인은 단순한 결제 토큰을 넘어 금융 혁신을 끌어당기는 매개로 기능한다.

세 번째 축은 중앙은행 디지털화폐와의 관계다. 민간 스테이블코인의 확산은 통화주권과 금융안정이라는 공공의 목표를 다시 생각하게 만든다. 스테이블코인이 효율과 혁신을 앞세워 시장을 확장하는 동안, 공공의 디지털화폐는 최종 신뢰의 기준점이자 위기 시 안전판의 역할을 수행한다. 이 책은 스테이블코인과 CBDC를 경쟁 구도로만 보지 않는다. 오히려 기능 분담과 상호 보완을 통해 민간의 혁신성과 공공의 안정성을 함께 살리는 공존의 가능성을 모색한다. 앞으로의 화폐 질서는 중앙은행 기반의 공공 신뢰와 민간 네트워크 기반의 효율성이 공존하는 혼합 구조로 재편될 가능성이 크다. CBDC가 신뢰의 제도적 토대를 유지한다면, 스테이블코인은 그 위에서 사회적 효율을 확장하는 촉매가 될 것이다.

스테이블코인은 더 이상 가상의 실험에 머물지 않는다. 10여 년 전 블록체인 위의 작은 시도로 출발했지만, 오늘날에는 전 세계 결제와 자금 이동 인프라에 직접 연결되는 구조로 진화했다. 미국과 유럽, 아시아 주요국의 법제화 움직임은 스테이블코인이 이미 제도화 단계로 접어들었음을 보여준다. 그러나 이는 시작에 불과하다. 스테이블코인의 확장은 기술 진보만으로 설명되지 않는다. 핵심 쟁점은 신뢰가 어떻게 구성되는가에 있다. 제도권으로 들어올수록 관건은 준비자산의 투명성, 상환 가능성, 운영 거버넌스라는 세 가지 기본 요건을 누가 책임지고 어떻게 검증하느냐에 있다.

그동안 화폐는 국가가 발행하고 금융기관이 유통하는 것이 자연스러운 질서였다. 그러나 스테이블코인은 화폐 시스템이 작동하는 방식 자체를 바꾸고 있다. 동시에 그 취약성도 분명히 드러냈다. 기본 요건이 흔들릴 경우 신뢰는 빠르게 무너지고, 그 충격은 결제와 금융시장으로 전이될 수 있다. 이러한 불안정성 자체가 스테이블코인이 제도 속으로 편입되어야 하는 이유이기도 하다. 이제 기술은 신뢰의 일부일 뿐이며, 궁극적으로는 투명한 규율 체계와 정책적 거버넌스가 필요하다. 이미 주요국의 가이드라인은 투명성·안정성·소비자 보호라는 세 축을 중심으로 균형을 모색하고 있다. 규제가 과도하면 혁신이 위축되지만, 규제가 없으면 시장은 신뢰를 잃는다. 스테이블코인의 제도화는 결국 혁신을 유지하면서 위험을 관리하는 균형점을 찾는 과정이다.

이 책이 강조하는 스테이블코인의 잠재력은 '더 빠른 결제'에 머물지 않는다. 디지털 경제가 요구하는 가치는 속도뿐 아니라 연결성, 자동화, 접근성에 있기 때문이다. 스테이블코인은 국제 거래의 정산을 단순화하고, 금융 소외 계층이나 프리랜서가 더 낮은 비용으로 국외 대금을 받을 수 있는 길을 넓힌다. 공공 영역에서는 보조금이나 재난지원, 바우처 지급을 보다 정밀하게 집행할 수 있다. 조건부 지급, 사용처 제한, 기간 설정 같은 규칙은 통제가 아니라 정책 목적을 정확히 달성하기 위한 도구가 될 수 있다. 소액 결제, 정기 구독, 디지털 콘텐츠 거래처럼 기존 결제 레일에서 비용 부담이 컸던 영역에서는 새로운 비즈니스 모델을 가능하게 한다.

금융시장에서도 스테이블코인의 역할은 점차 분명해지고 있다. 토큰화 자산의 결제와 청산, 담보 관리, 24시간 거래 환경에서 스테이블코인은 유동성을 연결하는 접착제 역할을 한다. 다만 이는 자본시장의 효율을 높이는 동시에, 시장 스트레스 상황에서 유동성이 한쪽으로 쏠릴 위험도 동반한다. 스테이블코인이 금융 인프라로 자리 잡을수록, 시장 기반 금융과 지급결제 인프라의 경계가 흐려지는 만큼 감독과 위험 관리의 관점 역시 함께 진화해야 한다.

한국은 디지털 결제 인프라 측면에서 이미 세계적 경쟁력을 갖추고 있지만, 스테이블코인의 제도화는 아직 초기 단계다. 앞으로 자산 토큰화 등 실물경제와 연결된 활용 사례가 늘어나면서 스테이블코인은 점차 실용의 영역으로 들어올 것이다. 동시에 원화 기반 스테이블코인의 확산은 통화정책 유효성 약화, 지급결제 안정성 위협, 자본 유출입 확대 등 거시적 파급을 동반한다. 완전 담보 원칙, 투명한 거버넌스, 중앙은행의 실시간 모니터링과 같은 정책적 안전장치가 필요한 이유다. 특히 대규모 환매 스트레스 상황에서 결제 안정성과 유동성 관리가 어떻게 작동하는지, 외환 및 자본 흐름과 어떤 경로로 연결되는지, 데이터와 플랫폼 지배력이 금융의 공정 경쟁을 훼손하지 않는지에 대한 점검이 필수적이다. 이러한 과제를 안정적으로 관리할 수 있다면, 신뢰 가능한 스테이블코인 모델을 제시하는 것 자체가 국가 경쟁력이 될 수 있다.

경제·사회적 관점에서 스테이블코인 논의는 프라이버시와 데이터 거버넌스, 금융 포용, 경쟁 정책으로 확장된다. 거래의 추적 가능성이 높아질수록 개인정보 보호와 익명성의 경계는 더 중요해지고, 플랫폼 기

 스테이블코인 머니 게임

반 결제가 확산될수록 시장 지배력과 수수료 구조의 공정성은 핵심 이슈가 된다. 더불어 디지털 소외 계층을 포용하기 위해서는 오프라인 결제 수단, 대체 접근 경로, 분쟁 조정 체계 같은 세심한 정책 설계가 병행되어야 한다. 기술이 평균을 끌어올린다면, 정책은 바닥을 떠받친다. 디지털화폐 시대의 사회적 합의는 이 균형에서 출발한다.

스테이블코인은 아직 완성된 해답이 아니다. 그러나 분명한 사실은 우리가 이미 새로운 디지털화폐의 시대로 들어섰다는 점이다. 향후 10년, 화폐는 지갑 속에 머무는 대상이 아니라 조건에 따라 스스로 작동하는 계약의 단위가 될 가능성이 크다. 그 미래가 더 공정하고 포용적이기 위해 지금 필요한 것은 기술의 선택이 아니라 원칙의 선택이다. 미래의 화폐는 주어지는 것이 아니라, 우리가 어떤 규율과 제도로 만들어 가느냐에 달려 있다. 그래서 이 책은 몇 가지 정책적 제언을 남긴다.

첫째, 법적 성격과 책임 구조를 분명히 해야 한다. 무엇을 하는 상품인지가 명확해야 감독도 혁신도 방향을 잃지 않는다.

둘째, 상환과 준비자산의 원칙은 단순하면서도 엄격해야 한다. 복잡한 구조는 혁신을 낳기보다 위기 시 불신을 키운다.

셋째, 유동성과 운영 복원력Resilience은 기술적 요건을 넘어 결제와 청산이 멈추지 않도록 지켜야 할 운영 원칙과 책임 체계로 다뤄져야 한다.

넷째, 공정 경쟁과 데이터 거버넌스 원칙을 초기부터 확립해 특정 플랫폼에 대한 과도한 집중을 방지해야 한다.

마지막으로, CBDC와의 관계는 경쟁이 아니라 기능의 조합으로 접근해야 한다. 공공이 담당해야 할 안정 기능과 민간이 잘할 수 있는 혁신 기능을 분리할수록 사회 전체의 효율은 높아진다.

프롤로그에서 우리는 '스테이블코인이 무엇인가'보다 '어떤 변화를 만들어내는가'를 먼저 보자고 제안했다. 에필로그에서는 그 변화를 좋고 나쁨으로 단정하기보다, 어떤 조건에서 혁신이 사회적 이익으로 전환되는지를 말하고자 했다. 스테이블코인의 가치가 결제 비용 절감이나 새로운 서비스의 등장에 머문다면, 그것은 하나의 기술 트렌드로 끝날 수 있다. 그러나 더 공정한 청산, 더 낮은 금융 접근 장벽, 더 정밀한 공공 정책 집행, 더 안전한 디지털 인프라로 이어진다면, 그것은 디지털 경제의 토대를 한 단계 끌어올리는 변화가 된다. 이 차이는 기술이 아니라 제도와 시장의 선택에서 만들어진다.

마지막으로 필자들이 강조하고 싶은 한 문장이 있다. 바로 '스테이블코인의 미래는 이미 정해진 결론이 아니라, 혁신과 안정, 효율과 공공성 사이에서 우리가 만들어 가는 경로라는 것'이다. 독자분들은 이제 각 장에서 얻은 관점을 바탕으로, 어떤 조건의 스테이블코인이 위험을 줄이고 사회적 편익을 키우는지 스스로 판단할 수 있을 것이다.

스테이블코인은 아직 완성된 해답이 아니다. 그러나 분명한 사실은 우리가 이미 새로운 디지털화폐의 시대로 들어섰다는 점이다. 향후 10년, 화폐는 지갑 속에 머무는 대상이 아니라 조건에 따라 스스로 작동하는 계약의 단위가 될 가능성이 크다. 그 미래가 더 공정하고 포용적이기 위해 지금 필요한 것은 기술의 선택이 아니라 원칙의 선택이다. 미래의 화폐는 주어지는 것이 아니라, 우리가 어떤 규율과 제도로 만들어 가느냐에 달려 있다.

참고 문헌

1장

- DefiLlama, Stablecoins—Total Market Cap (accessed Nov. 2025). DeFi Llama.

- U.S. Department of the Treasury, "TBAC Charge Q2 2025: Digital Money," Apr. 30, 2025.

- Reuters, "US Treasuries face stablecoin-driven demand surge," Jun. 25, 2025; Central Banking, "Stablecoins to trigger rise in demand for Treasuries," Oct. 31, 2025.

- Brookings, The Rise of Stablecoins and Implications for Treasury Markets, Oct. 2025.

- Tether, "Tether Third Quarter 2025 Attestation Confirms Strong Reserves," Oct. 21, 2025.

- Circle, "USDC Transparency & Reserves" (updated Nov. 6, 2025).

- BIS, Annual Economic Report 2024/25; BIS Bulletin No. 92, Stablecoins: growth, risks and regulation, 2025.

- European Systemic Risk Board (ESRB), Crypto-assets and EU financial stability: risks from stablecoins, Oct. 2025.

- Reuters, "US Senate passes bipartisan stablecoin bill," Jul. 18, 2025; Investopedia, "What Is the GENIUS Act?" Jul. 22, 2025.

- U.S. Department of the Treasury, "Press Release SB0213: Implementation Summary of the GENIUS Act," Jul. 30, 2025.

- Reuters, "Stablecoins' step toward mainstream could shake up parts of US Treasury market," Jun. 6, 2025.

- ESMA, MiCA Implementation Portal & RTS/ITS Updates (2024-2025).

- ESRB, Cryptomercantilism vs. Monetary Sovereignty, Jun. 2025 (ECB 발행 제한 권고 권한 관련).

- Chambers & Partners / Nishimura & Asahi (NO&T), "Fintech 2025—Japan"; NO&T, "Stablecoins under Japan's amended PSA," 2024-2025.

- EY, Global Approaches to Stablecoin Regulation, Jul. 2025 (일본 PSA의 EPI 정의 및 후속 보완).

- 금융위원회, 「가상자산 이용자 보호법」(2024.7.19 시행) 보도자료·요약.

- 한국은행, CBDC·예금토큰 파일럿('프로젝트 한강') 관련 안내 페이지·보도자료, 2024-2025.

- IMF, Fintech Note: Regulation of Stablecoins and Tokenized Money, Jan. 2025.

- BIS, Quarterly Review - Stablecoins, Treasury Markets, and Liquidity Dynamics, Mar. 2025.

- U.S. Federal Reserve Board, Supervision and Regulation Report: Section on "Payment Stablecoin Issuers", Nov. 2025.

- U.S. Senate Banking Committee, Hearing Transcript: Oversight of the Implementation of the GENIUS Act, Oct. 2025.

- ESMA, Final RTS/ITS Package for MiCA Title III (E-money Tokens), Dec. 2024 - Jul. 2025 업데이트 반영.

- ECB, Occasional Paper Series: Financial Stability Implications of Euro-denominated Stablecoins, Feb. 2025.

- Japan Financial Services Agency (FSA), Amendments to Payment Services Act: Stablecoin EPI Operational Guidance, Revised Draft, Sept. 2025.

- JVCEA, Self-Regulatory Rulebook for EPI Distribution and Custody, 2025 업데이트판.

- 한국은행, 「발행형 스테이블코인 관련 통화정책·지급결제 영향 분석」 연구보고서, 2025.

- 금융위원회, 「디지털자산기본법(가칭) 제정방향」 정책 브리핑, 2025.

- 한국은행, 「프로젝트 한강 Phase Ⅰ·Ⅱ 중간결과 및 예금토큰 상용화 로드맵」 보도자료, 2025.

- KDI, KDI 정책포럼: 스테이블코인·예금토큰·CBDC의 비교와 정책 선택지, Jun. 2025.

- Bank of England, Discussion Paper: Systemically Important Stablecoins and Retail Payment Integration, 2025.

2장

- 이명활, 프로그램가능화폐(Programmable Money)의 이해, 금융브리프 논단, 32권 05호, 한국금융연
  구원, 2023.03, 3-8

- Ulrich Bindseil, Charles-Enguerrand Coste, George Pantelopoulos, Digital money and finance: a
  critical review of terminology, Working Paper Series, No 3022, European Central Bank, 2024.11

- Ingo Weber, Mark Staples, Programmable money: next-generation blockchain-based
  conditional payments, Volume 4, Digital Finance, 2002.09, 109-125

- Satosh Nakamoto, Bitcoin: A Peer-to-Peer Electronic Cash System, Bitcoin.org, https://bitcoin.
  org/bitcoin.pdf

- Ethereum Whitepaper, ethereum.org, https://ethereum.org/whitepaper/

- Nick Szabo, Smart Contract, Universiteit van Amsterdam, https://www.fon.hum.uva.nl/rob/
  Courses/InformationInSpeech/CDROM/Literature/LOTwinterschool2006/szabo.best.vwh.net/
  smart.contracts.html

- Oracles, ethereum.org, https://ethereum.org/ko/developers/docs/oracles/

- Steve Ellis, Ari Juels, Sergey Nazarov, ChainLink A Decentralized Oracle Network, https://
  research.chain.link/whitepaper-v1.pdf

- Anatoly Yakovenko, Solana: A new architecture for a high performance blockchain v0.8.13,
  https://solana.com/solana-whitepaper.pdf

- Mustafa Bedawala, Arjuna Wijeyekoon, A deep dive on solana, a high performance blockchain
  network, 2023.09.11, https://usa.visa.com/solutions/crypto/deep-dive-on-solana.html

- Alexander Lee, What is programmable money?, FEDS Notes, 2021.06.23, https://www.
  federalreserve.gov/econres/notes/feds-notes/what-is-programmable-money-20210623.html

- Rajashekara V. Maiya, Raktim Singh, The programmable money promise: potential advantages
  and opportunities at stake, Fintech Futures, 2024.09.24, https://www.fintechfutures.com/

fintech-innovation/the-programmable-money-promise-potential-advantages-and-opportunities-at-stake

- Raktim Singh, How Programmable Money Will Revolutionize the Financial World, Finextra, 2024.01.24, https://www.finextra.com/blogposting/25580/how-programmable-money-will-revolutionize-the-financial-world

- Gilbert Verdian, The evolution of money: From ancient barter to programmable finance, Quant, 2025.09.01, https://quant.network/perspectives/the-evolution-of-money-from-ancient-barter-to-programmable-finance/

- 돈, 우리말샘, 국립국어원, https://opendict.korean.go.kr/dictionary/view?sense_no=2956

- 강원준, 정원준, 추성훈, [쟁글 아카데미] TPS(초당 트랜잭션 수), Xangle Portal, 2022.11.10, https://xangle.io/research/detail/905

- 김재원, 이더리움 레이어2 솔루션 L2 총 정리, Xangle Portal, 2021.12.13, https://xangle.io/research/detail/453

- Oxgoso(Hyun Jeong), [Research] 레이어2, 정말 이대로 충분한가?, Medum, 2022.03.10, https://medium.a41.io/%EB%A0%88%EC%9D%B4%EC%96%B42-%EC%A0%95%EB%A7%90-%EC%9D%B4%EB%8C%80%EB%A1%9C-%EC%B6%A9%EB%B6%84%ED%95%9C%EA%B0%80-2c29d229e4d5

- 김민수, Layer 2에서 발생하는 단일 시퀀싱 문제와 해결, MINSOO BLOG, 2023.11.22, https://minsoo.blog/layer2-sequencing/

- Sara Gherghelas, Dapp Industry Report - 2024 Overview, DappRadar, 2025.01.14, https://dappradar.com/blog/dapp-industry-report-2024-overview

3장

- 김자봉. (2010). 지급결제기능과 금융시스템의 안정. KIF 금융리포트, 2010(6), 1-135.

- 이효진. (2025). 지급결제수단으로서 스테이블코인 도입을 위한 규제프레임워크 연구. 지급결제학회지, 17(1), 33~71.

- 중소가맹점 선정결과 및 2025년 상반기 신규가맹점에 대한 카드수수료 환급 안내 - 금융위원회, https://www.fsc.go.kr/no010101/85098?srchCtgry=&curPage=&srchKey=&srchText=&srchBegBeginDt=&srchEndDt=

- Digital Wallets Adoption & Growth - Digital Payments Strategy - BofA Securities, https://business.bofa.com/en-us/content/digital-wallets-adoption-digital-payments-strategy.html

- Digital Wallet Trends Reshaping US Business: 2025 & Beyond - Cheqly, https://cheqly.com/digital-wallet-trends-2025/

- Sibos 2025: The future of money is programmable, interoperable, and arriving faster than expected - Quant Network, https://quant.network/events/sibos-2025-future-of-money-is-programmable-interoperable-and-arriving-faster-than-expected/

4장

- 브래드퍼드 들롱 〈20세기 경제사〉
- TBAC Presentation, Digital Money, April 2025
- 삼정 KPMG, 달러 스테이블코인, 글로벌 금융시장을 흔들다 - 미국 디지털자산 3법을 중심으로, July 2025

5장

- BIS (2024), Project Mandala: shaping the future of cross-border payments compliance, https://www.bis.org/about/bisih/topics/cbdc/mandala.htm?utm_source=chatgpt.com

- BIS (2025), Annual Economic Report, "III. The next-generation monetary and financial system", https://www.bis.org/publ/arpdf/ar2025e3.htm

- BIS/IMF/WB, Central bank digital currencies for cross-border payments, https://www.bis.org/publ/othp38.htm

- BIS Innovation Hub (2025), Project Agorá (Unified Ledger FAQ), https://www.bis.org/innovation_hub/projects/agora_faq.pdf

- BOE (2023.10), The digital pound: A new form of money for households and businesses? https://www.gov.uk/government/consultations/the-digital-pound-a-new-form-of-money-for-households-and-businesses?utm_source=chatgpt.com

- BOJ (2025.5), Central Bank Digital Currency Experiments: Progress on the Pilot Program, https://www.boj.or.jp/en/paym/digital/index.htm

- Congress.GOV (2025), GENIUS Act, https://www.congress.gov/bill/119th-congress/senate-bill/1582/text

- ECB (2025.10), Progress on the preparation phase of a digital euro, Closing progress report

- ESMA, Markets in Crypto-Assets Regulation (MiCA), https://www.esma.europa.eu/esmas-activities/digital-finance-and-innovation/markets-crypto-assets-regulation-mica

- European Commission (2023.6), Digital euro package, https://finance.ec.europa.eu/publications/digital-euro-package_en?utm_source=chatgpt.com

- Fed (2022), Money and Payments: The U.S. Dollar in the Age of Digital Transformation

- FSB (2020.10), Regulation, Supervision and Oversight of "Global Stablecoin" Arrangements, https://www.fsb.org/2020/10/regulation-supervision-and-oversight-of-global-stablecoin-arrangements/?utm_source=chatgpt.com

- IMF (2024. 10), Central Bank Digital Currency: program and further considerations, https://www.imf.org/-/media/Files/Publications/PP/2024/English/PPEA2024052.ashx

- 한국은행 (2025.3), 2024년 지급결제보고서; (2025.6), 금융안정보고서 2025년 상반기; (2025.10), 디지털 시대의 화폐, 혁신과 신뢰의 조화: 원화 스테이블코인의 주요 이슈와 대응방안; (2025.10b),

프로젝트 한강 1차 파일럿 결과보고서

- 한국은행/금융위원회/금융감독원(2023.11), CBDC 활용성 테스트 세부 추진 계획(보도자료)

6장

- 예금보험공사, "IMF-FSB의 가상자산 규제 로드맵 이행 현황", 2024. 11. 25.

- 한국은행, "금융안정보고서", 2025. 6.

- "이창용 한은 총재 "원화 스테이블코인 필요하지만 은행부터 허용해야", 경향신문, 2025. 8. 19.

- "스테이블코인 1위 '테더'로 한국↔러시아 580억 원 '환치기' 적발", KBS뉴스, 2025. 5. 22.

- "보이스피싱 175억 '코인 환치기'로 국외 빼돌린 조직 적발(종합)", 연합뉴스, 2023. 10. 23.

- "관세청, 가상자산거래소와 손잡고 건전한 시장 구축 나선다", 관세청 보도자료, 2025. 9. 2.

- TRMlabs, "2025년 가상자산 범죄 보고서", https://www.trmlabs.com/ko/reports-and-whitepapers/2025-crypto-crime-report

- "금융위, 가상자산 불공정거래 첫 고발·과징금 조치", SBS 뉴스, 2025. 9. 3.

- "서울남부지검, 가상자산범죄합동수사부 정식 출범", KBS뉴스, 2025. 2. 27.

- "390억원 빼돌린 국제 해킹 조직 검거한 경찰관, 1계급 특진", 조선일보, 2025. 9. 30.

- "한은총재 원화스테이블코인, 은행부터 점진적 도입해야", 연합뉴스, 2025. 8. 19.

European Securities and Markets Authority (ESMA), "Public Statement on the Provision of Certain Crypto-Asset Services in Relation to Non-MiCA Compliant ARTs and EMTs", ESMA75-223375936-6099, 17 January 2025.

https://www.chainalysis.com/blog/2025-crypto-crime-report-introduction/

- "Tether, Tron-Backed T3 Financial Crime Unit Has Frozen $250M of Criminal Assets in a Year", Coindesk, 2025. 8. 12.

- FSB, "High-level Recommendations for the Regulation, Supervision and Oversight of Global Stablecoin Arrangements", 2023. 7. 17.

- BIS, "The next-generation monetary and financial system", BIS Annual Economic Report, 2025. 6. 24.

- BOE, "Regulatory regime for systemic payment systems using stablecoins and related service providers", 2023. 11. 6.

7장

- 강창희·강지원·김성아(2020). "지역화폐가 지역의 고용에 미치는 효과", 대통령직속 정책기획위원회.

- 경기연구원(2018). "지역화폐 사업의 지역경제 파급효과", 정책연구 2018-53.

- 국회예산정책처(2020). "2020년도 제1회 추가경정예산안 분석", 예산안분석시리즈 제1호.

- 금융위원회(2019). "카드수수료 인하 효과 분석", 보도자료.

- 금융위원회(2023). "스테이블코인 관련 제도 개선 방안", 정책자료집.

- 송경호·이환웅(2020). "지역화폐 도입이 지역경제에 미친 영향", 한국조세재정연구원 브리프, 제108호.

- 소상공인시장진흥공단(2020). "소상공인 지원 정책 효과 분석", 연구보고서 2020-01.

- 유영성 외(2021). "경기도 지역화폐의 소상공인 활성화 효과분석", 경기연구원 기본연구 2021-02.

- 이상훈·박누리(2018). "지역화폐 사업의 지역경제 파급효과", 경기연구원 이슈&진단, 제327호.

- 중소벤처기업부(2019). "온누리상품권 운영 성과", 내부자료.

- 한국은행(2019). "통화 유통속도 분석", 한국은행 조사통계월보 2019년 8월호.

- 한국조세재정연구원(2020). "지역화폐의 경제적 효과 분석", 연구보고서 20-05.

- 경기도의회(2020). "경기도 지역화폐 데이터 분석", 내부자료.

- 경기도청(2022). "경기지역화폐 운영 백서", 2022년 2월.

- 부산광역시(2023). "부산 블록체인 디지털 상품권(BDG) 운영 성과", 정책자료.

- 부산광역시(2022). "부산 블록체인 특구 성과보고서", 부산시청 발간자료.

- 행정안전부(2024). "지역사랑상품권 운영 현황", 보도자료 2024년 6월.

- 행정안전부(2024). "지역사랑상품권 발행 및 운영 가이드라인", 행정안전부 고시 제2024-15호.

- 행정안전부(2024). "지역화폐 디지털 전환 가이드라인", 정책자료집.

- 「지역사랑상품권 이용 활성화에 관한 법률」 (법률 제17893호, 2021.1.12. 제정, 2021.5.1. 시행)

- 「자본시장과 금융투자업에 관한 법률」 (법률 제19890호, 2023.10.31. 일부개정)

- 「전자금융거래법」 (법률 제18613호, 2021.12.21. 일부개정)

- 「금융혁신지원 특별법」 (법률 제17758호, 2020.12.29. 일부개정)

- 아시아경제(2025). "정부, 지역화폐 29조 원 발행…역대 최대 규모", 2025년 6월 24일자.

- 한국경제(2024). "지자체 지역화폐 예산 축소 현황", 2024년 1월 23일자.

- 코드포코리아(2024). "지역화폐로 할게요" 플랫폼, https://localpay.codefor.kr

- Nakamoto, S.(2008). "Bitcoin: A Peer-to-Peer Electronic Cash System", Bitcoin.org.

- Szabo, N.(1997). "Formalizing and Securing Relationships on Public Networks", First Monday, Vol. 2, No. 9.

- Metcalfe, B.(2013). "Metcalfe's Law after 40 Years of Ethernet", Computer, Vol. 46, No. 12, pp. 26-31.

 스테이블코인 머니 게임